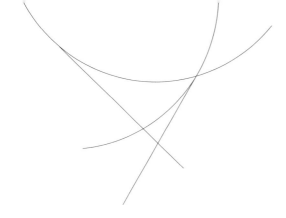

金融商品取引法の基礎
Financial Instruments and Exchange Act

川村正幸
品谷篤哉
山田剛志　著
芳賀　良

中央経済社

は し が き

　グローバル経済の進展する中で，世界的に金融取引の重要性が飛躍的に大きくなっている。この中で，わが国の金融法制は大きな変貌を遂げるに至り，旧証券取引法に代えて，金融商品取引法が成立し，2007年9月30日から施行された。その後，金融商品取引法は，ほぼ毎年大幅な改正が行われ，その内容は複雑さを増している。

　かつては，証券取引は一部の投資家だけに関係するものと認識されていたこともあったが，銀行業務の大幅な転換もあり，今日の社会において，金融取引は，公的年金基金（GPIF）・企業年金基金等の運用や，NISA（少額投資非課税制度）を利用した個人の投資活動など，わが国経済の変動の中で，さまざまな形で一般の市民にとっても大きな係わりを持つ身近な存在となってきている。他方，近時は，金融取引に関わるトラブルが増加し，訴訟事案も増えており，弁護士が個人顧客から金融取引トラブルの相談を受ける機会が増えてきている。私達にとって，金融取引を理解し安心して資産運用を行うためには，金融商品取引法の基礎的な理解は必要不可欠となっているといえよう。

　このような時代背景の下，金融商品取引法の重要性が大きくなっているにもかかわらず，同法の条文は複雑で読みづらく，さらに専門用語も多用され，その内容の理解は容易ではない。また，同法に付属する内閣府令等も多数にのぼり，それらを忠実に追って理解していくことは簡単なことではない。このような状況を前にして，私達執筆者は，相当程度の高度なレベルを保ちながら，多くの人達に分かりやすく理解しやすい金融商品取引法のテキストを公刊する必要性を強く感じるに至った。

　そこで，本書は，第1に，法科大学院教育や法学部等の学部教育におけるテキストとして，そして，たんなる入門的な書に止まるのではなく，相当程度高度なレベルのテキストであることを目指して構想された。第2に，さらに，これから社会に出ようとする学生の皆さんや社会人の人達が自分で金融商品取引法を学ぶための手助けができる書であることを目指して構想された。

　本書の執筆者のうち，芳賀良教授，品谷篤哉教授および川村は，2009年7月に中央経済社から刊行された川村正幸編『テキストブック金融商品取引法』の

執筆を担当しているが，本書は，新たな構想と方針の下で，読者にとって一層理解しやすい書となるように努めて，全面的に新たに書き下ろし，最新の内容となっている。執筆者には新たに山田剛志教授が加わり，書名も『金融商品取引法の基礎』とした。

本書の執筆に当たっては，金融商品取引法の平成29年改正までを論述の対象とする最新の内容とするとともに，執筆の基本方針として，金融商品取引法の中核的な骨格部分を中心に理解しやすく論述することとした。さらに，執筆に当たっては，読者が現代の金融商品の取引の実際において金融商品取引法の果たしている役割を具体的に理解できる内容となるように心がけた。

以上に加えて本書の大きな特色をあげると，第1は，本文中に簡略な用語説明を付していることである。すなわち，本文中で，募集，私募といった金融商品取引法に固有な法律用語や，ヘッジファンド，リスクヘッジといった経済用語，市場用語等について，その初出の箇所で，各用語に「募集*」，「ヘッジファンド*」のようにアステリスクを付したうえで，簡潔な用語説明を付している。これにより，読者は，いったん立ち止まりそうな用語に出会うとき，索引を使って後の章に目を通すことなく，また，辞書等で用語の意味を調べる必要なく，そのまま読み進んでいくことができる。

第2は，「銀行と金融商品取引法」の章を置いていることである。旧証券取引法の時代には，法が対象とする業者としては証券会社が想定されていたが，金融商品取引法上では，銀行は金融商品（投資信託等）の販売等で重要な役割を果たす対象業者として位置付けられている。また，銀行は，本体として，または，フィナンシャル・グループの一員として，証券会社を子会社，兄弟会社として保有するなど，今日の銀行の業務は金融商品取引法と密接な係わりを有している。そこで，本書は，銀行の業務に関心のある読者の要望に応えることができるように，「銀行と金融商品取引法」の章を設けている。

本書が，多くの読者にとって，金融商品取引の実際の中で機能する金融商品取引法の体系的かつ包括的な理解を得る一助となることができれば，誠に幸いである。

本書の刊行に当たっては，企画段階から，中央経済社の法律編集部の露本敦氏にひとかたならぬご配慮を頂いた。本書が予定通りに刊行できたのも，ひとえに露本氏のご尽力のおかげである。ここに執筆者一同，心から感謝の意を表

したい。

　平成30年1月8日

　　　　　　　　　　　　　　　　　　執筆者を代表して　　川村　正幸

目　次

はしがき

第1章　金融商品取引法総論 ────────── 1

第1節　金融商品取引法の意義………1
1　金融商品取引法の規制する世界／1
2　金融商品取引法とはどのような法律か／2
3　金融商品取引法の政策課題／2
4　金融商品取引法の目的と金融・資本市場／3
5　投資者保護と自己責任原則／4
6　金融商品取引法の規制の特色／7
7　金融商品取引法と隣接法領域との関係／10

第2節　金融商品市場と金融商品取引法………11
1　金融取引市場／11　　2　金融商品取引所／12
3　市場間の競争／16

第3節　上場企業と金融商品取引法………18
1　有価証券上場規程／18
2　スチュワードシップ・コードとコーポレートガバナンス・コード／19　　3　連結財務諸表／20
4　店頭市場における非上場株式等の取引／21

第4節　金融商品取引業協会………22
1　自主規制機関としての金融商品取引業協会／22
2　金融商品取引業協会の意義／23
3　認可金融商品取引業協会（認可協会）／23
4　認定金融商品取引業協会（認定協会）／24

第5節　金融商品市場の監視………24
1　金融庁／24　　2　証券取引等監視委員会／25
3　課徴金制度／25　　4　没収・追徴／26　　5　罰則／26

第6節　金融商品取引紛争の解決………26
　　　　1　認定投資者保護団体／26　　2　指定紛争解決機関／27
　　　　3　投資者保護基金／27

第2章　金融商品 ——————————————————— 29

　　第1節　金融商品取引法の対象………29
　　　　1　有価証券とデリバティブ取引／29
　　　　2　第1項有価証券と第2項有価証券／29
　　第2節　主要な金融商品………30
　　　　1　国債証券（2条1項1号）・地方債証券（2条1項2号）／30
　　　　2　株券（2条1項9号）／30　　3　社債券（2条1項5号）／31
　　　　4　仕組債／31　　5　投資信託受益証券等／32
　　　　6　集団投資スキーム持分（2条2項5号）／34
　　　　7　デリバティブ取引／34　　8　デリバティブ取引の種類／37
　　　　9　市場デリバティブ取引／38　　10　店頭デリバティブ取引／41

第3章　金融商品取引業者等と業者規制 ——————— 43

　　第1節　金融商品取引業者の業務と規制………43
　　　　1　金融商品取引業／43　　2　参入規制／49
　　第2節　ファンド………56
　　　　1　ファンド（集団投資スキーム）／56
　　　　2　集団投資スキーム持分の意義／56
　　　　3　集団投資スキームに対する行為規制／57
　　第3節　機関投資家・特定投資家………58
　　　　1　適格機関投資家等特例業務に関する特例／58
　　　　2　特定投資家／61
　　第4節　外　務　員………67
　　　　1　外務員の意義／67　　2　外務員の登録制度／68
　　　　3　登録の拒否／69　　4　登録／69　　5　監督上の処分等／69
　　　　6　外務員の権限／70　　7　自主規制機関への委任／71
　　第5節　高速取引行為者………72

第4章　銀行と金融商品取引法 ——————————— 73

第1節　銀行（登録金融機関）………73
　　1　登録金融機関とは何か／73
　　2　銀行業務と証券業務の分離／74
　　3　登録金融機関が行う有価証券関連業／75

第2節　銀行の証券取引………80
　　1　銀行の業務とは何か／80　　2　銀行の証券取引／83

第3節　銀行のグループ経営………85
　　1　銀行グループ経営の規制と変遷／85
　　2　銀行グループ監督と業務範囲の認可／86
　　3　具体的銀行グループの規制／89

第5章　企業内容等の開示に対する規制 ——————————— 92

第1節　発行開示………92
　　1　企業情報開示の全体像／92　　2　発行開示に対する規制／94

第2節　流通開示………98
　　1　継続開示と流通市場／98　　2　重要な継続開示情報／99
　　3　継続開示の実効性の確保，および内容の正確性の確保／100
　　4　適時開示／101
　　5　金融商品取引所等による上場会社の規制／102

第3節　虚偽記載等に関する民事責任………103
　　1　総説：民事責任の機能／103
　　2　発行市場における虚偽記載等の民事責任／104
　　3　流通市場における虚偽記載等の民事責任／105

第4節　公開買付けに関する開示………109
　　1　公開買付けの意義／109
　　2　発行者以外による公開買付け／109
　　3　発行者による公開買付け／113
　　4　公開買付けにおける開示規制／114
　　5　公開買付けにおける実体的規制／117
　　6　内閣総理大臣の監督権限／119
　　7　公開買付けに関する責任／120

第5節　株券等の大量保有の状況に関する開示………122
　　　　1　意　義／122　　2　対象有価証券／122
　　　　3　株券等保有割合／123　　4　一般報告／124
　　　　5　特例報告／126　　6　開示の手続／128
　　　　7　内閣総理大臣の監督権限／128
　　　　8　大量保有報告書に関する責任／129
　　第6節　議決権の代理行使の勧誘の規制………130
　　　　1　意　義／130　　2　規制の枠組み／130
　　　　3　記載内容／131

第6章　金融商品取引業者等に対する行為規制 ―――― 132

　　第1節　行為規制総論………132
　　　　1　顧客に対する誠実義務／132
　　　　2　業務の運営状況に対する規制／132
　　第2節　投資勧誘に対する行為規制………133
　　　　1　表示を伴う投資勧誘の規制／133
　　　　2　断定的判断等の提供による勧誘の禁止／134
　　第3節　不適切な勧誘を防止する規制………135
　　　　1　顧客の意思に反する勧誘の規制／135　　2　適合性原則／136
　　　　3　説明義務／137
　　第4節　取引に係る行為規制………141
　　　　1　顧客に対する義務／141　　2　禁止行為／142
　　　　3　損失補てん等の禁止／147
　　第5節　行為規制の特則………150
　　　　1　投資助言業務に関する特則／150
　　　　2　投資運用業に関する特則／152
　　　　3　有価証券等管理業務に関する特則／154
　　　　4　登録金融機関に対する行為規制／157
　　　　5　弊害防止措置等／158

目　次　v

第7章　有価証券の取引等に関する規制 ─────── 162

第1節　金融商品取引所における取引………162
　　1　金融商品取引所への上場／162
　　2　有価証券の売買の委託と受託／164
　　3　取引所金融商品市場における有価証券・デリバティブ等の売買／166
　　4　株券等のペーパーレス化と振替決済の進行／170

第2節　不公正取引………179
　　1　概　　要／179　　2　風説の流布／182
　　3　その他の不公正取引規制／184

第3節　相場操縦………187
　　1　相場操縦規制の意義／187　　2　規制の態様／188
　　3　相場操縦に関する責任／190　　4　安定操作／191

第4節　内部者取引………191
　　1　内部者取引規制の意義／191　　2　166条による規制／193
　　3　167条による規制／199　　4　164条による規制／200
　　5　情報伝達・取引推奨行為の規制／203
　　6　役員等の空売り禁止／204

索　　引………207

■法令名略称

なし	金融商品取引法（金商法）
令	金融商品取引法施行令
委任状勧誘府令	上場株式の議決権の代理行使の勧誘に関する内閣府令
開示府令	企業内容等の開示に関する内閣府令
金商業等府令	金融商品取引業等に関する内閣府令
自社株府令	発行者による上場株券等の公開買付けの開示に関する内閣府令
大量保有府令	株券等の大量保有の状況の開示に関する内閣府令
他社株府令	発行者以外の者による株券等の公開買付けの開示に関する内閣府令
定義府令	金融商品取引法第二条に規定する定義に関する内閣府令
東証受託	東証受託契約準則

*　　　*　　　*

会社	会社法
銀行	銀行法
金販	金融商品の販売等に関する法律
金販令	金融商品の販売等に関する法律施行令
社債株式振替	社債，株式等の振替に関する法律
商	商法
投信	投資信託及び投資法人に関する法律
投信令	投資信託及び投資法人に関する法律施行令
貸信	貸付信託法
民	民法

第1章
金融商品取引法総論

第1節　金融商品取引法の意義

1　金融商品取引法の規制する世界

　まず，金融商品取引法が規制の対象としている世界がどのようなものかを概観してみよう。

　金融商品取引法の規制の対象となる「金融商品」の取引が行われるのは，東京証券取引所のような組織された市場と，取引者が市場外で相対により取引する店頭市場*においてである。そして，投資者とこれらの市場との間を媒介したり，あるいは取引の相手方となるのが金融商品取引業者であって，その代表が証券会社である。企業などの事業者は，株式や社債，債券を発行して，金融商品取引業者を通じて投資者から必要な資金を調達することができる。既発行の株式や社債は，取引所に上場するなどにより，金融商品取引業者の媒介を介して，他の投資者に転売買されていく。

　他方，市場にその有する資金を投下して金融商品を売買する投資者には，個人投資家，プロの投資家である銀行，生命保険会社，年金基金，投資信託運用会社等の機関投資家*，ファンド*，外国人投資家，さらには金融商品取引業者など多様な者が含まれる。ファンドには，ニューヨークを活動拠点とするなど，世界を股にかけて活動している外国籍のものも多い。このような金融取引の全体構造を通じて，資本はそれを必要とする者，地域に供給されていく。そして，この金融取引のチェーンは，金融市場だけでなく商品市場も含めた世界の市場と繋がりながら，また，世界を舞台に活動する投資家を通して，グローバルな仕組みとして機能し，世界の中で資本を必要としている者に分配されていく。他方において，このような仕組みの存在が，デリバティブ取引等を利用することにより投資リスクの回避を可能にする。

　このような金融取引の役割は，世界の多くの人々を経済活動に参加させることを可能にし，世界経済の発展と民主的な世界の拡大に繋がっていくのであ

る。すべての投資者は，皆それぞれひたすらに自己の利益だけを追求して競い合っているようにみえるが，グローバルな金融取引の全体を客観的に概観すれば，以上のようにみることが可能である。金融商品取引法は，このような金融取引の世界を規制する，不公正な取引を排除し，取引の公正性を確保するための，現代社会において不可欠な法領域なのである。

> ＊店頭市場：一般には証券会社の店頭における，一定の集合場所を取らない証券会社と顧客との間の個別的な相対（あいたい）売買の市場を指す。認可金融商品取引業協会の開設する店頭売買金融商品市場を指すこともある（⇒**本章2節**）。
> ＊機関投資家：顧客から拠出された多額の資金を運用する，銀行，信託銀行，生命保険会社，損害保険会社，年金基金，投資信託運用会社などの大口投資家をいう。なお，金商法には，「適格機関投資家」という法令用語がある（2条3項1号，定義府令10条）（⇒**3章**）。
> ＊ファンド：複数の出資者から資金の拠出を受け，これを投資運用者が運用して，その収益を出資者に分配する仕組みを指し，投資信託・投資法人や集団投資スキーム（⇒**3章2節**）などの法的スキームを指す。

2　金融商品取引法とはどのような法律か

　金融商品取引法（金商法）は，金融・資本市場における取引を活性化し，投資の促進を実現するインフラ整備のための法律として，旧証券取引法を廃止し，これに代わるより幅広い包括的な法律として制定され，平成19年9月30日から施行された。

　金商法は，日本の金融規制の中核を担う法律として，証券会社や金融機関を始めとする幅広い金融商品取引業者を横断的に規制対象とすると共に，きわめて幅広い金融商品・金融サービスの市場内および市場外における取引を包括的に規制対象とする。また，金商法は，投資者の保護を大きな目的の1つとして位置付けており，投資者保護の視点から厳格な販売・勧誘の基本ルールを定めている。

　金商法は，政府の経済政策や金融界の様々な要請を反映して，ほとんど毎年のように改正が行われてきた。さらに，金融庁により，その所管する政令である金融商品取引法施行令および関係の内閣府令等の改正がきわめて頻繁に行われている。

3　金融商品取引法の政策課題

　平成8年11月に政府がフリー，フェア，グローバルを基本原則としてわが国金融市場を国際金融市場へ発展させることを企図する「日本版ビッグバン構

想」を打ち出して以来，わが国の金融制度は著しい発展を遂げてきた。その中で，重要な政策課題として「貯蓄から投資へ」という標語が掲げられてきた。この背景には，第1に，企業の資金調達を銀行が担う「間接金融」*という仕組みから企業が株式発行等により市場から直接に資金を調達する「直接金融」*という仕組みへの移行という政策的誘導がある。第2に，日本の金融市場を世界の中核市場として，わが国への資本投資を活発化しようとする政策意図がある。

その後，平成16年12月に金融庁は，「金融改革プログラム－金融サービス立国への挑戦－」を公表した。金融機関の不良債権問題への対応が一段落したのを受けて，魅力ある市場の創設と「貯蓄から投資へ」を促進して，「金融サービス立国」の実現を図るための諸課題をあげている。その中核として，幅広い金融商品を対象とした機能的・横断的な法制の制定が位置付けられ，金融商品取引法はこれに基づいて成立した。

* 間接金融：銀行は，預金者から預け入れられた資金を資金需要者である企業等に銀行貸付の方法により供給する金融仲介機関である。このような銀行を介した金融の仕組みを間接金融とよぶ。
* 直接金融：株式会社が株式・社債を発行して投資者から直接に必要な資金の供給を受ける金融の仕組みを直接金融と呼ぶ。これを投資者と企業の間で媒介する証券会社も金融仲介機関である。

日本の家計金融資産*は1,800兆円余に達するが，現状はその過半が現金・預金であり，米英に比べて株式・投資信託等の割合が低く，そのため，家計金融資産額の伸びは低い水準に止まっている。そこで，少子・高齢化が急速に進行する中で，国民の老後の生活を公的な年金だけに頼ることに対する不安が指摘されている現状を受けて，政府は「企業・経済の持続的成長と安定的な資産形成等による国民の厚生の増大を図る」という政策の下で，「貯蓄から投資へ」を「国民の安定的な資産形成」を図るための手段として位置付け直している。この政策目標は金融商品取引法による規制にも反映されている。

* 家計金融資産：家計の「金融資産」は日本銀行の資金循環統計により公表されている。資金循環統計は，金融機関，企業，家計，政府などの各部門の金融資産，負債の統計であり，家計金融資産には，現金・預金，債券，投資信託，株式，保険・年金等が含まれる。

4　金融商品取引法の目的と金融・資本市場
(1) 金融商品取引法の目的

金商法1条は，金商法の目的を定める。まず第1に，目的を達成するための

方策として，①企業内容等の開示の制度を整備すること，②金融商品取引業を行う者に関し必要な事項を定めること，③金融商品取引所の適切な運営を確保すること等をあげ，次いで第2に，直接的な目的として，①有価証券*（⇒2章1節）の発行および金融商品等の取引等を公正にすること，②有価証券の流通を円滑にすること，③資本市場の機能の十全な発揮による金融商品等の公正な価格形成等を図ることを示し，そして第3に，最終的目的として，①国民経済の健全な発展に資すること，および，②投資者の保護に資すること，を掲げている。

> ＊有価証券：商法・手形法・小切手法でいう有価証券とは，権利をその上に表章する証券を指し，手形・小切手，株券等が典型例である。これと異なり，金融商品取引法上の有価証券とは，金商法の適用対象となる証券等（2条1項・2項）を指す。

（2）金融・資本市場

金商法1条において用いられている「資本市場」という概念は，どのような市場を指すのだろうか。この概念は一般に，株式，公社債などの証券発行市場・流通市場を指すから，この「資本市場」の語は，組織化されて，公正かつ効率的な価格形成機能の下で，株券，社債券，新株予約権証券などの資本証券が取引され，市場デリバティブ取引が行われる証券取引所を指すことになる。しかし，金商法が規制対象とするのは，資本市場における資本証券の取引だけでなく，東京金融取引所における金融デリバティブ取引や相対取引で行われる店頭デリバティブ取引（⇒2章2節）も含んでいる。これらを含めて規制対象とする金商法の下では，これらすべてを対象とする市場を包括する用語としては，「資本市場」という用語では狭すぎるため，それに代わり，「金融・資本市場」という用語が使われている。

5　投資者保護と自己責任原則
（1）説明義務，適合性原則と自己責任原則

金商法は，金融・資本市場における取引を活性化し，「貯蓄から投資へ」の実現を可能にするインフラ整備を実現しようとする法律である。金商法は，幅広い金融商品と幅広い金融商品取引業者を規制の対象として，市場を通した様々な金融商品に係る取引による資金調達と資金分配とを可能にする。そして，そのために不可欠な取引の円滑化を実現し，取引の公正性を確保して，投資者の保護を実現しようとする。金融商品取引業者の投資者に対する勧誘の方法や

説明の仕方を詳細に規定し，その違反に対して厳しい罰則を定めている。他方，金商法の下では，証券会社等の金融商品取引業者は，投資者に対して金融取引を勧誘するに当たり，投資者が行おうとする投資の目的や当該取引についての知識，経験にマッチした取引を勧誘すべき義務を負う（適合性原則）（⇒**6章3節**）。また，対象である金融商品の内容等について当該投資者の適合性のレベルに応じた説明をなすべき義務を負う（説明義務）（⇒**6章3節**）。さらに，金商法においては，有価証券の発行に当たっての開示等，情報開示にかかる規制の整備が行われ，また，取引所金融商品市場（⇒**本章2節2**）の整備によって取引の公正性の実現が図られている。このような法制度の下で，投資者の適合性の存在と投資者に対する十分な情報の提供を前提として，金融取引を行う投資者の自己責任が原則とされている。すなわち，金融商品取引については，投資者が自らの判断に基づいて投資を行い，その投資結果に対しては自ら責任を負うというのが原則（自己責任原則）である。

（2）投資者保護の意味

効率的に組織化された資本市場である証券取引所や整備された金融商品取引所（取引所金融商品市場）においては，その組織的に行われる取引の公正性の確保や流動性の確保により，投資者の保護は相当程度図られている。金商法では，特定投資家（プロ）＊（⇒**3章3節**）とアマ（一般投資家）とで，広告規制，勧誘規制，適合性原則の適用などの点で違いがある。しかし，プロの投資家であっても，不公正取引に対する保護は必要である。他方，取引所金融商品市場には，多様な投資経験，専門能力を有する者が参入してくる。この中で，比較的能力の劣っている者に対しても自己責任を問うためには，取引の公正性の確保に依拠することが必要である。

> ＊特定投資家：適格機関投資家，国，日本銀行，投資者保護基金（79条の21）その他内閣府令で定める法人（定義府令23条）をいう（2条31項）。適格機関投資家とは，有価証券に対する投資に係る専門知識および経験を有する者として内閣府令で定める者をいう（2条3項1号，定義府令10条）。

他方，取引所金融商品市場の外部における市場で行われる取引には，組織化された市場の仕組みが働かないから，詐欺的な取引の発生の可能性も高い。したがって，取引の公正性，証券流通の円滑化は，取引所金融商品市場における取引についてよりも強く配慮される必要がある。そこで，たんに「市場」の取引ルールや業者に対する業規制だけでは不十分であって，投資者の保護が正面

から取り上げられる必要がある。投資者保護は、市場ルールの確立によっては吸収できないものとして考える必要がある。

投資者の保護というのは、単純に投資者を守るものとして、金融商品取引の中で、有価証券の発行者、デリバティブの組成者や売買の仲介者に対して、過度に投資者を有利に取り扱うというようなことではない。投資者保護の方策を徹底すると、投資者にとって安全な金融商品のみを投資者に提供するという目的で、上場株式や社債についての規制を行うという方策も考えられるだろう。そのために、有価証券の発行会社を制限したり、取扱業者に厳しい規制を課すことになろう。しかし、これでは、経済活動を萎縮させかねない。そこで、金商法が採用している方策は、資本証券についていえば、証券発行企業の情報の開示の促進を図って、それに基づいて投資者が自ら投資判断をして、その投資結果に対しては自ら責任を負うという仕組みである。

（3）顧客本位の業務運営（フィデューシャリー・デューティー）

「国民の安定的な資産形成」のためには、税制面からの投資優遇策であるNISA制度（少額投資非課税制度）の導入だけでなく、長期の積立て・分散投資による投資活動の促進が有効である。とりわけ、投資リスクをいったん負担するとそれを挽回する可能性の低いリタイアした高齢者ではなく、投資によるリスクを負担しても将来それを取り返すことの可能な現役世代の国民による投資を促進していく必要がある。そして、そのための運用対象として、個別株式の売買による投資運用ではなく、投資資金を長期分散投資して運用するETF（上場投資信託）（⇒2章2節）が、少額の投資で分散投資が可能であり、透明性が高いといったメリットがあると考えられる。しかし、日本においては、投資信託・ETFは未だ十分に活用されてはいない。

そこで、国民の安定的な資産形成を図るためには、金融商品の販売、助言、商品開発、運用等を行うすべての金融事業者が、インベストメント・チェーン*におけるそれぞれの役割を認識し、顧客本位の業務運営に努めることが重要であると考えられるに至った。そして、金融庁は、従来型のルールベースでの対応ではなく、プリンシプルベース*のアプローチを用いることが有効であり、金融事業者による主体的なベスト・プラクティスを目指させるメカニズムが好ましいと考え、顧客本位の業務運営（フィデューシャリー・デューティー）を実現するための基本原則を示す「顧客本位の業務運営に関する原則」（平成29年3月30日）を公表している。

＊インベストメント・チェーン：資金の拠出者である投資者から最終的に事業活動のために資金を必要とする企業等の事業者に資本が供給されるまでには、金融商品の販売者、金融商品の開発者、投資者から資本を受託する基金、ファンド、それを運用する資産管理・運用者などが関与するが、これら一連の経路と関与者（機能）のつながりを指す。
＊プリンシプルベース：金融庁は金融規制の基本的あり方として、ルールベースの規制・監督とプリンシプルベースの規制・監督とを最適な形で組み合わせる必要があるとする。プリンシプルとはルールの背景にある考え方や趣旨を意味するが、プリンシプルベースの規制・監督の実現は自主規制機関の機能によるところが大きい。

6　金融商品取引法の規制の特色
（1）規制の横断化
　金商法の特色として、規制の「横断化」と「柔軟化」あるいは「柔構造化」があげられる。規制の横断化を具体的にみると、第1に、法の適用範囲を包括化し横断化している。同じような経済的機能を有していて、同じように投資者の保護を図る必要があるハイリスク・ハイリターンの性格を持つ投資性の高い金融商品・金融サービスを漏れのないように規制の対象とする。

　第2に、縦割り行政を排し、横断的法制を目指している。金融商品取引業の業務の定義を行い、従来は規制する法律が分かれていた証券業、投資信託委託業、投資法人資産運用業、投資顧問業、信託受益権販売業、抵当証券業等を包括して適用対象としている。しかし、金商法の適用対象以外の金融取引も大きな活動領域としている銀行業、保険業、信託業は適用対象に含められておらず、これらについては独自の業法が制定されている。ただし、銀行等の金融機関は内閣総理大臣に登録をすることにより所定の金融商品取引業を行うことができる（33条の2）。これを登録金融機関といい、金商法は、金融商品取引業者と登録金融機関とを合わせて「金融商品取引業者等」として示している（34条）。

　第3に、同じ経済的性質を有する金融商品の販売・勧誘には同じルールを適用することとしている。金商法を金融商品の販売・勧誘に関する一般ルールとしての性質を有する法律と位置付けて、業態を問わずに、金商法の販売・勧誘ルールを適用している。金商法によって金融商品取引業者等に課せられる販売・勧誘にかかる行為規制および金融商品販売法によって金融商品販売業者に課せられる説明義務は、金融商品の販売・勧誘に当たっての基本ルールとして位置付けられる。

（2）規制の柔軟化
　他方、投資者保護の実現と金融イノベーションの促進のためには、規制の柔

構造化が必要であるとして，規制の「柔軟化」あるいは「柔構造化」が図られている。第1に，開示規制（たとえば，有価証券の発行企業に係る情報の開示に関する規制⇒**5章1節**）における柔軟化がある。流動性の高い，広く売買が行われる上場有価証券等には開示規制の厳格化が図られているが，流動性の低い「みなし有価証券」（2条2項後段）（⇒**2章1節**）については，原則として開示規制の適用除外とされている（3条3号）。第2に，業規制の柔軟化を図り，金融商品取引業の区分や業務内容に応じて参入要件を定め，登録拒否事由を定めている。第3に，金融商品取引業者に対する行為規制について，適切な利用者保護とリスク・キャピタルの供給円滑化の両立を図るため，投資者の属性によって異なる取扱いをすることを認めている。投資者をプロ（特定投資家）とアマとに分け，特定投資家相手の取引については，本来的な行為規制の適用除外を定めている。

(3) 金融商品取引法の規制手法
(ア) 行政規制

行政規制として，金融商品取引業者に対する規制，金融商品取引業協会（⇒**本章4節**）および金融商品取引所（⇒**本章2節**）に対する規制が置かれている。金商法は，金融商品取引業者に関わる参入規制，業務範囲の規制，行為規制を置く。内閣総理大臣は，必要な場合には，金融商品取引業者，その取引先等に対して，報告聴取，検査ができる（56条の2）。さらに，金融商品取引業者等に違反行為があるときには，登録・認可の取消し，業務の全部または一部の停止を命じることができる（52条・52条の2）。また，金融商品取引業協会および金融商品取引所に対しても行政的監督に関する諸規定（74条・75条・79条の4・79条の5・79条の6・150条以下）を置いている。

行政規制の名宛人の多くは，内閣総理大臣とされている。しかし，政令で定めるものを除き（令37条の3），権限は金融庁長官に委任されている（194条の7第1項）。さらに，そのうち有価証券の売買その他の取引またはデリバティブ取引等の公正性に係る規定として政令で定める規定（令38条）に関する権限については，証券取引等監視委員会に再委任されている（194条の7第2項）。

(イ) 刑事罰

金商法の諸規定の多くについては，それに違反する場合に，刑事罰が科せられる（金商法第8章）。刑事罰としては，個々の規定に応じた懲役および罰金・

没収・追徴（198条の2）が定められている。なお，刑事罰の罰金とは区別されるものだが，違反行為を抑止するための行政上の措置として課徴金制度が設けられている（⇒**本章5節**）。

（ウ）民事責任による規制

私人に損害賠償請求権等を与えて，司法システムを通したその権利行使の可能性により，金商法の規制力を高め，それにより金商法の目的を達成することができる。市場規制の趣旨の実現のためには，刑事責任（罰金），課徴金（⇒**本章5節**）といった制裁だけでなく，民事責任の違法行為抑止機能が重要な役割を果たしている。監督官庁による市場監視に加えて，取引の参加者による違法行為抑止が期待できるとともに，民事責任にはさらに損害補てんの機能があり，この点で公正な金融商品取引の実現という目的にとって不可欠な要素である。

上記のような役割を果たすものとして，まず，開示に係る民事責任があげられる。有価証券届出書*発効前の募集*，売出し*や不実の目論見書*，有価証券届出書，有価証券報告書*（⇒**5章**）等による損害に対する賠償請求権が認められている（16条〜22条）。他に，相場操縦行為によって受けた損害に対する賠償請求権（160条）および会社内部者の短期売買利益の返還請求権（164条）があげられる。

 *有価証券届出書：有価証券の募集・売出しに当たっては，当該有価証券の発行者による内閣総理大臣への届出が必要である（4条1項）。有価証券届出書の開示内容は発行企業の内容を中心とし，投資者に対して投資情報を開示する趣旨から，有価証券届出書は公衆縦覧に供される（25条）。
 *募集と売出し：有価証券の募集とは，新たに発行される有価証券の取得の申込みの勧誘等（取得勧誘）をいう（2条3項）。有価証券の売出しとは，既に発行された有価証券を対象とする売付けの申込み・買付けの申込みの勧誘等をいう（2条4項）。
 *目論見書：有価証券の募集または売出し等に当たり，当該有価証券の発行者の事業その他に関する説明を記載する文書であって，投資者である相手方に交付し，または投資者からの交付の請求がある場合に交付するものである（2条10項）。投資情報を投資者に直接開示する役割を果たす。
 *有価証券報告書：金商法により有価証券報告書の提出義務を負う発行者は，有価証券の投資判断のために必要な情報を，一事業年度ごとに投資者に対して開示しなければならない。有価証券報告書は各事業年度経過後3か月以内に内閣総理大臣に提出することを要し（24条1項），公衆縦覧に供される（25条）。

（4）金融商品取引法の体系

金融商品取引法の条文は率直に言って大変読みにくく，意味を取りにくい。条文中に括弧書きが多用され，また引用条文も多い。用語の定義も一定の条文に集中しているわけではなく，様々な条文中に埋め込まれている。一般に，金

商法の条文の読み方としては、条文の下位法令への委任の部分や括弧書きの部分を除外して読んで、まず当該条文の全体像を理解するのが適切である。

さらに、たとえば、金商法の条文の中で、「その他政令で定めるもの」、「その他内閣府令で定めるもの」というように、内容の一部を下位法令（政令・内閣府令・金融庁長官告示）に委任しており、正確に内容を確認するためには、委任されている当該内閣府令等の規定をみることが求められ、金商法の条文だけで完結していない場合がきわめて多い。政令からさらに下位の内閣府令等に委任しているケースもある。金融商品取引法には、金商法本体だけでなく、政令である金融商品取引法施行令の他、多数の内閣府令、金融庁長官告示が含まれる。内閣府令としては、「金融商品取引法第二条に規定する定義に関する内閣府令」（定義府令）、「企業内容等の開示に関する内閣府令」（開示府令）、「金融商品取引業等に関する内閣府令」（金商業等府令）、「株券等の大量保有の状況の開示に関する内閣府令」（大量保有府令）等、多数のものがある。

さらに、直接的には法的拘束力はないが、金融規制に係る留意事項を定めるガイドライン、金融庁の金融行政の運営に係る監督指針、検査マニュアル等がある。その他に、金商法に関連する法律として、「資産の流動化に関する法律」、「投資信託及び投資法人に関する法律」、「金融商品の販売等に関する法律」等がある。

7　金融商品取引法と隣接法領域との関係
（1）金融商品取引法と金融商品販売法および消費者契約法

金融商品販売法（金販法）は、金融商品の販売等を行う金融商品販売業者等が金融商品の販売を行うときに顧客に対してなすべき重要事項についての説明義務およびその内容について定める（⇒**6章3節**）。そして、預金・保険・有価証券等の幅広い金融商品の販売に関して、民法の不法行為に基づく損害賠償に関する規定の特則を定めており、業者の責任追及が容易になっている。金商法の成立に伴い、金販法の説明義務に関する規定が大幅に詳細にされたが、その規制が適用される限りにおいて、金融商品取引業者の説明義務違反に起因して投資者が蒙った損害について、金販法に基づいて損害賠償責任を追及することが可能である。

消費者契約法は、事業者が消費者契約（消費者と事業者との間で締結される契約をいう）の締結に際して重要事項に関して不実の事実を告げる等不適切な勧

誘を行い，消費者が誤認または困惑をしたという一定の場合に，契約の申込みまたはその承諾の意思表示を取り消すことができるとして，民法の規定する詐欺または強迫による取消しの要件を緩和している。また，適格消費者団体による当該取引勧誘行為の停止等の差止請求権の制度も定めている。金融商品の販売に関しては，金販法と同様に消費者契約法も適用可能性がある。

（2）金融商品取引法と銀行法等

銀行法，保険業法，信託業法，不動産特定共同事業法，商品先物取引法は，銀行業，保険業等を営む，銀行，保険会社，信託銀行，商品先物取引業者等を対象とした業規制と行為規制等を定める法律である。これらの業者が金融商品を取り扱うことは金融商品取引業者と同様であるが，金商法の適用範囲外の金融商品を取り扱うウエートが高いため，引き続き基本は固有の法規制によるものとされ，金商法は当該取引がその適用対象に該当する限りで適用されることになる。他方，投資性の強い預金・保険，および商品取引等については，利用者に金商法の対象である取引と同様の取引保護を与えるように，金商法の行為規制の規定を準用するなど，金商法と同様の規制が行われるように規定されている。

第2節　金融商品市場と金融商品取引法

1　金融取引市場

（1）金融商品取引における市場の役割

今日の経済社会の中で，組織化された取引所市場と相対取引である取引所外の市場とが全体として，投資の円滑化と投資資金の流動化の面で果たしている役割は，きわめて大きい。とくに組織化された取引所はわが国金融システムの中核を担っている。金融商品取引所の開設する組織化された「取引所市場」が，取引の透明化，公正化，円滑化を実現するための仕組みを確保したものであることは不可欠な事柄である。

（2）取引所取引と相対取引

金融商品の取引は，投資家および証券会社等の注文を取引所にまとめて，取引所の定めたルールに従って，競争売買方式（オークション方式）で売買を行う取引所取引と，取引所を通すことなく売買の当事者同士で，売り手と買い手との間の合意によって商品の種類，数量，受渡時期等や商品の仕組み，価格，

決済方法等を自由に設定して売買を行う相対取引（店頭市場）(OTC, Over The Counter) とに分けられる。

2 金融商品取引所
(1) 金融商品取引所の定義

金融商品取引所は，その定款，業務規程および受託契約準則の規定が法令に適合すると共に，取引所金融商品市場における取引を公正かつ円滑にし，投資者を保護するために十分なものであることが求められる（82条1項1号）。

「金融商品取引所」は内閣総理大臣の免許を受けて「金融商品市場」を開設する金融商品会員制法人（会員金融商品取引所という）または株式会社（株式会社金融商品取引所という）である（2条16項）。そして，「取引所金融商品市場」とは，金融商品取引所の開設する金融商品市場をいう（2条17項）。「金融商品市場」とは，有価証券の売買または市場デリバティブ取引を行う市場をいい（2条14項），さらに，「金融商品市場」は，認可金融商品取引業協会（⇒**本章4節**）を除き，内閣総理大臣の免許を受けた者でなければ開設してはならない（80条1項）。

以上の規定に照らすと，「金融商品市場」とは，認可金融商品取引業協会の開設する店頭売買金融商品市場（店頭市場とも呼ばれる）および免許を受けて開設される「取引所金融商品市場」とを指すことになる。店頭売買有価証券市場は，認可金融商品取引業協会が開設することを認められている金融商品市場であるが（67条2項），現在は，店頭売買有価証券市場に該当するものは存しない。

東京証券取引所は立会外取引制度としてToSTNeT市場を設けている。ToSTNeT市場は，立会市場（売買立会による有価証券の売買および立会による市場デリバティブ取引を行う市場を指す）とは区別される，取引所の立会時間外に取引が行われる立会外市場である。ToSTNeT市場は，機関投資家等による大口取引，バスケット取引*の便宜のためや，持合い株式の円滑な解消，上場会社による円滑な自己株式取得のために設けられたが，現在ではさらに，先物・オプション取引に関する立会外取引をも統合する市場となっている。

　　*バスケット取引：多数の銘柄を同時に一括して売買する取引をいう。「バスケット取引」と呼ばれるのは，多数の銘柄をあたかもかごに入った1つの商品とみなして取引するためである。株価指数に連動させるインデックス運用等のために用いられることが多い。

(2) 日本取引所グループ

平成25年1月1日、東京証券取引所と大阪証券取引所とが経営統合され、金融商品取引所持株会社である株式会社日本取引所グループが設立された。金融商品取引所持株会社とは、取引所金融商品市場を開設する株式会社を子会社とする株式会社であって（2条18項）、他に取引所の開設およびこれに附帯する業務を行う会社等を子会社として持つことができる（106条の24）。日本取引所グループは東証1部に上場している。東京証券取引所に現物株の市場が統合されて、上場社数で世界第3位の市場となっている。

日本取引所グループは、子会社として、東京証券取引所、大阪取引所、日本取引所自主規制法人、日本証券クリアランス機構を有し、証券保管振替機構を関連会社として有している。東京証券取引所は、現物株を中心とした現物市場であり、市場の中心は、市場第1部、市場第2部、マザーズおよびJASDAQである。大阪取引所は、デリバティブ取引のみのデリバティブ市場である。

(3) 金融商品取引所の設立

「金融商品取引所」は、内閣総理大臣の免許を受けて「取引所金融商品市場」を開設することができるが（2条16項・17項）、所要の免許を受けない無免許の金融商品市場によって、有価証券の売買、市場デリバティブ取引を行うことは禁止されている（167条の3）。内閣総理大臣は、金融商品取引所に対する各種の監督権限を有している。

(ア) 株式会社金融商品取引所

東京証券取引所や大阪取引所は株式会社である。株式会社組織の金融商品取引所には、株式会社の営利追求という本来的な目的と、金融商品取引所の担うべき公共的使命との間に矛盾を生じかねないという問題がある。そこで、金商法は、株式会社組織の金融商品取引所に関して、このような問題に配慮して、財務面、株主構成や自主規制の強化に関する特別な規定を置いている。

(イ) 自主規制業務

金融商品取引所は、取引の公正確保および投資者保護のため自主規制業務を適切に行わなければならない（84条1項）。金融商品取引所の自主規制業務は、金融商品の上場および上場廃止に関する事項、会員等（会員または取引参加者（2条19項）をいう（81条1項3号））の法令遵守状況等に関する調査、取引の公正確保のために必要な業務（取引所金融商品市場における売買の監理）、情報開示の審査、業務規程等の規則の作成等、広範囲に及ぶ（84条2項）。

＊取引参加者：会員金融商品取引所は，定款の定めにより，会員以外の金融商品取引業者，取引所取引許可業者（内閣総理大臣の許可を受けた外国証券業者），登録金融機関に，そして，株式会社金融商品取引所は，業務規程の定めにより，金融商品取引業者，取引所取引許可業者，登録金融機関に，取引参加者として取引資格を与えることができる（112条1項・113条1項）。

（4）取引所金融商品市場における取引

取引所金融商品市場における有価証券の売買および市場デリバティブ取引は，当該取引所金融商品市場を開設する金融商品取引所の会員等だけが行うことができる（111条1項）。金融商品取引所の会員等でない者が，取引所において行われる取引に参加するためには，証券会社等の取引所の会員等に売買の委託をする必要がある。

（5）金融商品取引所の定める業務規程等

金融商品取引所は，定款の他，業務規程，受託契約準則等を作成しなければならない（81条2項）。

（ア）業務規程

金融商品取引所は，その業務規程で，開設する取引所金融商品市場ごとに，当該取引所金融商品市場における，取引参加者に関する事項，信認金に関する事項，取引証拠金に関する事項，有価証券の上場および上場廃止の基準および方法，市場デリバティブ取引の種類および期限等の事項に関する細則を定めなければならない（117条1項）。

（イ）受託契約準則

受託契約準則は，金融商品取引所がその開設する取引所金融商品市場において会員等が顧客から有価証券の売買等の受託を受ける際にこれによる必要があるものである（133条）。受託契約準則は，取引所金融商品市場の会員等が，顧客との間で当該取引所における取引の受託を受ける場合に締結される契約に関する条件を定める普通取引約款であり，委託者保護および契約の画一性，取引の迅速性のために制定される。

（6）総合的な取引所

金商法は，平成24年改正で，わが国市場の国際競争力の強化を目指して，総合的な取引所（総合取引所）の設置を可能にしている。「総合的な取引所」とは，証券・金融と商品のすべてを一体として取り扱う取引所である。取引所金融商品市場において「商品」（コモディティ）にかかるデリバティブ取引を可能にし

て（2条24項3号の2），魅力ある上場商品をそろえ，内外の投資家を呼び込もうという趣旨である。しかし，総合取引所は未だ実現していない。

（7）高速取引の規制

近時の世界の取引所では，取引速度の高速化が図られており，東京証券取引所も「東証アローヘッド」の導入（2010年1月）により，注文処理時間の大幅短縮を実現している。また，取引所の売買システムに近接した場所に参加者サーバーの設置を許容するコロケーション・サービスを提供しており，このエリアからの取引が著しく増加した。そして，このエリアからの取引に典型的なアルゴリズム取引（株価や出来高，市場の注文数量等に応じて，事前に設定されたプログラムにより投資判断をする取引）を用いた高速取引のシェアは，全注文の約7割にまで増加するに至っている。

アルゴリズム高速取引については，取引所のコロケーションエリアにあるサーバーに投資家がアルゴリズムを組み込んで取引を行うため，注文の仲介をする証券会社の関与が薄まり，また，取引所や当局の監視も難しくなっているという問題がある。このような高速取引により，市場の急変動やボラティリティの上昇など市場の安定性が損なわれるおそれがあること，不公正取引に利用されるおそれがあること，一般投資家サイドから見てアルゴリズムによる高速取引には対抗し難いとの不公平感があることなどの弊害が指摘されている。そのため，平成29年金商法改正で，欧米の例に倣って規制をすることとし，規制対象の「高速取引行為」について定義を置いた上で（2条41項），高速取引行為を行う者に内閣総理大臣への登録を義務付け（66条の50），業務管理体制の整備，禁止行為等を定め，報告聴取，業務改善命令等の監督規定を整備している。

（8）金融商品取引清算機関

有価証券の売買等の注文，売買委託がなされ，売買の約定が成立した後では，清算・決済段階に入り，有価証券の受渡しや代金の支払，先物取引，オプション取引にかかる差金決済*といった決済が行われることになる。

> *差金決済：デリバティブ取引では，当該取引の仕組みにおいて，決済の方法として，転売や買戻し（反対売買）により算出される差額，または一定の時点における評価額との差額のみを授受する決済方法が採用されている場合がある。この決済方法を差金決済といい，差金は当該取引の損益額を意味する。

証券会社等の金融商品取引業者等が，金融商品取引清算機関の業務方法書の

定めるところにより顧客から清算取次ぎの委託を受けて，顧客の計算で行う対象取引の債務を当該金融商品取引清算機関に引き受けさせることを「有価証券等清算取次ぎ」という（2条27項）。わが国のすべての証券取引所における有価証券の売買については，金融商品取引清算機関（156条の2以下）である日本取引所グループ子会社の株式会社日本証券クリアリング機構が清算業務を行っている。

清算機関は，売方・買方の双方から，相手方との間に発生した債務を引き受けるとともに，それに対応した債権を取得することにより，売方と買方との間に入って売買成立により発生した債権・債務の当事者となる。これにより，決済の相手方が本来の取引相手方から清算機関に置き換わるため，清算参加者（取引当事者）は取引相手方の信用リスクを免れ，またこれにより決済事務の効率化・確実化が実現される。

3 市場間の競争

(1) PTS市場

大口取引やバスケット注文の執行を容易にして円滑化するため，および，取引所間の競争を促進するために，第一種金融商品取引業*（⇒6章）を行う金融商品取引業者（この業者を第一種金融商品取引業者という）によるPTS市場（私設取引システム（Proprietary Trading System＝PTS））の開設（2条8項10号・28条1項4号）が認められている。それは，第一種金融商品取引業を行う者（通常は証券会社）が，電子情報処理組織を利用して，多数の者の間で売買取引を成立されるために，有価証券の売買またはその媒介，取次ぎもしくは代理*を行うシステムを開設するものであって，内閣総理大臣の認可が必要である（30条1項）。現在，PTS市場は2社が開設している。

＊第一種金融商品取引業：金融商品取引業は，第一種金融商品取引業，第二種金融商品取引業，投資助言・代理業，投資運用業，有価証券等管理業務とに分けられ，内閣総理大臣の登録を受けなければならない。同一業者が複数の業種の登録を受けることができる。第一種金融商品取引業の業務は，流動性の高い有価証券，市場デリバティブ取引の売買，媒介，取次，店頭デリバティブ取引，有価証券の引受け等である（28条1項）。

＊媒介・取次ぎ・代理：媒介とは他人相互の間での有価証券，市場デリバティブおよび店頭デリバティブ等の売買が成立するために尽力すること（仲立取引に該当）をいい，取次ぎとは，たとえば，証券会社等が取引所金融商品市場において顧客の名によってではなく，受託証券会社等の名によって顧客の計算で有価証券等の売買をすることを引き受けること（問屋取引に該当し，ブローカー業務という）をいい，代理とは，顧客（委託者）の計算で委託者の名においてその代理人として，有価証券等の売買をすることを引

き受けることをいう。

取引所金融商品市場以外の市場における取引が可能であることに伴い，金融商品取引業者等には，顧客の注文について，その利益に反する恣意的な執行になることがないように，事前に最良の取引の条件で執行するための方針および方法（最良執行方針等）を定めておくことが義務付けられている（40条の2）。

(2) 取引所金融商品市場外取引

取引所金融商品市場外取引は，取引所における売買の対象となっている有価証券（取引所有価証券）について，日本証券業協会の定める「上場株券等の取引所金融商品市場外での売買に関する規則」に従って証券会社が売買，売買の仲介等を行っているものである。近時，多様化する投資家のニーズに対応するものとして取引量が拡大している。証券取引所における取引では，価格優先原則*，時間優先原則*に従った競争売買の方法で取引が行われるのに対して，市場外取引では取引所を通さずに，証券会社の店頭において取引が行われる。市場外取引による取引価格は取引所における価格とは異なりうるものであるが，証券会社が自ら取引相手方となるか，または社内で売買注文を付け合わせることにより，売買コストが低く抑えられるので，外国人投資家やヘッジファンド*が積極的に利用しているといわれる。

> *価格優先原則：取引所金融商品市場における売買は，競争売買の方法によるが，その際に，売呼値（うりよびね）については，価格の低い呼値が値段の高い呼値に優先し，買呼値（かいよびね）については，値段の高い呼値が値段の低い呼値に優先するという原則である（⇒7章）。
> *時間優先原則：同様に，同一の値段の呼値の間では，先に行われた時間の早い呼値が後に行われた呼値よりも優先するという原則である（⇒7章）。
> *ヘッジファンド：少ない金額を利用して大きな額の取引を行うことができるというデリバティブ取引の持つ高いレバレッジ（本来は「てこ」を意味する）を活用するなどによって，高い投資パフォーマンスの実現を狙う投資ファンドである。少数の大口投資家から資金を集め，高度な金融技術や投資技術を用いて，ときに投機的な投資を行うことがある。

(3) プロ向け市場

金融に関して十分な知識を有する特定投資家（2条31項）に参加者を限定した市場を，いわゆるプロ向け市場という。このプロ向け市場は，一般投資家の参加する市場とは異なって，法定の情報開示を免除して簡素な情報提供の枠組みに従うコストの低い自由度の高い市場である。「プロ向け市場」の開設により，機関投資家等がハイリスク・ハイリターンな取引を行えるとともに，海外

企業，国内新興企業が厳格な開示規制のルールに服することなく，日本の取引所に上場する機会を得られる。

金商法上のプロ向け市場とは「特定取引所金融商品市場」を指すが（2条32項），東京証券取引所が開設しているTOKYO PRO Marketがこれに該当する。この市場には「特定投資家向け有価証券」（4条3項）が上場され，特定投資家間で取引が行われる。

第3節　上場企業と金融商品取引法

1　有価証券上場規程

金融商品取引所は，その業務規程において，その開設する取引所金融商品市場ごとに，有価証券の上場および上場廃止の基準および方法に関する細則を定めなければならない（117条1項4号）。

東京証券取引所は，「有価証券上場規程」を定め，その中で株券等の上場審査基準，上場廃止基準等を定めている。有価証券の上場は，当該有価証券の発行者からの申請により行われ，上場申請を受けて，取引所は上場を認めるか否かの審査を行うことになる。東京証券取引所の「有価証券上場規程」は，対象となる上場有価証券として，株券等に加えて，社債券，外国社債券，国債，外国国債等の債券，転換社債型新株予約権付社債券，交換社債券（社債権者の請求により発行者以外の特定の会社の株券によって償還されるもの），ETF（上場投信）（内国ETF，外国ETFおよび外国ETF信託受益証券をいう。⇒2章2節）および不動産投資信託証券等をあげている。

東京証券取引所の「有価証券上場規程」では，株券等の上場審査は，新規上場申請者の企業グループに関して，①企業の継続性および収益性，②企業経営の健全性，③コーポレート・ガバナンスおよび内部管理体制の有効性，④企業内容等の開示の適正性，⑤その他公益または投資者保護の観点から取引所が必要と認める事項について行うものとされている。具体的な審査項目は，株主数，流通株式，上場時価総額，事業継続年数，純資産の額，利益の額，有価証券報告書等への虚偽記載または不適正意見等の記載の有無，株式事務代行機関の設置，株券の様式，株式の譲渡制限，指定振替機関における取扱いに係る同意等であり，それぞれについて充足すべき要件が定められている。

いったん上場審査基準を満たして上場が承認されても，その後に，株主数が

一定水準を割り込んだ場合，流通株式数の減少，流通株式時価総額の低下，流通株式比率の低下により一定水準を下回った場合，売買高が非常に小さくなった場合，債務超過に陥った場合，銀行取引が停止された場合，有価証券報告書中に虚偽記載を行った場合等には，上場を廃止する必要が生じてくる。そこで，上場廃止基準が定められている。

2 スチュワードシップ・コードとコーポレートガバナンス・コード

　金融庁により作成された「日本版スチュワードシップ・コード」は，機関投資家を対象とする。具体的には，生命保険会社，銀行などの金融機関，年金や投資信託を運用する投資顧問会社，投信会社であり，議決権行使の助言会社や投資コンサルタントも含まれる。本コードはソフトローに該当し，「コンプライ・オア・エクスプレイン」（遵守せよ，さもなければ説明せよ）というルールを採用しており，法規範として法的拘束力を有するものではないが，その適用を受ける者に対しては一定の範囲で事実上の拘束力と規範性が及ぶ。本コードの適用対象は，本コードの趣旨に賛同してこれを受け入れる用意がある機関投資家であり，金融庁に対して，「受入れ表明」をなした機関投資家とされている。本コードは，「スチュワードシップ責任」について，機関投資家が，投資先の日本企業やその事業環境等に関する深い理解に基づく建設的な「目的を持った対話」（エンゲージメント）などを通じて，当該企業の中長期的な企業価値の向上や持続的成長を促すことにより，顧客・受益者の中長期的な投資リターンの拡大を図るべき責任とする。本コードは，近時，短期主義的な投資活動を目的とする投資ファンド等の活発な活動により，市場と企業経営が短期的投資に振り回されているという危機意識に立ち，中長期的な投資リターンを目指す機関投資家の投資行動により顧客・受益者の中長期的な投資リターン拡大の実現を図ることを目的とする。機関投資家に企業との対話により，当該企業の企業価値の向上や持続的成長につなげていくことを求めている。

　他方，「コーポレートガバナンス・コード」は，金融庁と東京証券取引所により取りまとめられた。「コーポレートガバナンス・コード」に基づき，東京証券取引所の有価証券上場規程が改正されている。「コーポレートガバナンス・コード」は，五つの基本原則とそれぞれに係る原則および補充原則からなるが，本コードも厳格な法規範ではなく，ソフトローとしての性格を有し，「コンプライ・オア・エクスプレイン」のルールを採用している。東京証券取引所の有

価証券上場規程では，上場会社は，コーポレートガバナンス・コードの定める基本原則，原則および補充原則について，それぞれの原則を実施するか，または実施しない場合にはその理由の説明を，東京証券取引所に提出すべきコーポレート・ガバナンスに関する報告書に記載することを求めている。

　コーポレートガバナンス・コードにおいては，上場企業は持続的な成長と中長期的な企業価値の向上を図るため，株主（機関投資家）との建設的な対話（エンゲージメント）を促進すべきとされ，会社の持続的な成長と中長期的な企業価値の向上に寄与できる資質を備えた独立社外取締役*を少なくとも2名以上選任すべきとされている。独立社外取締役には，会社の中で，経営陣から独立した取締役として，一般株主の利益を代表することが期待され，ROE（自己資本利益率）*などの指標の向上をはじめ，企業価値の向上を求めていくことが期待されている。

> ＊独立社外取締役：独立社外取締役は東京証券取引所の「有価証券上場規程」により，「一般株主と利益相反が生じるおそれのない社外取締役」と定義されており（同規程436条の2第1項），経営陣から独立した，一般株主の利益を代表する社外取締役を指す。
> ＊ROE（自己資本利益率）：株主が出資した資本に対して当期においてどれだけのリターンを実現することができたのかを，税引き後の当期純利益を自己資本で除して算出して示す指標である。企業の資本生産性ないし資本効率（企業の経営効率）を測定する代表的な指標である。同様に，企業全体の収益性を測定する指標としてROI（総資産事業利益率）がある。

3　連結財務諸表

　上場会社等の金融商品取引法適用対象会社は，財務計算に関する書類として，単体の財務諸表と当該会社とその子会社からなる企業集団の財務状況を示す連結財務諸表（会社法の用語では連結計算書類）とを作成しなければならない。会社法は，当該株式会社が，事業年度の末日において大会社であって，かつ金商法24条1項の規定により有価証券報告書を提出しなければならない場合には，当該事業年度に係る連結計算書類を作成しなければならないとする（会社444条3項）。上場企業を中心に，持株会社をはじめとして企業のグループ化が一般化しており，金商法の開示制度の下では，連結情報を重視した開示が行われ，金商法は，連結財務諸表を主たる財務諸表として位置付けている。企業活動の多角化・国際化が進行する中で，個別ベースの開示では，企業グループの経営実態を把握することは困難であり，投資者にとって，企業グループの抱えるリスクとリターンを的確に把握するためには，連結ベースの開示が不可欠だから

である。なお，現在，国際会計基準審議会（IASB）の策定している国際会計基準（International Financial Reporting Standards, IFRS（イファース））のわが国への導入が大きな課題となっている。

4 店頭市場における非上場株式等の取引
(1) 店頭有価証券

日本証券業協会（⇒本章第4節）は，自主規制規則の「店頭有価証券に関する規則」により，上場されていない株券，新株予約権証券および新株予約権付社債券を「店頭有価証券」と呼び，これら非上場の有価証券については，証券会社が投資家に対して投資勧誘を行うことを原則的に禁止している。金商法が，同協会の自主規制規則に委ねることにより，非上場の「店頭有価証券」に係る取引を認めているのは以下の2つのケースである。

(2) クラウドファンディング

クラウドファンディングとは，新規・成長企業等と資金提供者をインターネット経由で結びつけ，多数の資金提供者から少額ずつの資金を集める仕組みを指す。金商法が規制対象とするのは投資型クラウドファンディングである。これには，「ファンド形態」のものと「株式形態」のものがある。「ファンド形態」のクラウドファンディングに関しては，第二種金融商品取引業（⇒3章1節）を行う者による募集の取扱い*または私募*の取扱いが可能であるが，「株式形態」のクラウドファンディングに関しては，非上場の株券等に係る募集・売出しの取扱いまたは私募の取扱いについての日本証券業協会の自主規制に委ねている。日本証券業協会は，協会員である証券会社が，「株式形態」のクラウドファンディング（株式投資型クラウドファンディング）を行うことを可能にするために，自主規制規則として，「株式投資型クラウドファンディング業務に関する規則」を制定している。これは，第一種金融商品取引業を行う者（証券会社）および第一種少額電子募集取扱業者がインターネットを通じて行う株式投資型クラウドファンディングに係る規則である。

第一種金融商品取引業のうち，非上場の株券等についての募集の取扱いまたは私募の取扱いであって株券等の発行価額が少額であること（発行価額の総額が1億円未満で，取得する者1人当たりの払い込む投資額が50万円以下であること）等の要件を満たす電子募集取扱業務のみを行う者を，第一種少額電子募集取扱業者という（29条の4の2第9項）。

＊募集の取扱い：金融商品取引業の業務の1つに該当する有価証券の募集・売出しの取扱い（2条8項9号）とは，発行者等の他の者が有価証券の募集・売出しをするに当たり，この者のために当該有価証券の取得の申込みの勧誘行為を行うことを引き受けることを指す。
＊私募：新たに発行される有価証券の取得勧誘ではあるが，適格機関投資家のみを相手方とするものであったり，少人数の投資者のみを相手方にするものであるなどの場合で，有価証券の募集に該当しないものをいう（2条3項）。募集に該当する場合には，有価証券の発行者に対して届出制度の適用があるが，私募に該当する場合にはその適用はない。なお，売出しについても，私募に対応する「私売出し」の制度が認められている（2条4項）。

（3）株主コミュニティ銘柄

さらに，日本証券業協会の自主規制規則である「株主コミュニティに関する規則」に基づく非上場株式の取引が認められている。この規則は，第一種金融商品取引業を行う者ができる，非上場の株主コミュニティ銘柄に関する募集，私募または売出しの取扱いに関するものである。これにより流通性の制限された株主コミュニティ銘柄の取引が認めれている。非上場企業である新規・成長企業の資本調達ニーズや，地域に根ざした非上場企業の株式保有や取引ニーズに応える必要から，非上場会社株式の取引制度が設けられた。

この非上場株式の取引制度では，第一種金融商品取引業を行う者が「少額」に止まらない非上場株式の募集等の取扱いにより投資勧誘を行えるように，第一種金融商品取引業を行う者が銘柄ごとに組成・管理する「株主コミュニティ」のメンバーに限定して，一定範囲の取引・換金ニーズに応えられる程度の流通性に限るものになっている。

第4節　金融商品取引業協会

1　自主規制機関としての金融商品取引業協会

（1）金融商品取引業協会

金融商品取引業協会は，金融商品取引業者を会員とする自主規制機関である。金商法上の「金融商品取引業協会」として，日本証券業協会，金融先物取引業協会，日本証券投資顧問業協会，投資信託協会等があげられる。

（2）認可協会と認定協会

金融商品取引業協会は，自主規制機関として業法に根拠を持ち内閣総理大臣の認可を受けて設立される認可金融商品取引業協会（認可協会）と，「一般社

団法人及び一般財団法人に関する法律」に基づく一般社団法人である認定金融商品取引業協会（認定協会）とに分けられる。これら2つの協会の設置目的はともに、「有価証券の売買その他の取引及びデリバティブ取引等を公正かつ円滑にし、並びに金融商品取引業の健全な発展及び投資者の保護に資すること」である（67条1項・78条1項1号）。上掲のうち、日本証券業協会は認可協会であり、社団法人である金融先物取引業協会、投資信託協会、日本証券投資顧問業協会、日本商品投資販売業協会は認定協会である。

2　金融商品取引業協会の意義
（1）自主規制の意義

金融商品取引業協会は、自主規制機関として重要な役割を担う。金融取引が拡大し、新たな金融商品が次々と生まれてくる中で、的確に投資者の保護を図り市場における取引の公正性を確保するためには、法による規制強化だけでは十分に対応できず、実際の取引に従事する業者によって組織化された機関による自主規制が不可欠である。自主規制の利点は、利害を共通にする者による自主的な規制によって、法規制よりもきめ細かい、効率的で機動的な、実務の実際に適合した規制が可能となることにある。

（2）日本証券業協会の自主規制

認可協会である日本証券業協会は、定款に基づいて多数の自主規制規則、統一慣習規則、紛争処理規則を制定し、理事会決議等によって自主規制を行い、証券市場を管理し、会員である証券会社の行動を規律している。そして、必要に応じて協会員に対する監査を行うとともに、紛争処理のため、証券あっせん・相談センターを設置して、協会員の業務に関する顧客の苦情、紛争解決のあっせんを行い、さらに、外務員の研修等を行っている。

3　認可金融商品取引業協会（認可協会）

認可協会の主な業務としては、定款の規定に基づいた自主規制の制定と自主規制業務の執行の他に、協会員に対する法令、規則の遵守を促す指導等（67条の8第1項10号・68条3項4項）、金融にかかわる知識の普及、啓蒙活動、広報活動（77条の4）、投資者からの苦情の解決に向けた調査とその対応等（77条）、有価証券の売買等に関する争いの解決のあっせん（77条の2）、内閣総理大臣からの委託を受けて行う外務員の登録に関する事務（64条の7）等が

あげられる。投資者が認可協会に対して協会員等の業務に関する苦情の解決を申し出るときは、その相談に応じ、事情を調査し、当該協会員等に対して迅速な処理を求めるといった対応をすべき義務を負う（77条1項）。

認可協会は、店頭売買有価証券市場を開設することができる（67条2項）。

4 認定金融商品取引業協会（認定協会）

認定協会は、金融商品取引業者が設立する一般社団法人であって、申請をして内閣総理大臣による認定を受けたものである（78条1項、令18条の4の9第1項）。

認定協会の業務は、会員等に金商法その他法令の規定を遵守させるための指導、勧告等、会員等の有価証券の売買等の勧誘の適正化に必要な業務のため必要な規則の制定等であり（78条2項）、認可協会と同様である。

第5節　金融商品市場の監視

1 金融庁

（1）金融庁の役割

金融庁および証券取引等監視委員会が、金融商品市場の監視者としての役割を担っている。金融庁は、金融制度の企画・立案という所掌事務を担うことから、金融商品取引法の委任に基づいて制定される政令・内閣府令の立案に携わっている。証券取引等監視委員会は、金融庁の下に置かれている。

（2）金融商品取引業者等に対する検査権限

金融庁は、金商法上、金融商品取引業者をはじめ、広範な関係者からの報告徴取・検査権を与えられている。必要かつ適当と認めるときは、金融商品取引業者等に対して、業務もしくは財産等に関し参考となるべき報告もしくは資料の提出を命じ、または、財産、帳簿書類その他の物件の検査（立入検査）を行うことができる。金融庁は金融商品取引業者、登録金融機関をはじめとして広範囲な対象者に対して検査を実施している。

（3）業務改善命令

金商法は、「金融商品取引業者の業務の運営又は財産の状況に関し、公益又は投資者保護のため必要かつ適当であると認めるときは」、内閣総理大臣は業務改善命令を発動することができるものとする（51条）。

（4）ノーアクションレター制度

　金融庁は，行政処分の公正性・透明性の確保のため，事前にルールや解釈を明示するという視点から，「法令適用事例確認手続」（いわゆる「ノーアクションレター制度」）を設けている。ノーアクションレター制度は，金融商品取引業者等が新規の金融商品の販売を行おうとするようなときに，当該行為が不利益処分の対象となるか等について照会をして，金融庁から回答を受けるという制度である。

2　証券取引等監視委員会

　証券取引等監視委員会（監視委員会）は，金融庁の下に設けられている。監視委員会の任務は，金商法の規定に基づいた犯則事件の強制調査・告発（210条・226条），および，金商法により内閣総理大臣・金融庁長官から委任された権限に基づいた課徴金調査，日常的な市場監視（取引審査）等である。

3　課徴金制度
（1）課徴金制度の目的

　課徴金制度は，違法行為の抑止を図り，金商法規制の実効性を図るため，金商法上の一定の規定に違反した者に対して，内閣総理大臣が所定の手続きに従って，該当者に対して当該課徴金額を国庫に納付すべき旨を命じる，行政上の措置である。

　金商法上のルールの実効性確保の方策としては，他に刑事罰による制裁と行政処分があり，刑事罰の占めるウエートが大きい。しかし，その適用には厳格な構成要件が要求される。そこで，市場監視機能の強化・拡充・複線化を図り，機動的で必要かつ十分な市場における違法行為への対応を行うため，課徴金制度がある。課徴金制度は，違反者に金銭的負担を課すが，それは違反行為の抑止と規制の実効性確保のためであり，行為者個人による行為の悪質性に着目してこれに制裁を加える刑事罰とは異なり，刑事罰の補完手段ではない。

　課徴金の対象とされる行為は広範に及ぶ。発行開示書類・継続開示書類の不提出（172条・172条の3），発行開示書類・継続開示書類の虚偽記載（172条の2・172条の4）（⇒**5章3節**），風説の流布・偽計（173条），仮装取引・馴合取引（174条），現実売買による相場操縦（174条の2），内部者取引（インサイダー取引）（175条）（⇒**7章2節～4節**）等である。

（2）課徴金の減算・加算制度

　違反行為抑止の観点から，発行開示書類，継続開示書類，特定証券情報の虚偽記載等，大量保有報告書等の不提出，上場会社等による自己株取得に係る内部者取引等に関して，違反者が当該違反事実について当局による調査等の処分が行われる前に申告をした場合には，課徴金の額を半額とする（185条の7第14項）。反対に，違反者が過去5年以内に課徴金納付命令等を受けたことがある場合には，課徴金の額を1.5倍とする（185条の7第15項）。

4　没収・追徴

　不公正取引等や内部者取引の場合には，財産の没収または追徴が定められている（198条の2）。

5　罰　　則

　金商法は，金商法に規定する取引規制，開示規制等の実効性を確保するために，これらの規制違反に，幅広く刑事罰を科す規定を置いている。同様に，金融商品取引業者等に係る規制に違反する場合にも刑事罰を科し，さらに，金融商品取引業者等に対する監督当局の検査等を妨害し，忌避する等の場合についても刑事罰を科している（198条の6）。

第6節　金融商品取引紛争の解決

1　認定投資者保護団体

　金商法は，金融商品取引にかかる苦情解決・あっせん業務の推進のため，金商法上の自主規制機関に加えて，それ以外の民間団体が苦情解決・あっせん業務を行う場合に，行政がこれを認定し，それにより当該民間団体の業務の信頼性を確保するための認定投資者保護団体の制度を設けている。認定投資者保護団体は，金融商品取引業者以外であっても設立が可能である。苦情の解決・あっせん等の業務を行おうとする，認可協会・認定協会を除いた団体が認可の申請をなすことができる（79条の7）。

　認定投資者保護団体（認定団体）は，当該認定団体の構成員である金融商品取引業者等または認定業務の対象となることについて同意を得た金融商品取引業者等を，当該認定団体の業務の対象となる対象事業者とする（79条の11第

1項)。現在，全国銀行協会，生命保険協会，証券・金融商品あっせん相談センター等が認定投資者保護団体として認定を受けている。

2 指定紛争解決機関

　金融商品・金融サービスに係るトラブルを簡易・迅速に解決する重要な手段として，金融分野における裁判外の紛争解決制度（金融ADR（Alternative Dispute Resolution））がある。金商法は，中立的な立場から助言，あっせん等により利用者を援助するADR機関の設置に係る規定を置いて（156条の38以下），指定紛争解決機関制度を設けている。本制度は，苦情解決・紛争解決の目的を認定投資者保護団体制度におけるよりも明確化し，より中立性，公正性，専門性を高めて実効性を強化した法制度である。本制度の適用対象に含まれる金融商品取引業者等は，指定紛争解決機関が存在する場合には，いずれかの指定紛争解決機関との間で契約（手続実施基本契約）を締結する措置を講じなければならず，また，紛争解決に当たって，金融商品取引業者等に手続応諾義務，事情説明・資料提出義務，結果尊重義務等が課されている。

　現在，金融庁により，生命保険協会，全国銀行協会，信託協会，日本損害保険協会，保険オンブズマン，日本少額短期保険協会，日本貸金業協会，証券・金融商品あっせん相談センターが指定紛争解決機関に指定されている。

3 投資者保護基金

　投資者保護基金制度の目的は，金融商品取引業者が破綻した場合に，投資者の保護を図り，もって証券取引に対する信頼性を維持することにある（79条の21）。ここでいう金融商品取引業者は，有価証券関連業＊（28条8項）を行う金融商品取引業者に限られ，保護の対象となる顧客（一般顧客）は，このような金融商品取引業者の本店その他の国内の営業所または事務所（外国法人である金融商品取引業者にあっては，国内に有する営業所または事務所）の顧客であって，対象有価証券関連取引をする者である。金融商品取引業者は顧客の金銭・有価証券について分別保管義務を負うにもかかわらず，経営破綻をして顧客資産の返還にかかる債務の履行について円滑な弁済が困難であると認められる事態に立ち至ったときに，この投資者保護基金により顧客に対して所定の範囲内の金額の支払が確保される（79条の56）。

　＊有価証券関連業：有価証券の売買またはその媒介，取次ぎ，代理，取引所金融商品市

場・外国金融商品市場における有価証券の売買の委託の媒介,取次ぎ,代理,有価証券に関連する市場デリバティブ取引,有価証券に関連する店頭デリバティブ等を指す(28条8項)。なお,銀行等の金融機関がこれを行うことは原則的に禁止されている(33条1項本文,⇒**4章1節**)。

第2章 金融商品

第1節　金融商品取引法の対象

1　有価証券とデリバティブ取引

　金商法は、「有価証券」と「デリバティブ取引」という2つの概念を用いて、金商法の適用範囲を確定している。金商法は、これらにかかる取引を適用対象とし、その取引と取引に関わる業者を規制する。

　具体的な金融商品が、有価証券に該当する場合には、金商法の定める企業内容等の開示の制度が原則的に適用され、これにかかる売買等の一定の行為に対しては、不公正取引禁止規制、業規制、業者の行為規制が適用される。ただし、開示除外、私募の制度などが認められている。

　他方、デリバティブ取引に該当する場合には開示制度は適用がない。しかし、デリバティブ取引は業規制・行為規制の対象となって、業として行う者には、不公正取引禁止規制、業規制、業者の行為規制の適用がある。

2　第1項有価証券と第2項有価証券

　金商法2条は、金商法の適用対象である「有価証券」を、①証券発行のあるもの（2条1項）、②証券の発行は可能だが、発行されていない権利（有価証券表示権利（2条2項前段に定義））で、有価証券とみなされるもの（2条2項前段のみなし有価証券）、③有価証券とみなされる特定電子記録債権*（2条2項中段）、④これら②③以外のもので、証券発行はないが、有価証券とみなされる権利（2条2項後段のみなし有価証券）とに分けている。2条2項後段は、同項1号～7号に掲げる権利は、証券または証書に表示されるべき権利以外の権利であっても有価証券とみなす旨を規定している。以上のうち①～③を第1項有価証券、④を第2項有価証券（2条3項）という。金商法は、高い流動性を有する第1項有価証券と流動性の低い第2項有価証券とを区別して、募集・売出しの取扱い、開示（ディスクロージャー）、業規制について異なる規制を置いている。

＊特定電子記録債権：「電子記録債権」とは，電子記録債権法の規定による電子記録を要件とする金銭債権をいうが（電子記録債権法2条1項），このうち，流通性その他の事情を勘案して，有価証券とみなすことが必要と認められるものとして政令で定めるものを「特定電子記録債権」という（2条2項中段）。

本章では，金商法が適用対象とする多様な有価証券のうち，東京証券取引所で取引されている金融商品など広く取引対象となっている金融商品を取り上げる。

第2節　主要な金融商品

1　国債証券（2条1項1号）・地方債証券（2条1項2号）

国債は国がその財政需要のために発行する債券である。信用度はすべての債券の中で最も高いとされている。そのため，金商法で定める開示制度の適用から除外されている（3条1号）。国債証券は本来無記名証券だが，国債は完全にペーパーレス化されており，国債については，「社債，株式等の振替に関する法律」（社債等振替法）に基づく振替制度により取引が行われている。国債は取引所金融商品市場に上場され，さらに標準物（⇒**本節7**）の国債（2条24項5号）を取引対象とする先物取引が行われている。

地方債は都道府県，市町村などの地方公共団体の発行する債券である。地方債もデフォルトのリスクがきわめて低いものとして，国債と同様に開示制度の適用から除外されている（3条1号）。

2　株券（2条1項9号）

株券は株式を表章する証券であり，代表的な有価証券である。会社法上，株式会社は，株券を発行しないのが原則だが，例外的に株券を発行する旨を定款で定めることができる（会社214条）。取引所金融商品市場に上場される株式はペーパーレスであって，社債等振替法に基づく振替制度の取扱対象である必要があるから，上場株式は，2条2項前段のみなし有価証券に該当する。東京証券取引所は，日本の会社の株式（内国株）および外国会社の株式（外国株）の市場として，市場第一部，市場第二部，マザーズ，JASDAQおよびTOKYO PRO Marketの5市場を開設している。譲渡制限株式は上場できないが，優先株および新株予約権証券は上場できる。

3　社債券（2条1項5号）
（1）社債の発行
　社債は，会社が会社法または担保付社債信託法によって発行する債券である。企業の発行する社債については，格付機関の格付によるランク付けが普及しており，この格付ランクにより，発行条件が異なり，高い格付の社債ほど発行会社にとって有利な条件で発行できる。また，流通市場でも，高い格付の社債はより有利な価格で取引が行われる。社債の発行はペーパーレスが一般的であり（2条2項前段のみなし有価証券），振替制度により取引が行われている。発行された社債の取引は店頭取引によるものがほとんどであり，上場社債は限定的である。

（2）エクイティ・リンク債
　社債には，新株予約権付社債，交換社債，転換社債型新株予約権付社債等のように，何らかの形で特定の株式と関連付けられている社債がある。これをエクイティ・リンク債と呼び，そうでない社債を普通社債と呼んでいる。

4　仕組債
　「仕組債」とは，一般の事業債（社債）や金融債とは異なる仕組みを持った債券である。仕組債の有する特別な内容は，この債券の構造がスワップやオプション等のデリバティブと結びついていることによる。仕組債においては，デリバティブを組み合わせた構造を利用することにより，日経平均株価，対象株式の株価，金利，為替，商品（コモディティ）等の参照指標に連動して，クーポン（利子），償還金などを変動させる仕組みを自由に設定することが可能である。仕組債は，このような特別な構造を持つことにより，通常の債券では実現できないような資金調達ニーズや投資ニーズに適した多様なキャッシュフローを，発行者および投資者に提供することができる。

　仕組債は資金調達ニーズのある海外の金融機関が主な発行者になっているといわれるが，その際にアレンジャーと呼ばれる国内の証券会社等が仕組み内容を調整して，仕組債が発行される。このような仕組債を金融商品取引業者が外国債券（2条1項17号）として，投資者に勧誘をして販売（売出し）をすることになる。近時，仕組債の販売を巡るトラブルが数多くみられる。それらの裁判事例では，投資者側から，販売業者による適合性原則違反および説明義務違反が問題にされている。

5 投資信託受益証券等

(1) 投資信託の受益証券（2条1項10号）

投資信託とは，投資者以外の者が投資者の資金を主として有価証券等に対する投資として集合して運用し，その成果を投資者に分配する「投資信託及び投資法人に関する法律」（投信法）に基づく制度である（投信1条）。投資信託と(3)で取り上げる投資法人とは，投信法に基づいて組成される，投資者から集めた資金を事業や有価証券等に投資して運用する投資運用型の「集団投資スキーム」の法形態の1つであり，投資ビークルの一類型である。

投資信託には，委託者指図型投資信託と委託者非指図型投資信託とがある（投信2条3項）。そのうち，委託者指図型投資信託は，投資者から受け入れた信託財産を委託者（投資信託委託会社）の指図に基づいて主として有価証券，不動産その他の資産（特定資産）に対する投資として運用することを目的とする信託である（投信2条1項）。主として有価証券（2条2項後段のみなし有価証券を除く）に対する投資として運用する「証券投資信託」は，委託者指図型に限られる（投信2条4項）。また，委託者非指図型投資信託は，受託者が複数の委託者（投資者）との間に締結する信託契約により受け入れた金銭を，合同して，委託者の指図に基づかず主として特定資産に対する投資として運用することを目的とする信託である（投信2条2項）。

委託者指図型投資信託における委託者としての業務を行う者である投資信託委託会社は，金融商品取引業者（2条8項12号イ・14号の投資運用業者）として登録が必要であり，受託者は信託会社または信託業を営む金融機関でなければならない（投信2条11項・3条）。なお，投資信託の運用対象である「特定資産」には有価証券や各種デリバティブ取引に係る権利の他，不動産，不動産の賃借権，地上権，金銭債権および商品先物取引法に定める金をはじめとした商品等が含まれる（投信令3条）。

他方，委託者非指図型投資信託においては，受託者は信託会社または信託業務を営む金融機関でなければならない（投信47条1項）。

投資信託の受益権は均等に分割され，受益証券はその分割された受益権を表示するものであるが，投資信託の受益証券についてはペーパーレス化が進んでいる。

(2) ETF

投資信託には，取引所に上場されて受益証券の売買が可能なものがある。こ

れがETF（Exchange Traded Funds）である。ETFは，運用者が幅広く分散投資をして，東証株価指数（TOPIX）*，日経平均株価指数*などの株価指数や，金価格などの商品価格の指標と連動するように設定されているものであり，投資者にとり値動きや損益の把握が容易である。多様な種類の指数連動型投資信託受益証券が上場されており，上場株式と同様に売買され，振替決済されている。

> *東証株価指数：東京証券取引所市場第一部に上場されているすべての日本企業の株式の時価総額に係る株価指数であり，昭和43年（1968年）1月4日を基準日とし，その日における時価総額を100として，その後の取引日の時価総額を指数化したものである。
> *日経平均株価指数：日本経済新聞社がその定める「算出要領」に基づいて算出した，東京証券取引所第一部に上場されている銘柄中で流動性の高い225銘柄を構成銘柄とする平均株価指数である。日経225ともいう。

(3) 投資法人の発行する投資証券（2条1項11号）

投資法人とは，資産を主として特定資産に対する投資として運用することを目的として投信法に基づき設立された社団をいう（投信2条12項）。投資信託を基金（ファンド）の法的スキームの形態から分類すると，上記（1）で述べた，委託者（投資信託委託会社・投資者）と受託者（信託銀行）との間の信託契約に基づいて信託財産（投資信託財産）という形で基金が構成される「契約型投資信託」と，投資運用を目的とする投資法人が設立される「会社型投資信託」とに分けられる。投資法人は内閣総理大臣の登録を受けなければならず，これを登録投資法人という（投信187条）。主として有価証券に対する投資を行う証券投資信託は，委託者指図型投資信託の形態をとるのが一般的であるのに対して，不動産等の資産を投資運用の対象とする場合には，投資法人の形態をとるのが一般的である。アメリカの不動産投資信託（Real Estate Investment Trust）がREITという略称で呼ばれることから，わが国の不動産投資法人もJ-REIT（ジェイ・リート）と呼ばれることがある。REITはETFと同様に東京証券取引所に上場されている。

登録投資法人の委託を受けて資産の運用に係る業務を行う資産運用会社は，投資運用業を行う者として金融商品取引業者でなければならない（投信2条21項）。投資法人は無額面の投資口を発行する（投信76条）。投資口とは，均等の割合的単位に細分化された投資法人の社員（投資主。投信2条16項）の地位をいい（投信2条14項），投資口を表示する証券が「投資証券」である（投信2条15項）。

（4）貸付信託の受益証券（2条1項12号）

貸付信託とは，一個の信託約款に基づいて，受託者が多数の委託者（投資者）との間に締結する信託契約により受け入れた金銭を，主として貸付または手形割引の方法により，合同して運用する金銭信託であって，当該信託契約に係る受益権を受益証券によって表示するものをいう（貸信2条1項）。

6　集団投資スキーム持分（2条2項5号）
（1）集団投資スキーム持分

集団投資スキーム持分とは，民法の組合契約，匿名組合契約，投資事業有限責任組合契約または有限責任事業組合契約に基づく権利，社団法人の社員権その他の権利のうち，当該権利を有する者（出資者）が出資または拠出をした金銭等を充てて行う事業（出資対象事業）から生ずる収益の配当または当該出資対象事業にかかる財産の分配を受けることができる権利をいう（⇒3章2節）。これはみなし有価証券に該当する。

（2）集団投資スキーム

2条2項5号は，集団投資スキームを定義して，以下の3要素を示している。①権利を有する者（出資者）が金銭等を出資または拠出すること，②出資または拠出された金銭等を充てて事業（出資対象事業）が行われること，③持分の内容が，出資者が出資対象事業から生ずる収益の配当または当該事業にかかる財産の分配を受けることができる権利であること，である。集団投資スキームは，金銭などの拠出を集めた財産を用いて事業，投資を行うものである。出資または拠出された金銭等は一定の「事業」（出資対象事業）に充てられる必要がある。出資対象事業は，投資家に限定されておらず，それ以外の事業も含まれることから，ベンチャー・ファンド，ヘッジファンド，プライベート・エクイティ・ファンド，不動産信託受益権等に対する投資を行う不動産ファンド，商品ファンド以外にも，ラーメン・ファンド，アイドル・ファンド，映画ファンド，設備投資ファンド等のうち要件を満たすものが該当する。

7　デリバティブ取引
（1）デリバティブ取引の意義
（ア）デリバティブ取引

デリバティブとは，金融派生商品とも呼ばれるが，為替，金利，債券，株式

等の原資産に係る伝統的な現物取引から派生してきた金融取引である。それは原資産の市場価格または指標に依存して理論価格が決まる金融商品である。デリバティブ取引の主なものとしては，先物取引，オプション取引，スワップ取引がある。

(イ) 市場デリバティブ取引と店頭デリバティブ取引

先物取引とオプション取引には，取引所金融商品市場で上場されて取引されるものと，取引所外で相対により取引されるもの（店頭デリバティブ）とがある。金商法2条20項は，金商法の規制対象を画するため，「デリバティブ取引」とは，市場デリバティブ取引，店頭デリバティブ取引または外国市場デリバティブ取引をいうと定義している。しかし，金商法は，何が「デリバティブ取引」であるかについて包括的に定義する規定を置いていない。デリバティブ取引には多様な内容のものが存在するため，明確かつ包括的な定義付けは困難であり，政令指定等を通して機動的に規制対象にできるようにすることが適当と考えられたためである。

先物取引のうちで店頭取引によるものを先渡取引という（外国為替取引で広く行われている）。スワップ取引は店頭取引によって行われる。

(ウ) デリバティブ取引の特色

デリバティブ取引の特色としては，①少額の資金（証拠金）で，多額の原資産取引をするのと同様の効果が得られる「レバレッジ効果」を有していること，②将来の金融商品の価格変動により損失を蒙るリスクを回避するために，現物取引と反対のポジションをとることによって損失を現時点で限定するヘッジ取引が可能であり，リスクヘッジ*効果を有していること，③リスクを覚悟で高い収益をねらうスペキュレーション取引や，現物取引市場とデリバティブ市場との間で生じる価格の乖離を利用して利益をあげる裁定取引ができること，④リスクヘッジ手段があることにより，当該金融商品の現物取引がより活発化して流動性が向上し，現物市場の厚みが増して市場の幅が広がり安定化すること，があげられる。

> *リスクヘッジ：投資対象の有価証券等の将来的な価格変動リスクを，当該取引と反対取引の意味を持つ先物取引，オプション取引といったデリバティブ取引等を行うことにより回避する取引手法を指す。反面，これにより当初取引からの利益は限定されることになる。

デリバティブ取引は，現物取引に比較して大きなリスクが指摘される。デリ

バティブ取引は，ハイリスク・ハイリターンな取引といえる。リスクとして，①取引相手方がデフォルト（債務不履行）に陥るリスク（信用リスク），②市場の相場変動により損益が発生するリスク（市場リスク），③市場の急激な変動により流動性が失われるリスク（流動性リスク），④決済システムの停止・機能不全などのリスク（決済リスク），があげられる。これらのうち，取引所におけるデリバティブ取引（市場デリバティブ取引）は，清算機関制度の利用によって信用リスクが排除されている。

（エ）外国市場デリバティブ取引

外国市場デリバティブ取引とは，2条23項において，「この法律において「外国市場デリバティブ取引」とは，外国金融商品市場において行う取引であつて，市場デリバティブ取引と類似の取引をいう。」とされており，外国金融商品市場において行われる市場デリバティブ取引と類似する取引を指す。日本の投資家が日本国内で外国において金融商品取引を行う便宜のために，金商法は，外国金融商品市場を開設する外国の金融商品取引所（外国金融商品取引所（2条26項））が，内閣総理大臣の認可を受けて，その使用する電子情報処理組織（ネットワーク）と日本に置かれた入出力装置（端末）とを接続して，金融商品取引業者および登録金融機関に，外国金融商品取引所に上場されている有価証券の売買および外国市場デリバティブ取引を行わせることを認めている（155条）。

（2）デリバティブ取引の対象

（ア）デリバティブ取引の第1の類型

デリバティブ取引の第1の類型は，現物取引の対象となる資産を原資産とするものであり，この対象となる原資産は「金融商品」（2条24項）とされるものである。まず①2条1項・2項に掲げる有価証券，および②預金契約に基づく債権その他の権利または当該権利を表示する証券もしくは証書であって政令で定めるものであり，これには広く預金契約（定期預金，当座預金，通知預金等），為替手形・小切手，債券（令1条の17）等が含まれる。さらに，③通貨，④商品先物取引法に規定する商品等である。

「金融商品」には以上のような現物取引の対象だけでなく，「標準物」が含まれる。上記のうち通貨を除いた①・②について，金融商品取引所が，市場デリバティブ取引を円滑化するため，業務規程により，利率，償還期限その他の条件を標準化して設定した標準物（118条）が金融商品としてあげられている

(2条24項5号)。標準物を定める方法による取引は，国債証券(債券先物)について一般的に利用されている。標準物設定のメリットとしては，対象商品が個別銘柄である場合と異なり，個別銘柄の属性や取引量に影響されないことがあげられる。

(イ) デリバティブ取引の第2の類型
デリバティブ取引の第2の類型は，参照指標を対象とする。2条25項は，この対象となる参照指標として「金融指標」を定めており，次のものをあげている。①「金融商品」の価格または金融商品の利率等，②気象庁その他の者が発表する気象の観測の成果に係る数値(気象観測数値)，③その変動に影響を及ぼすことが不可能もしくは著しく困難であって，事業者の事業活動に重大な影響を与える指標または社会経済の状況に関する統計の数値であって，これらの指標または数値に係るデリバティブ取引について投資者の保護を確保することが必要と認められるものとして政令で定めるもの(商品先物取引法に規定する商品指数を除く)等をあげる。③については，政令により，気象庁その他の者が発表する地象，地動，地球磁気，地球電気および水象の観測の成果に係る数値(地震デリバティブ取引等)，統計法に規定する基幹統計の数値，一般統計調査および届出統計調査の結果に係る数値，ならびに行政機関が定期的に発表し提供する不動産の価格または2以上の不動産の価格の水準を総合的に表した数値等が定められている(令1条の18)。

8 デリバティブ取引の種類
(1) 先物取引
ある商品(対象商品)を，将来のあらかじめ定められた受渡日(期限日)に，現時点で定めた価格(約定価格)で，売買することを契約する取引である。先物取引のうち，対象商品が現物の有価証券であるものを有価証券先物取引，株価指数などの指数を対象商品とするものを有価証券指数等先物取引と呼ぶ。

現在日本取引所に上場されている先物取引としては，TOPIX(東証株価指数)先物，日経225先物，ミニTOPIX先物，JPX日経インデックス400先物，RNプライム指数先物等がある。国債に関しては，中期国債先物，長期国債先物がある。

(2) オプション取引
ある商品を将来のある期日までに，そのときの市場価格に関係なくあらかじ

め決められた価格（権利行使価格）で買う権利，または，売り付ける権利を売買する取引である。

　買う権利をコール・オプション（Call Option），売り付ける権利をプット・オプション（Put Option）という。コール・オプションについて，「売り」と「買い」の取引が，プット・オプションについて，「売り」と「買い」の取引がある。それぞれの権利に対して付けられる価格（売買価格）をプレミアムという。

　現在日本取引所に上場されているオプション取引には，株式オプションとして，個別株式オプション，日経225オプション（日経平均株価指数オプション），TOPIXオプション（東証株価指数オプション），JPX日経インデックス400オプションがあり，債券オプションとしては，長期国債先物オプションがある。

（3）スワップ

　将来の一定期間にわたってキャッシュフローを相互に交換することを約束する取引である。代表的なものとして，金利スワップ，通貨スワップがある。

（ア）金利スワップ

　固定金利と変動金利など同一通貨で異なる金利の支払を交換する取引である。金利の決定のために計算上用いられる元本を「想定元本」と呼び，これは通常は同額になるので，交換されることはない。金利スワップは，実質的な金利の軽減を目的として利用される。

（イ）通貨スワップ

　将来の一定期間にわたって円とドルなど異なる通貨のキャッシュフローを相互に交換することを約束する取引である。通貨スワップにあっては，元本は異なる通貨の元本であるから，スワップの開始日と満期日に実際に元本の交換が行われるのが一般的である。

　他に，高金利通貨の金利を受け取り，より低利の円金利を支払うといった，異なる通貨間の金利だけを交換するクーポン・スワップがある。

9　市場デリバティブ取引

　「市場デリバティブ取引」とは，金融商品市場において，金融商品市場を開設する者の定める基準および方法に従って行われる取引をいう（2条21項）。規格化されたデリバティブ取引といってよい。金商法が市場デリバティブ取引として掲げているのは以下のものである。ただし，その掲げている取引類型中

には，実務上，取引の規格化が容易でないものも含まれており，店頭デリバティブ取引として行われるのが通常のものも含まれている。なお，金商法は，外国為替証拠金取引（FX取引）を「通貨関連デリバティブ取引*」として，顧客保護のために規制を置いている。

> *通貨関連デリバティブ取引：金商法は，通貨を対象とするデリバティブ取引であって，2条21項1号等に掲げる取引に当たるものを通貨関連市場デリバティブ取引，通貨関連店頭デリバティブ取引，通貨関連外国市場デリバティブ取引として（金融業等府令123条3項・4項・5項），金融商品取引業者としての規制に加え，少額の証拠金で大きな想定元本の取引を行うレバレッジに係る規制等を定めている。

(ア)「金融商品」(2条24項) を対象とする先物取引（金融商品先物取引）

売買の当事者が将来の一定の時期において金融商品およびその対価の授受を約する売買であって，当該売買の目的となっている金融商品の転売または買戻しをしたときは差金の授受によって決済することができる取引である（2条21項1号）。

(イ) 金融指標 (2条25項) を対象とする先物取引（指標先物取引）

当事者があらかじめ金融指標として約定する数値（「約定数値」）と将来の一定の時期における現実の当該金融指標の数値（「現実数値」）の差に基づいて算出される金銭の授受を約する取引（2条21項2号）である。

(ウ) オプション取引

当事者の一方の意思表示により当事者間において2条21項3号の掲げる取引を成立させることができる権利を相手方が当事者の一方に付与し，当事者の一方がこれに対して対価を支払うことを約する取引である。具体的には，金融商品の売買に係るオプション，先物取引に係るオプション（先物オプション），スワップ取引に係るオプション（スワップション）およびクレジット・デリバティブにかかるオプション，金融商品取引所で定める指標に係る指標オプション取引等である。

(エ) スワップ取引

当事者が元本として定めた金額について当事者の一方が相手方と取り決めた金融商品（通貨を除く）の利率等または金融指標の約定した期間における変化率に基づいて金銭を支払い，相手方が当事者の一方と取り決めた金融商品の利率等または金融指標の約定した期間における変化率に基づいて金銭を支払うことを相互に約する取引（これらの金銭の支払とあわせて当該元本として定めた金額

に相当する金銭または金融商品を授受することを約するものを含む）（2条21項4号）である。通貨スワップ，金利スワップ取引などである。

(オ) 商品スワップ取引

当事者が数量を定めた金融商品（2条24項3号の2に掲げる「商品」に限る）について当事者の一方が相手方と取り決めた当該金融商品に係る金融指標の約定した期間における変化率に基づいて金銭を支払い，相手方が当事者の一方と取り決めた当該金融指標の約定した期間における変化率に基づいて金銭を支払うことを相互に約する取引（2条21項4号の2）である。

(カ) クレジット・デリバティブ取引，天候デリバティブ取引

当事者の一方が金銭を支払い，これに対して当事者があらかじめ定めたいずれかの事由（クレジット・イベント）が発生した場合において相手方が金銭を支払うことを約する取引（当該事由が発生した場合において，当事者の一方が金融商品，金融商品に係る権利または金銭債権を移転することを約するものを含む）（2条21項5号）である。

これはクレジット・デリバティブ取引や天候デリバティブ取引といわれるものである。クレジット・デリバティブ取引等の支払事由（クレジット・イベント）として以下のものがあげられている。

イ）法人の信用状態に係る事由その他これに類似するものとして政令で定めるもの

政令により，法人でない者の信用状態に係る事由その他事業を行う者における当該事業の経営の根幹にかかわる事由として内閣府令で定めるものとされ（令1条の13），「債務者の経営再建または支援を図ることを目的として行われる金利の減免，利息の支払猶予，元本の返済猶予，債権放棄その他の債務者に有利となる取決め」が定められている（定義府令20条）。

ロ）当事者がその発生に影響を及ぼすことが不可能または著しく困難な事由であって，当該当事者その他の事業者の事業活動に重大な影響を与えるものとして政令で定める以下のもの。

a）暴風，豪雨，豪雪，洪水，高潮，地震，津波，噴火その他の異常な自然現象。

b）戦争，革命，内乱，暴動，騒乱，為替取引の制限・禁止その他（令1条の14，定義府令21条）。

(キ) (ア)～(カ)の取引に類似する取引であって，政令で定めるもの（2条21項

6号)。

10 店頭デリバティブ取引
(1) 店頭デリバティブの意義
　店頭デリバティブ取引については，2条22項に同条21項と同様の規定が置かれている。2条22項に掲げている店頭デリバティブに該当する取引については，店頭デリバティブに係る金商法の規制が及ぶことになる。店頭デリバティブにおいては，「先物取引」という用語に代えて広く「先渡取引」という用語が用いられているが，先渡取引は，商品の種類，数量，受渡時期，売買の場所等の条件や商品の仕組みをすべて当事者間で任意に定めることができる，相対取引のデリバティブ取引である。

　金商法は，「店頭デリバティブ取引」とは，金融商品市場および外国金融商品市場によらないで行う取引とする（2条22項）。店頭デリバティブ取引を取引形態からみると，先渡取引，オプション，スワップの3つである。実際の金融取引においては，店頭デリバティブ取引は幅広く利用され，その内容も多様であり，その取引規模（想定元本残高）はきわめて大きく，市場デリバティブ取引を大きく上回っている。

　店頭デリバティブの取引ルールとしては，銀行や証券会社などのプロ同士が行う取引においては，一般に，デリバティブのグローバル・ルールであるISDA（International Swaps and Derivatives Association, 国際スワップ・デリバティブ協会）の作成した英語契約書が用いられている。

(2) 店頭デリバティブ取引の諸類型
　2条22項は，同条21項と同様の定義により，店頭デリバティブ取引の諸類型として，①金融商品先渡取引（1号），②指標先渡取引（2号），③オプション取引（3号），④指標オプション取引（4号），⑤スワップ取引（5号），⑥クレジット・デリバティブ取引（6号），および⑦その他公益・投資者保護が必要として，政令で定める取引（7号）をあげている。

(3) 店頭デリバティブ取引に関する規制の強化
　2008年のリーマン・ショック*に端を発した金融危機を契機として，店頭デリバティブ取引の決済・清算に係る市場インフラ整備の不十分さのため，取引相手方の破綻等により決済を履行できないリスク（カウンターパーティー・リスク）の深刻な懸念が指摘され，国際的に，店頭デリバティブ取引に係る過度な

リスクを制限し，経済全体に大きな打撃を与えるシステミック・リスクを低減するために，店頭デリバティブ取引のリスク低減，標準化および透明化が重要な課題であると認識されるに至った。

> ＊リーマン・ショック：米国におけるサブプライム・ローン（信用力の劣る借手に対する住宅ローン）の証券化を利用した金融機関，ヘッジファンド等による大規模な資産運用は，サブプライム・ローンの急速なデフォルト拡大とともに崩壊に向かい，積極的に取引を行ってきた金融機関等の経営に大きな打撃を与え，2008年9月に米国大手投資会社のリーマン・ブラザーズが経営破綻するに至り，世界的な金融危機を招来させた。これに伴う経済停滞に対する金融政策を誤った日本経済にその後の長期低迷をもたらす原因となったといわれる。

実務上は，リーマン・ショック後は，カウンターパーティー・リスクに対応するため，店頭デリバティブ取引においては，金融機関同士の取引を中心に，担保付きの取引が主流となっているが，さらに，金商法の改正により，以下のような店頭デリバティブ取引に関する規制強化を行っている。

① 店頭デリバティブ取引等のうち，取引高その他の取引の状況に照らして，その取引に基づく債務の不履行がわが国の資本市場に重大な影響を及ぼすおそれがある指定された取引については，金融商品取引清算機関の利用を義務付けること（156条の62）。

② 金融商品取引清算機関は，清算集中義務の対象となる店頭デリバティブ取引等に係る清算集中等取引情報について記録を作成し，これを保存して，その保存する清算集中等取引情報を内閣総理大臣に報告しなければならないこと（156条の63）。

③ 金融商品取引業者等は，特定店頭デリバティブ取引（店頭デリバティブ取引のうち，取引高その他の取引の状況に照らして，取引の公正の確保のためその概要に関する情報の迅速な開示が必要であると認められる取引）を行う場合には，店頭デリバティブ取引等の業務の用に供される電子情報処理組織を使用すること（40条の7）。

④ 中央清算制度に適合しない標準化されない店頭デリバティブ取引を行う者は，相手方が債務不履行になった際の相殺可能な担保資産を確保して，カウンターパーティー・リスクやシステミック・リスクを低減するため，証拠金の預託を受けるべきこと（40条2号，金商業等府令123条1項21号の5・21号の6）。

第3章
金融商品取引業者等と業者規制

第1節　金融商品取引業者の業務と規制

　金融商品取引業者とは，29条の規定により内閣総理大臣の登録を受けた者をいう（2条9項）。そして，金融商品取引業は，内閣総理大臣の登録を受けた者，すなわち，金融商品取引業者でなければ，行うことができない（29条）。金商法は，投資者保護の観点から要求とされる参入基準を満たした者のみが金融商品取引業へ新規参入できるように，業者の登録制を採用している。本節では，まず金融商品取引業者の業務である金融商品取引業について分析し，その後，金融商品取引業者に対する参入規制や兼業規制を概観することとする。

1　金融商品取引業
（1）金融商品取引業の範囲
　金商法2条8項は，有価証券の売買や市場デリバティブ取引等の行為類型を定めている。「金融商品取引業」とは，これらの行為のいずれかを業として行うことである（2条8項柱書）。この金融商品取引業の概念から除外されるのは，（ア）投資者の保護のため支障を生ずることがないと認められるものとして政令で定める行為，（イ）銀行，協同組織金融機関その他政令で定める金融機関が行う一定の行為である（2条8項括弧書）。この除外類型を，以下で概観することとする。

（ア）投資者保護の必要性が乏しいため金融商品取引業から除外される行為類型
　この類型は，行為の性質上，本法の規制を及ぼさなくとも投資者保護に支障がないため，金融商品取引業の概念から除外されるものである。金融商品取引業から除外されるものは，①国・地方公共団体・日本銀行・外国政府等の行為，②デリバティブ取引に関する専門的知識および経験を有すると認められる者として内閣府令で定める者・資本金の額が内閣府令で定める金額以上の株式会社を相手方として行う店頭デリバティブ取引等などである。

（イ）銀行等が主体となる行為類型

　この行為類型は，銀行，協同組織金融機関その他政令で定める金融機関が行う一定の運用行為（2条8項12号・14号・15号）および有価証券関連業（28条8項）を対象とする。旧証取法の銀証分離規制（⇒**第4章第1節**）は金商法に継受されているため（33条），金融商品取引業は金融商品取引業者の範囲を画する概念となっている。換言すると，銀行等は金融商品取引業を行うことができない。他方，政策的な見地から，銀行等が有価証券の運用など一定の行為を業として行う余地も認める必要から，これらの行為を金融商品取引業から除外した。

（2）「業」概念

　前述のように，金融商品取引業は，2条8項に掲げる行為を業として行うことである。しかし，金融商品取引法では，金融商品取引業と定義される行為を「業として」行うことのみで，金融商品取引業に該当する。すなわち，行為を営利目的で行う必要はなく，当該行為を継続・反復することで，「業として」という要件が充足されるのである。

　この点に関連して，個人投資家や一般事業会社が継続的に有価証券の売買を行う場合も金融商品取引業に該当するのか，ということが問題となる。「業として」という要件に，不特定多数の一般大衆を相手方として取引する体制を備えているか否かという対公衆性要件を加えて解釈するのではなく（集団投資スキームの自己募集（⇒**本節（3）（イ）**）は公衆に対して行われることはないことに留意），個人投資家や一般事業会社が投資目的で行う有価証券の売買は，金融商品取引業に該当する有価証券の売買（2条8項1号）に該当しないと解すべきである。投資目的で行われる行為についても不公正取引規制が及ぶのであり，これを超えて投資勧誘者や市場仲介者等に対して課される業規制や行為規制を適用する必要性が乏しいからである。

（3）金融商品取引業の区分

　金融商品取引業は，第一種金融商品取引業，第二種金融商品取引業，投資助言・代理業，投資運用業に区分される。金融商品取引業者が行う業務は，その内容ごとに投資者が被る損害等の危険度は異なることから，当該業者に課すべき規制の種類やその程度も異ならざるを得ない。このため，課される参入規制を基準として，金融商品取引業を類型化している。

(ア) 第一種金融商品取引業

　第一種金融商品取引業とは，①流動性の高い有価証券の売買等（28条1項1号），②店頭デリバティブ取引またはその媒介，取次ぎもしくは代理（同2号），③有価証券の引受け（同3号），④私設取引システムに係る行為（同4号），⑤有価証券等の受託または振替（同5号）のいずれかを業として行うことをいう（28条1項）。上記③の有価証券の引受けとは，有価証券の募集もしくは売出しまたは私募に際し，当該有価証券を取得させることを目的として当該有価証券の全部もしくは一部を取得すること（買取引受け），または，当該有価証券の全部もしくは一部につき他にこれを取得する者がない場合にその残部を取得すること（残額引受け）を内容とする契約をすることである（2条6項・8項6号）。

　上記①については，流動性の高い有価証券を対象とする取引は多数の者がこれに関与する。上記②の店頭デリバティブ取引等は，その取扱いに専門性が要求され，かつ，多額の損失が発生する可能性がある。

　上記③については，有価証券の引受けを行う引受人には，引受リスクをコントロールするための当該有価証券の投資価値および市況の分析能力，損失に耐え得る財産的基盤が必要となる。上記④については，多数の者が参加することが予定されることから，そこで取り扱われる有価証券は流動性が高いものであることが想定される。上記⑤については，有価証券等管理業務*を行う者の財務の健全性を確保しなければ，本来の権利者が権利を喪失する危険がある。これらの事由に相応した参入規制を課す必要があるため，上記①ないし⑤は，第一種金融商品取引業に分類された。

　　＊有価証券等管理業務：有価証券等管理業務とは，第一種金融商品取引業に係る業務として，顧客から金銭または証券などの預託を受けることである（28条5項）。

(イ) 第二種金融商品取引業

　第二種金融商品取引業とは，①2条8項7号に掲げる有価証券の募集または私募に該当する行為，②みなし有価証券の売買等，③有価証券に関連しない市場デリバティブ取引等，④金融商品取引業に該当するものとして政令において指定される行為（令1条の12）のいずれかを業として行うことをいう（28条2項）。

　上記①には，集団投資スキーム持分（2条2項5号・6号）の発行者自身がその募集や私募を行うことも対象も含まれる（自己募集。28条2項1号）。集

団投資スキーム持分については，商品組成と販売が一体化して行われる可能性があるため，金商法の業規制を及ぼす必要があるが，自己募集は発行者自らが勧誘行為を行うものであることから，仲介業者として高度な財産要件を課して投資者保護を図る必要がないため，第二種金融商品取引業に位置付けられた。このように自己募集について登録を課す規制は集団投資スキーム持分の発行者自らが勧誘行為を行うことに着目したものであるから，集団投資スキーム持分の発行者が一切勧誘を行わない場合は登録を行う必要がないと解される。

上記②および③は，取引の対象が市場性を有する有価証券と比較して流動性が低いことから，第一種金融商品取引業や投資運用業よりも緩和された参入規制を課すことが妥当であると判断されたものと思われる。

(ウ) 投資助言・代理業

投資助言・代理業とは，①投資顧問契約を締結し，当該投資顧問契約に基づき，有価証券の価値等または金融商品の価値等の分析に基づく投資判断に関して助言すること，②投資顧問契約または投資一任契約（**⇒後述(エ)**）の締結の代理または媒介のいずれかを業として行うことをいう（28条3項）。

上記①に係る業務が投資助言業務となる（28条6項）。投資顧問契約とは，当事者の一方が相手方に対して，有価証券の価値等に関し，または金融商品の価値等の分析に基づく投資判断に関し，口頭，文書その他の方法により助言を行うことを約し，相手方がそれに対し報酬を支払うことを約する契約である（2条8項11号）。投資一任契約と異なり，投資判断自体は助言を受けた者が行う点に特徴がある。文書については，新聞，雑誌，書籍その他不特定多数の者に販売することを目的として発行されるもので，不特定多数の者により随時に購入可能なものが除外される（同号括弧書）。これにより，株価の動向を予測して株式の売買を推奨する新聞・雑誌等の記事は金商法の業規制を免れる。有価証券の価値等，すなわち，有価証券の価値，有価証券関連オプション*の対価の額または有価証券指標の動向については，当該価値等に関する助言があれば，当該価値等に関する分析に基づく投資判断の助言がなくとも，投資顧問契約に該当する（同号イ）。金融商品の価値等，すなわち，金融商品の価値，オプションの対価の額または金融指標の動向については，当該価値等の分析に基づく投資判断（たとえば，投資の対象となる有価証券の種類，銘柄，数および価格ならび売買の別，方法および時期についての判断である）が，投資顧問契約の助言内容となる（同号ロ）。なお，投資顧問契約については，有償であることが要件

とされていることから（同号柱書），無償で行われる投資助言は，業規制の対象とならない。

＊有価証券関連オプション：金融商品市場において金融商品市場を開設する者の定める基準および方法に従い行う，当事者の一方の意思表示により当事者間において有価証券の取引を成立させることができる権利を相手方が当事者の一方に付与し，当事者の一方がこれに対して対価を支払うことを約する取引に係る権利（オプション）などである（2条8項11号）

上記②により，投資顧問契約または投資一任契約の締結の代理・媒介を業として行うことが，金融商品取引業に該当する（2条8項13号）。

（エ）投資運用業

投資運用業とは，①登録投資法人と資産の運用に係る委託契約を締結して，金融商品の価値等の分析に基づく投資判断に基づいて有価証券またはデリバティブ取引に係る権利に対する投資として行う金銭その他の財産の運用（2条8項12号イ），②投資一任契約を締結して，金融商品の価値等の分析に基づく投資判断に基づいて有価証券またはデリバティブ取引に係る権利に対する投資として行う金銭その他の財産の運用（2条8項12号ロ），③金融商品の価値等の分析に基づく投資判断に基づいて有価証券またはデリバティブ取引に係る権利に対する投資として行う投資信託等の受益証券に表示される権利を有する者から拠出を受けた金銭その他の財産の運用（2条8項14号），④金融商品の価値等の分析に基づく投資判断に基づいて主として有価証券またはデリバティブ取引に係る権利に対する投資として，信託受益権等を有する者から出資または拠出を受けた金銭その他の財産の運用（2条8項15号）のいずれかを，業として行うことをいう（28条4項）。

上記①は，投資法人の資産運用行為，すなわち，登録投資法人と締結する資産の運用に係る委託契約（投信188条1項4号）に基づき，金融商品の価値等の分析に基づく投資判断に基づいて有価証券またはデリバティブ取引に係る権利に対する投資として，金銭その他の財産の運用（その指図を含む。）を行うことを射程とする規定である。そもそも，投資法人とは，資産を主として特定資産に対する投資として運用することを目的として，この法律に基づき設立された社団である（投信2条12号）。次に，登録投資法人とは，投資信託投信法人法による登録を受けた投資法人である（投信2条13号）。そして，登録投資法人は，資産運用会社にその資産の運用に係る業務の委託をしなければならな

い（投信198条1項）。そのため，資産運用会社（登録投資法人の委託を受けてその資産の運用に係る業務を行う金融商品取引業者をいう。投信2条21号）が，登録投資法人から委託を受け，有価証券・デリバティブ取引に係る権利に対する投資として，登録投資法人の資産運用を業として行うことを，「投資運用業」として位置付けている。

　上記②は，投資一任契約による財産運用行為，すなわち，「投資一任契約」（当事者の一方が，相手方から，金融商品の価値等の分析に基づく投資判断の全部または一部を一任されるとともに，当該投資判断に基づき当該相手方のため投資を行うのに必要な権限を委任されることを内容とする契約である。2条8項12号ロ）に基づき，金融商品の価値等の分析に基づく投資判断に基づいて有価証券またはデリバティブ取引に係る権利に対する投資として，金銭その他の財産の運用（その指図を含む。）を業として行うことを，「投資運用業」として位置付けるものである。

　上記③は，投資信託の運用行為，すなわち，金融商品の価値等の分析に基づく投資判断に基づいて有価証券またはデリバティブ取引に係る権利に対する投資として，投資信託等の受益証券に表示される権利を有する者から拠出を受けた金銭その他の財産の運用を行うことを射程とするものである。投信において，委託者指図型投資信託（信託財産を委託者の指図に基づいて有価証券などに対する投資として運用することを目的とする信託である。投信2条1項）の委託者は，金融商品取引業者でなければならない（投信3条）。このことから，投資信託の運用行為を業として行うことを，「投資運用業」として位置付けるものである。

　上記④は，自己運用行為，すなわち，金融商品の価値等の分析に基づく投資判断に基づいて主として有価証券またはデリバティブ取引に係る権利に対する投資として，信託受益権等を有する者から出資または拠出を受けた金銭その他の財産の運用を業として行うことを，「投資運用業」として位置付けるものである。これは，集団投資スキームを組成し，「主として有価証券又はデリバティブ取引に係る権利」に対する投資として，自ら運用することも，登録制度の対象とする趣旨である。2条8項15号における「主として」という要件は，その文言から，運用財産の50％超にあたる金銭等を有価証券等に係る権利に対して投資している状態を指すと解されている。

2 参入規制
(1) 登録制度
(ア) 総　説
　金融商品取引法29条は,「金融商品取引業は,内閣総理大臣の登録を受けた者でなければ,行うことができない」と定めている。市場原理に基づく競争により多様な金融サービスの開発・提供を促進する趣旨である。金商法において,金融商品取引業は,私設取引システムに該当する行為に係る業務を除いて,すべて登録制となった。なお,無登録業者による未公開有価証券の売付け等の効果は,投資家保護の観点から,原則として無効である（171条の2第1項）。

　金融商品取引業の4つの類型は,それぞれの類型に参入するための要件を大まかに区別する概念として設けられたものである。このため,登録を受ける際に,「業務の種別」を明示しなければならない（29条の2第1項5号）。そして,「業務の種別」を変更または追加する場合,変更登録の手続を経なければならない（31条4項）。変更登録手続において,変更される「業務の種別」ごとの参入要件充足の有無が判断されることとなる。

(イ) 登録の申請
　登録を受けようとする者は,内閣総理大臣に登録申請書を提出しなければならない（29条の2第1項）。登録申請書には,①商号,名称または氏名,②法人であるときは資本金の額または出資の総額,③法人であるときは役員の氏名または名称などを記載する。

　29条の2第1項5号によれば,「業務の種別」という概念においては,第一種金融商品取引業を構成する個々の業務がそれぞれ独立した業務の種別となる。

　なお,投資型クラウドファンディングの仲介を行う者の参入を容易にする観点から,第一種金融商品取引業について,登録等の特例が設けられた（29条の4の2。なお,「第一種少額電子募集取扱業務」については29条の4の2第10項を,「第二種少額電子募集取扱業」については29条の4の3第4項を参照）。

　内閣総理大臣は,登録申請があった場合においては,登録拒否事由がある場合を除いて,登録申請書に記載された事項,ならびに,登録年月日および登録番号を金融商品取引業者登録簿に登録しなければならない（29条の3第1項）。つまり,金融商品取引業の登録制においては,登録拒否事由に該当しない限り,金融商品取引業の登録を受けることができるのである。金融商品取引業者登録簿は公衆縦覧に供される（29条の3第2項）。

(2) 登録拒否事由

登録拒否事由は階層化されており，①投資助言・代理業，②第二種金融商品取引業，③投資運用業，④第一種金融商品取引業の順に要件が厳格化されている。このようなことから，例えば，第一種金融商品取引業と第二種金融商品取引業とを同時に申請した場合は，第一種金融商品取引業の登録要件を満たせば，第二種金融商品取引業の登録も可能となるのである。

(ア) すべての金融商品取引業に共通する登録拒否事由

すべての金融商品取引業に共通する登録拒否事由は，大別すると，①登録申請者が，金融商品取引業の登録等を取り消され，その取消し等の日から5年を経過しない者等に該当する者であること（29条の4第1項1号），②登録申請者が法人である場合において，当該法人の役員や使用人が「成年被後見人若しくは被保佐人又は外国の法令上これらと同様に取り扱われている者」に該当する者であること等（29条の4第1項2号），③登録申請者が個人である場合において，当該申請者やその使用人が成年被後見人・被保佐人または外国の法令上これらと同様に取り扱われている者に該当する者であること等（29条の4第1項3号）である。上記①は，過去に金融商品取引業者等としての登録を取り消された者が直ちに登録できるとすれば，登録制度の意義を空洞化させることから，取消し等から一定期間の経過を求めたものである。上記②は，法人である登録申請者が行おうとする業務の適切性を確保する観点から，当該法人における役員等の登録拒否事由を定めたものである。上記③は，個人である登録申請者の業務の適切性を確保する観点から定められたものである。

(イ) 第一種金融商品取引業・第二種金融商品取引業または投資運用業に関する登録拒否事由

第一種金融商品取引業，第二種金融商品取引業または投資運用業を行おうとする場合（個人である場合を除く。）における登録拒否事由は，登録申請者が，「資本金の額又は出資の総額が，公益又は投資者保護のため必要かつ適当なものとして政令で定める金額に満たない者」に該当する者であること等である（29条の4第1項4号）。本号の登録拒否事由は，最低資本金（令15条の7第1項）規制を定めている（例えば，有価証券の元引受けであって，損失の危険の管理の必要性の高いものについては，最低資本金は30億円である。令15条の7第1項1号）。これは，投資者保護の観点から，各業務から生じる損失に対応できるように，財産的基盤を確保する趣旨である。

(ウ) 第一種金融商品取引業および投資運用業に関する登録拒否事由

第一種金融商品取引業および投資運用業に適用される登録拒否事由は、①登録申請者が株式会社でない者に該当すること、②登録申請者の純財産額が、公益または投資者保護のため必要かつ適当なものとして政令で定める金額に満たないこと等である（29条の4第1項5号）。上記①は、第一種金融商品取引業や投資運用業を実施するにあたり、適切なガバナンス体制を備えた組織であることを求める趣旨である。また、上記②は、第一種金融商品取引業や投資運用業に伴う損失に備えて、純財産額（令15条の9）を基準とした財産的基盤の確保を求める趣旨である（例えば、有価証券の元引受けであって、損失の危険の管理の必要性の高いものについては、最低資本金は30億円である。令15条の9第1項）。

(エ) 第一種金融商品取引業に関する登録拒否事由

第一種金融商品取引業に関する登録拒否事由は、①登録申請者の自己資本規制比率（46条の6第1項）が120パーセントを下回ること、②登録申請者が、他の第一種金融商品取引業を行う金融商品取引業者が現に用いている商号と同一の商号や誤認されるおそれのある商号を用いようとすることである（29条の4第1項6号）。上記①は、第一種金融商品取引業には自己資本規制比率（固定資産等を除いた自己資本の額を、保有する有価証券の価格の変動等により発生し得る危険に対応する額で除した数値である。保有有価証券から生じるリスク相当額に対して、自己資本の額がどのくらいあるのかを計測する指標である。46条の6第1項）が課されていることと平仄（ひょうそく）を合わせたものである。上記②は、商号の不正使用による投資者の誤認を予防するものである。

(オ) 適格投資家向け投資運用業（いわゆるプロ向け投資運用業）

適格機関投資家（⇒**本章第3節**）のような投資のプロを相手に小規模な投資運用業への参入が可能なように、適格投資家向け投資運用業も認められている。具体的には、適格投資家向け投資運用業への登録拒否要件について、通常の投資運用業の登録拒否要件を緩和する手法がとられている（29条の5）。投資家保護のために設けられた高度な財産規制等の登録拒否要件を緩和するのであるから、「適格投資家」という概念は、金融商品の取引について十分な知識・経験・財産を有しており、自己の責任において適切な投資判断が可能な投資者に限定されるべきである。そこで、「適格投資家」とは、「特定投資家その他その知識、経験及び財産の状況に照らして特定投資家に準ずる者として内閣府令で定める者又は金融商品取引業者と密接な関係を有する者として政令で定める者

をいう」とされている（29条の5第3項）。

（3）認可制度
（ア）私設取引システム

認可の対象となるのは，金融商品取引業者が私設取引システムに係る業務（本編では「PTS業務」とする）を行う場合のみである。私設取引システムとは，有価証券の売買またはその媒介，取次ぎもしくは代理であって，電子情報処理組織を使用して，同時に多数の者を一方の当事者または各当事者として2条8項10号が掲げる売買価格の決定方法またはこれに類似する方法により行うものである。

（イ）認可制度の位置付け

私設取引システムに係る行為を，金融商品取引業者が業として行おうとするときは，内閣総理大臣の認可を受けなければならない（30条1項）。これは，私設取引システムが金融商品取引所と類似した市場を形成するため，政策的な観点から認可の対象としたものである。そして，金融商品取引業者に本条1項の認可をしたときは，その旨を当該金融商品取引業者の登録に付記しなければならない（30条2項）。つまり，この場合は，第一種金融商品取引業者として登録を受けた上で，認可を要するのである。

（ウ）認可の手続き

上記の認可を受けようとする金融商品取引業者は，①商号，②登録年月日および登録番号を記載した認可申請書を内閣総理大臣に提出しなければならない（30条の3第1項）。この認可申請書には，損失の管理方法，業務分掌の方法その他の業務の内容および方法として内閣府令で定めるものを記載した書類その他内閣府令で定める書類を添付しなければならない（30条の3第2項，金商業等府令17条・18条）。認可をしようとするときは，内閣総理大臣は，以下の認可の基準に適合するかどうかを審査しなければならない（30条の4）。その基準は，①損失の危険の管理に関し，適切な体制および規則の整備を行っていること，②資本金の額が，公益または投資者保護のため必要かつ適当なものとして政令で定める金額（3億円令15条の11第1項）以上であること，③純財産額が上記②に規定する金額以上であること，④金融商品取引業者の自己資本規制比率が120％を下回ることがないこと，⑤認可申請者の売買価格の決定方法，受渡しその他の決済の方法その他内閣府令で定める業務の内容および方法が，公益または投資者保護のため必要かつ適当なものであること（金商業等府

令19条）である）。

　内閣総理大臣は認可に条件を付することができるが（30条の2第1項），この条件は，公益または投資者保護のため必要な最小限度のものでなければならない（30条の2第2項）。

　なお，認可について，当該金融商品取引業者が認可に係る業務を廃止したとき等，52条3項所定の事由が生じたときは，その効力を失う（52条3項）。

（4）変更登録等

　金融商品取引業者は，29条の2第1項各号（5号の「業務の種別」を除く）に掲げる事項について変更があったときは，その日から2週間以内に，その旨を内閣総理大臣に届け出なければならない（31条1項）。この届出を受理したときは，届出があった事項を金融商品取引業者登録簿に登録しなければならない（31条2項）。また，金融商品取引業者は，登録申請書の添付書類に記載された業務の内容または方法（29条の2第2項2号）について変更があったときは，内閣府令で定めるところにより，遅滞なく，その旨を内閣総理大臣に届け出なければならない（31条3項，金商業等府令21条）。

　他方，金融商品取引業者は，業務の種別（29条の2第1項5号）について変更をしようとするときは，内閣府令で定めるところにより，内閣総理大臣の行う変更登録を受けなければならない（31条4項，金商業等府令22条）。変更登録の際には，登録簿への登録を定める29条の3と登録の拒否を定める29条の4が準用される（31条5項）。前述のように，金融商品取引業の登録拒否要件は，業務の内容によって異なっている。そのため，新たに追加・変更される業務の種別に応じて登録拒否要件の該当性を判断する必要がある。このような理由から，変更登録の制度が設けられたのである。

　私設取引システムに関する認可を受けた金融商品取引業者は，31条3項の規定にかかわらず，当該認可を受けた業務に係る損失の危険の管理方法，売買価格の決定方法，受渡しその他の決済の方法その他内閣府令で定める業務の内容および方法を変更しようとする場合においては，内閣総理大臣の認可を受けなければならない（31条6項，金商業等府令23条・24条）。

（5）営業保証金

　①第二種金融商品取引業を行う個人，および，②投資助言・代理業のみを行う者は，営業保証金を主たる営業所または事務所の最寄りの供託所に供託しなければならない。前述のように，上記①および②の金融商品取引業者は，登録

拒否要件について最低資本金規制や純財産額規制などの財務規制が課されていない。財務規制が課されていないため，業務により被害が生じた場合の被害者への損害賠償の簡易迅速な履行や，前払手数料の返還が容易でないことから顧客の中途解約の自由が妨げられるなどの弊害が生じるおそれがある。このようなことから，開業にあたり営業保証金の供託が義務付けられている（31条の2第1項）。営業保証金の額は，金融商品取引業者の業務の実情および投資者保護の必要性を考慮して，政令で定められている（31条の2第2項，令15条の12）。金融商品取引業者は，内閣総理大臣の命令を受けた場合に金融機関が営業保証金に相当する金銭を供託する旨の契約を金融機関と締結すれば，営業保証金の全部または一部の供託は不要となる（31条の2第3・4項）。

(6) 兼業規制

(ア) 総　　説

金商法は，業務の自由度を高める観点から，付随業務の範囲を拡大し，兼業規制の及ぶ業者の範囲も限定している。すなわち，第一種金融商品取引業者または投資運用業を行う者は，金融商品取引業のほか，①付随業務（35条1項），②届出業務（35条2項・3項），③承認業務（35条4項）を行うことができる。また，第二種金融商品取引業者または投資助言・代理業のみを行う者は，第二種金融商品取引業または投資助言・代理業のほか，他の業務を兼業することができる（35条の2第1項）。このように，第一種金融商品取引業者または投資運用業を行う者については兼業規制があるのに対して，第二種金融商品取引業者または投資助言・代理業のみを行う者については兼業規制がない。

(イ) 付随業務

第一種金融商品取引業者または投資運用業を行う者は，金融商品取引業のほか，①35条1項1号ないし15号が定める行為を業として行うこと，②その他の金融商品取引業に付随する業務を行うことができる（35条1項）。このことから，第一種金融商品取引業者または投資運用業を行う者は，有価証券の貸借またはその媒介もしくは代理，信用取引（156条の24第1項）に付随する金銭の貸付けや顧客からの保護預りをしている有価証券を担保とする金銭の貸付け等を業として行うことができる。

(ウ) 届出業務

第一種金融商品取引業者または投資運用業を行う者は，金融商品取引業および上記 **(イ)** による業務以外に，内閣府令で定めるところにより，遅滞なく，

内閣総理大臣に届出を行うことにより，一定の業務を行うことができる（35条2項・3項，金商業等府令69条）。その業務（35条2項）とは，①商品市場における取引等に係る業務（商品先物取引法2条16項），②商品の価格その他の指標に係る変動，市場間の格差などを利用して行う取引として内閣府令で定めるものに係る業務（金商業等府令67条）や，③貸金業その他の金利の貸付または金銭の貸借の媒介に係る業務（貸金業法2条1項）等である。なお，届出業務を廃止したときは，遅滞なくその旨を内閣総理大臣に届け出なければならない（35条6項）。

（エ）承認業務

第一種金融商品取引業者または投資運用業を行う者は，金融商品取引業ならびに上記**（イ）**および**（ウ）**の業務以外に，内閣総理大臣の承認を受けた業務を行うことができる（35条4項）。申請された業務が公益に反すると認められるとき，または当該業務に係る損失の危険の管理が困難であるために投資者の保護に支障を生ずると認められるときに限り，内閣総理大臣は，当該承認申請を承認しないことができる（35条5項）。承認業務を廃止したときは，遅滞なくその旨を内閣総理大臣に届けなければならないことは，届出業務と同様である（35条6項）。

（7）登録等における審問・通知

登録，認可または変更登録を拒否しようとするときは，内閣総理大臣は，登録申請者等に通知して，当該職員（内閣総理大臣の金融商品取引業者等に関する権限は，金融庁長官に委任されている（194条の7第1項）。そして，金融庁長官の金融商品取引業者等に関する権限は財務局長等へ委任されている（令42条・43条）。）に，当該登録申請者等につき審問を行わせなければならない（57条1項）。また，登録，認可，変更登録もしくは承認（35条4項）をし，もしくはしないこととしたとき，または，30条の2第1項の規定により条件を付することとしたときは，内閣総理大臣は，書面によりその旨を登録申請者等に通知しなければならない（57条3項）。

第2節　ファンド

1　ファンド（集団投資スキーム）

　投資者保護を徹底する趣旨から，金商法は，集団投資スキームに対する持分（以下，集団投資スキーム持分とする）を定めること（2条2項5号・6号）により，集団投資スキームに対しても法の規制をおよぼすこととした。その枠組みはこうである。まず，集団投資スキーム持分に該当すると金融商品取引法上の有価証券とみなされる（2条2項本文）。投資等以外の事業を行うファンドの権利，たとえば，ラーメン店の事業に投資するラーメン・ファンド，アイドルのCDや写真集の販売等に投資するアイドル・ファンド，映画作成に投資する映画ファンド，一定の設備を取得してそのリース事業を営む設備投資ファンドなどの権利も，集団投資スキーム持分に該当する。

　つぎに，①有価証券投資事業権利等（3条3号）に該当する集団投資スキーム持分について，募集または売出しを行う場合は，開示規制（⇒**第5章**）の適用を受けること，②集団投資スキーム持分に関する金融商品取引業については業規制と行為規制の適用を原則として受けること，③集団投資スキーム持分の取引についても金融商品取引法第6章が定める不公正取引規制の適用を受けることとした。本章では，上記②について詳論することとする。

2　集団投資スキーム持分の意義
（1）要　件

　集団投資スキーム持分とは，集団投資スキーム，すなわち，①投資者が金銭を出資または拠出し，②当該金銭を充てて事業を行い，③事業から生ずる収益の配当または当該出資対象事業に係る財産の分配を受けるスキームに係る権利である（2条2項5号）。上記要件①についてである。金銭には，これに類するものとして政令で定めるものも含まれる（同項5号）。金銭に類するものとは，（ⅰ）有価証券，（ⅱ）為替手形，（ⅲ）約束手形等である（令1条の3，定義府令5条）。

　金商法2条2項5号は，組合契約（民667条1項）や匿名組合契約（商535条）などを列挙した後,「その他の権利」という文言を用いている。したがって，これらは例示列挙であり，列挙されていない権利であっても，上記要件を満た

すものは，集団投資スキーム持分となる。また，集団投資スキーム持分（2条2項5号柱書末尾の括弧書を除く）は，2条2項5号イないしニが定める適用除外に該当しない限り，本法の有価証券となる。また，外国法令に基づく権利であっても5号の要件を満たすものは集団投資スキーム持分に該当し（2条2項6号），本法の有価証券となる。

（2）除外される権利

上記の定義規定は広範な概念であるため，投資者保護を図る必要性が乏しいあるいは投資者保護を図る必要性がない集団投資スキーム持分も含まれることとなる。そこで，法は，集団投資スキーム持分の概念から除外する権利を定めている（2条2項5号イ〜ニ）。

3　集団投資スキームに対する行為規制

集団投資スキーム持分を自己募集する場合は，第二種金融商品取引業の登録が必要となる（2条8項7号ヘ・28条2項1号・29条）。そのため，第二種金融商品取引業の登録を受けた金融商品取引業者として，その行為規制に服する。行為規制に服することから，例えば，集団投資スキーム持分の販売を内容とする契約は金融商品取引契約に該当するため（34条），当該契約を締結する前には，原則として，契約締結前交付書面*を交付しなければならない（37条の3第1項）。

> ＊契約締結前交付書面：金融商品取引契約の概要や手数料，報酬その他の当該金融商品取引契約に関して顧客が支払うべき対価に関する事項を記載した書面である（37条の3）。

他方，投資運用業に対する行為規制の射程は，集団投資スキームの類型によって異なる。すなわち，有価証券・デリバティブ取引に係る権利に対する投資（2条8項12号・14号），または，主として有価証券・デリバティブ取引に係る権利に対する投資（2条8項15号）を目的とする集団投資スキーム（以下，「投資型ファンド」とする）が，その目的に沿って拠出財産の運用を業として行うことは，投資運用業に該当する（28条4項）。このため，投資運用業に対する行為規制が及ぶ。このことから，例えば，投資型ファンドの場合は，原則として，顧客に対する運用報告書の交付義務が発生する（42条の7第1項）。

第3節　機関投資家・特定投資家

1　適格機関投資家等特例業務に関する特例

投資者保護の観点から，一般の投資家を対象とする集団投資スキーム持分の販売・勧誘または投資運用を行う業者については，登録（29条）を義務付けている。他方，適格機関投資家等のみを対象とする集団投資スキーム持分の販売・勧誘または投資運用を行う業者については，法は，後述するような特例を設けている。その趣旨は，金融のイノベーションを阻害するような規制とならないように配慮したためである。

（1）適格機関投資家等特例業務

適格機関投資家等特例業務とは，63条1項各号が掲げる行為のいずれかを業として行うことをいう（63条2項）。適格機関投資家等特例業務の類型は，（1）適格機関投資家等のみを相手方とする私募（2条3項）と（2）適格機関投資家等から出資・拠出された金銭等の運用行為（2条8項15号）に分類される。

（ア）「適格機関投資家等」の意義

一定の要件を充たした適格機関投資家等のみを相手方とする私募については，登録制度（29条・33条の2）は適用されない（63条1項1号）。そもそも，「適格機関投資家等」とは，①適格機関投資家と②適格機関投資家以外の者で政令で定めるものを包摂する概念である（63条1項1号）。①適格機関投資家とは，有価証券に対する投資に係る専門的知識及び経験を有する者として内閣府令で定める者である（2条3項1号，定義府令10条）。この類型を適格機関投資家等特例業務とする趣旨は，適格機関投資家のように自衛能力のある投資者のみを相手方とする私募であれば，一般の投資家に適用される規制を課す必要性が乏しいからである。

また，②適格機関投資家以外の者で政令で定めるものとは，適格機関投資家以外の者であり，かつ，その数が49名以下のものである（63条1項1号，令17条の12）。このような適格機関投資家以外の者も適格機関投資家等特例業務の対象とする趣旨は，適格機関投資家以外に，当該集団投資スキームを運営するファンドの関係者等が出資している場合であっても，そうした関係者が少人数に限られるときは，一般投資家を念頭に置いて規制を一律に課す必要性は

なく，簡素な規制を及ぼすことで足りると判断されたためである。
 (イ) 適格機関投資家等特例業務の要件
 集団投資スキーム持分の自己募集（2条8項7号ヘ）について，適格機関投資家等特例業務として登録制度の適用が免除されるための要件は，①集団投資スキーム持分（2条2項5号・6号）に係る私募であること，②当該私募が適格機関投資家等以外の者が当該権利を取得するおそれが少ないものとして政令で定めるものに該当すること，③当該私募の相手方が適格機関投資家等であること，④当該適格機関投資家等が法定の列挙事由（63条1項1号イ－ハ）のいずれにも該当しないこと，⑤取得勧誘に応じて出資する者に適格機関投資家が1名以上存在することである（63条1項1号）。
 上記⑤の要件は，出資者たる適格機関投資家は集団投資スキームの運営に対するモニタリング機能を果たすことを期待し得ることから，間接的に適格機関投資家以外のものもその恩恵を受けるため，出資者たる適格機関投資家が1名以上存在する場合は，簡素な規制を及ぼすことで足りるとする趣旨であると思われる。
 なお，一般個人投資家を保護する観点から，適格機関投資家等特例業務の出資者の範囲を限定している（63条1項1号括弧書参照）。
 (ウ) 適格機関投資家等から出資・拠出された金銭等の運用行為
 一定の要件を充たした適格機関投資家等から出資・拠出された金銭等の運用行為についても，登録制度（29条・33条の2）は適用されない（63条1項2号）。同号における適格機関投資家等が有する権利は，①同一の出資対象事業に係る集団投資スキーム持分（2条2項5号・6号）であること，②当該権利を有するものが適格機関投資家等に限定されるものであることを満たす必要がある。その趣旨は，当該権利を有するものが適格機関投資家等のみに限定して，一般投資家の関与する余地をなくすことにより，一般投資家を念頭に置いた規制の適用を排除することにある。そして，上記権利を有する適格機関投資家等から出資・拠出された金銭等の運用行為が適格機関投資家等特例業務となり，簡素な規制に服するのである。
 (2) 届出義務
 (ア) 適格機関投資家等特例業務を行う場合
 適格機関投資家等特例業務を行う者（金融商品取引業者等を除く）は，あらかじめ，内閣府令で定めるところにより，63条2項各号が定める商号等の事項を

内閣総理大臣に届け出なければならない（63条2項）。すなわち、届出（63条2項）を行う者は、適格機関投資家等特例業務に関する届出書（別紙様式第20号）に、当該届出書の写しを添付して、その者の本店等の所在地を管轄する財務局長（当該所在地が福岡財務支局の管轄区域内にある場合にあっては福岡財務支局長、国内に営業所または事務所を有しない場合にあっては関東財務局長）に提出しなければならない（金商業等府令236条1項）。上記の届出を行った特例業務届出者は、届出事項に変更があったときは、遅滞なく、その旨を内閣総理大臣に届け出なければならない（63条8項）。

金融商品取引業者等（63条1項各号の行為を業として行うことについて29条または33条の2の登録を受けている者を除く。）が適格機関投資家等特例業務を行う場合も、あらかじめ、内閣総理大臣に適格機関投資家等特例業務を行う旨や業務の種別（63条2項5号）等を届け出なければならない（63条の3第1項）。

（イ）運用行為の特則

特例業務届出者は、適格機関投資家等特例業務として開始した運用行為に係る業務が適格機関投資家等特例業務に該当しなくなったときは、遅滞なく、その旨を内閣総理大臣に届け出なければならない（63条13項）。他方、内閣総理大臣は、特例業務届出者が適格機関投資家等特例業務として開始した運用行為（63条1項2号）に係る業務が適格機関投資家等特例業務に該当しなくなったとき、当該特例業務届出者に対し3月以内の期間を定めて必要な措置をとることを命ずることができる（63条12項）。

（3）特例業務届出者に対する行為規制

特例業務届出者が適格機関投資家等特例業務を行う場合においては、当該特例業務届出者を金融商品取引業者とみなして、一部の行為規制が適用される。行為規制の範囲は、平成27年の改正により、虚偽告知の禁止（38条1号）および損失補てん等の禁止（39条）以外の類型についても拡大されている（64条11項）。

（4）特例業務届出者に対する監督上の処分等

内閣総理大臣は、特例業務届出者の業務の運営に関し、公益または投資者保護のため必要かつ適当であると認めるときは、その必要の限度において、当該特例業務届出者に対し、業務の運営の改善に必要な措置をとるべきこと等を命ずることができる（63条の5）。また、内閣総理大臣は、公益または投資者保護のため必要かつ適当であると認めるときは、特例業務届出者、これと取引を

する者もしくは当該特例業務届出者から業務の委託を受けた者に対し当該特例業務届出者の業務に関し参考となるべき報告もしくは資料の提出を命じること等ができる（63条の6）。これらの規定は，監督の実効性を確保する趣旨である。

2　特定投資家
（1）特定投資家の範囲

特定投資家について，金融商品取引業者等に課せられる一定の行為規制の適用が除外されている（45条）。その趣旨は，特定投資家を自らの力量で情報を収集できるプロの投資家と位置付け，行為規制による一律の保護を不要としたものである。

そもそも，特定投資家とは，①適格機関投資家，②国，③日本銀行，④投資者保護基金その他の内閣府令で定める法人である（2条31項）。特定投資家の概念は，(a) 一般投資家に移行できない特定投資家，(b) 一般投資家に移行可能な特定投資家，(c) 一般投資家から移行した特定投資家に分けることができる。上記①～③は，一般投資家に移行できない特定投資家である。上記④は，一般投資家に移行可能な特定投資家である。

（2）一般投資家に移行可能な特定投資家

一般投資家に移行可能な特定投資家に関しては，当該特定投資家がその選択により特定投資家以外の顧客として取り扱われるために，以下のような制度が設けられている。

（ア）金融商品取引業者等の告知義務

金融商品取引業者等は，投資者保護基金その他の内閣府令で定める法人である特定投資家（2条31項4号）から，顧客を相手方とし，または顧客のために金融商品取引行為（2条8項各号に掲げる行為）を行うことを内容とする契約（金融商品取引契約）の申込みを受けた場合で，当該申込みに係る金融商品取引契約と同じ金融商品取引契約の種類として内閣府令で定めるものに属する金融商品取引契約を過去に当該特定投資家との間で締結したことがない場合には，当該申込みに係る金融商品取引契約を締結するまでに，当該特定投資家に対し，当該特定投資家が当該契約について自己を特定投資家以外の顧客として取り扱う申出（34条の2第1項）ができる旨を告知しなければならない（34条）。

（イ）一般投資家に移行可能な特定投資家による取扱変更の申出権

一般投資家に移行可能な特定投資家には，契約の種類ごとに自己を特定投資

家以外の顧客として取り扱う旨申し出る権利が定められている。すなわち，投資者保護基金その他の内閣府令で定める法人である特定投資家（2条31項4号）は，金融商品取引業者等に対し，契約の種類ごとに，当該契約の種類に属する金融商品取引契約に関して自己を特定投資家以外の顧客として取り扱うよう申し出ることができる（34条の2第1項）。

(ウ) 金融商品取引業者等の申出応諾義務・書面交付義務

金融商品取引業者等は，法定（34条の2第10項）の場合その他正当な理由がある場合を除き，自己を特定投資家以外の顧客として取り扱う旨の申出（34条の2第1項）を受けた後最初に当該申出に係る契約の種類に属する金融商品取引契約（対象契約）の締結の勧誘または締結のいずれかを行うまでに，当該申出を承諾しなければならない（34条の2第2項）。その趣旨は，投資者保護の観点から，当該特定投資家の意思を尊重することにある。

また上記の承諾に関連して，申出をした特定投資家に対する書面交付義務がある。すなわち，金融商品取引業者等は，上記の承諾する場合には，申出（36条の2第1項）をした特定投資家（申出者）に対し，あらかじめ，承諾日や承諾日以後に対象契約の締結の勧誘または締結をする場合において，当該申出者を特定投資家以外の顧客として取り扱う旨等を記載した書面を交付しなければならない（34条の2第3項）。

上記の金融商品取引業者等による承諾および書面の交付によって，申出者が①当該金融商品取引業者等が承諾日以後に行う対象契約の締結の勧誘の相手方，あるいは，②当該金融商品取引業者等が承諾日以後に締結する対象契約の相手方である場合において，当該申出者は，特定投資家以外の顧客とみなされる（34条の2第5項）。

(エ) 相手方金融商品取引業者等に対する告知義務

申出者が特定投資家以外の顧客とみなされる場合に関連して，金融商品取引業者等が当該申出者を代理する場合は，相手方金融商品取引業者等（34条の2第6項）に対する告知義務がある。金融商品取引業者等は，特定対象契約（2条8項2号から4号まで，同10号および13号に規定する代理を行うことを内容とするもの）の締結に関して申出者が34条の2第5項の規定の適用を受ける場合において，当該特定対象契約に基づき当該申出者を代理して金融商品取引契約を締結するときは，当該金融商品取引契約の相手方である他の金融商品取引業者等（相手方金融商品取引業者等）に対し，あらかじめ，当該金融商品取引契

約に関して申出者が特定投資家以外の顧客とみなされる旨を告知しなければならない（34条の2第6項）。金融商品取引業者等が本条第6項の規定による告知をした場合，相手方金融商品取引業者等に告知義務（34条）は生じない（34条の2第7項）。特定対象契約を締結した金融商品取引業者等が告知（34条の2第6項）をした場合には，当該金融商品取引業者等が当該特定対象契約に基づき申出者を代理して相手方金融商品取引業者等との間で締結する金融商品取引契約については，当該申出者は特定投資家以外の顧客とみなされる（34条の2第8項）。

（3）一般投資家から移行した特定投資家

一般投資家から移行する特定投資家に関しては，その移行手続きについて以下のような制度が設けられている。これには，法人が特定投資家になる類型と個人が特定投資家になる類型がある。

(ア) 法人が特定投資家になる類型

これは，特定投資家以外の顧客である法人が特定投資家となる類型である。

法人（特定投資家を除く）は，金融商品取引業者等に対し，契約の種類ごとに，当該契約の種類に属する金融商品取引契約に関して自己を特定投資家として取り扱うよう申し出ることができる（34条の3第1項）。

金融商品取引業者等は，上記の申出を承諾する場合には，あらかじめ，①承諾日，②期限日，③対象契約（34条の3第2項2号）の属する契約の種類，④当該申出者が（イ）特定投資家が金融商品取引業者等から対象契約の締結の勧誘を受け，または当該金融商品取引業者等に対象契約の申込みをし，もしくは当該金融商品取引業者等と対象契約を締結する場合におけるこの法律の規定の適用の特例の内容として内閣府令で定める事項，および，（ロ）対象契約に関して特定投資家として取り扱われることがその知識，経験および財産の状況に照らして適当ではない者が特定投資家として取り扱われる場合には，当該者の保護に欠けることとなるおそれがある旨を理解している旨等を記載した書面により，当該申出をした法人の同意を得なければならない（34条の3第2項）。上記④（イ）は，特定投資家となった場合には一定の行為規制による保護を受けられないことを明確にする趣旨である。

金融商品取引業者等が上記承諾をし，かつ，申出者が上記書面による同意をした場合であって，当該申出者が，①当該金融商品取引業者等が承諾日から期限日までに行う対象契約の締結の勧誘の相手方，あるいは，②当該金融商品取

引業者等が承諾日から期限日までに締結する対象契約の相手方である場合は，当該申出者は，特定投資家とみなされる（34条の3第4項）。

　金融商品取引業者等は，特定対象契約（2条8項2号から4号まで，同11号および13号に規定する代理を行うことを内容とするものに限る）の締結に関して申出者が特定投資家とみなされる場合（34条の3第4項）において，当該特定対象契約に基づき当該申出者を代理して期限日以前に金融商品取引契約を締結するときは，当該金融商品取引契約の相手方である他の金融商品取引業者等（相手方金融商品取引業者等）に対し，あらかじめ，当該金融商品取引契約に関して申出者が特定投資家とみなされる旨を告知しなければならない（34条の3第5項）。

　対象契約が投資顧問契約（2条8項11号）または投資一任契約である場合における34条の3第4項の適用については，特則がある。すなわち，①金商法（金商法第1章第1節第5款及び45条3号および4号を除く）の規定の適用については，当該申出者は，特定投資家とみなされ，②45条3号および4号の規定の適用については，当該申出者は，期限日までの間に限り，特定投資家とみなされる（34条の5，令15条の24第1項）。対象契約が継続的契約である場合には，移行期間中に「特定投資家に移行した投資家」の財産状況等に変化が生じていることがあり得る。そこで，上記②については，投資者保護の観点から，移行期間中に締結された投資顧問契約等であっても，期限日後にその契約に基づいて行われる行為については，「更新申出」がなされていない限り，特定投資家とみなされないこととしたのである。

（イ）個人が特定投資家となる類型

　これは，一定の個人が特定投資家となる類型である。

　特定投資家となり得るのは，①匿名組合契約（商535条）を締結した営業者である個人（内閣府令で定めるものを除く）その他これに類するものとして内閣府令で定める個人，②上記①前号に掲げるもののほか，その知識，経験および財産の状況に照らして特定投資家に相当する者として内閣府令で定める要件に該当する個人である（34条の4第1項）。なお，適格機関投資家となる個人は，適格機関投資家は特定投資家として取り扱われる。

　上記①の「その他これに類するものとして内閣府令で定める個人」とは，匿名組合契約に基づく出資の合計額が3億円以上であり，かつ，申出（34条の4第1項）を行うことについて他のすべての匿名組合員の同意を得ている業務

執行組合員等が挙げられている（金商業等府令61条2項）。なお，内閣府令によって，匿名組合契約を締結した営業者である個人で，特定投資家となれない場合とは，（ⅰ）申出（34条の4第1項）を行うことについてすべての匿名組合員の同意を得ていないこと，（ⅱ）その締結した匿名組合契約に基づく出資の合計額が3億円未満であることのいずれかに該当するものである（金商業等府令61条1項）。

上記②の「その知識，経験および財産の状況に照らして特定投資家に相当する者」とは，以下の3要件すべてに該当する個人である（金商業等府令62条）。すなわち，（ⅰ）取引の状況その他の事情から合理的に判断して，承諾日における申出者の資産の合計額から負債の合計額を控除した額が3億円以上になると見込まれること，（ⅱ）取引の状況その他の事情から合理的に判断して，承諾日における申出者の資産（金商業等府令62条2号に列挙されたものに限る）の合計額が3億円以上になると見込まれること，（ⅲ）申出者が最初に当該金融商品取引業者等との間での申出に係る契約の種類に属する金融商品取引契約を締結した日から起算して1年を経過していることである。

上記個人は，金融商品取引業者等に対し，契約の種類ごとに，当該契約の種類に属する金融商品取引契約に関して自己を特定投資家として取り扱うよう申し出ることができる（34条の4第1項）。

金融商品取引業者等は，上記の申出を受けた場合には，当該申出をした個人（申出者）に対し，34条の3第2項4号イおよびロに掲げる事項を記載した書面を交付するとともに，申出者が34条の4第1項に掲げる者のいずれかに該当することを確認しなければならない（34条の4第2項）。

金融商品取引業者等が上記個人の申出を承諾した場合は，当該個人は特定投資家となる（34条の4第6項・34条の3第4項）。

対象契約が投資顧問契約（2条8項11号）または投資一任契約である場合，34条の4第6項が準用する34条の3第4項の適用について特則がある。すなわち，①金商法の規定の適用については，原則として，当該申出者は，特定投資家とみなされ，②45条3号および4号の規定の適用については，当該申出者は，期限日（当該申出者が期限日以前に行う更新申出について，金融商品取引業者等が書面の交付および確認ならびに承諾をし，かつ，当該申出者が書面による同意をした場合には，当該更新申出に係る期限日）までの間に限り，特定投資家とみなされる（34条の5，令15条の24第2項）。

（4）適用除外の範囲

特定投資家については，他の投資家と異なり，金融商品取引業者等に課せられる一定の行為規制の適用が除外される（45条）。これについては，4つの類型がある。

第1の類型は，金融商品取引業者等が行う金融商品取引契約の締結の勧誘の相手方が特定投資家である場合である。この場合は，①広告等の規制（37条），②不招請勧誘の禁止*（38条4号），③勧誘受諾意思の確認義務（38条5号），④再勧誘の禁止*（38条6号），⑤適合性原則（40条1号）が適用除外となる。

> *不招請勧誘：勧誘の要請をしていない顧客に対し，訪問や電話をして金融商品取引契約の締結の勧誘をすることである。38条4号により，禁止されている。
> *再勧誘：金融商品取引契約の締結の勧誘を受けた顧客が，①当該金融商品取引契約を締結しない旨の意思や②当該勧誘を引き続き受けることを希望しない旨の意思を表示したにもかかわらず，当該勧誘を継続することをいう。38条6号により禁止されている。

第2の類型は，金融商品取引業者等が申込みを受け，または締結した金融商品取引契約の相手方が特定投資家である場合である。この場合は，①取引態様の事前説明義務（37条の2），②契約締結前の書面交付義務（37条の3），③契約締結後の書面交付義務（37条の4），④保証金の受領に係る書面の交付義務（37条の5），⑤書面による解除（37条の6），⑥最良執行方針等を記載した書面の事前交付義務（40条の2第4項），⑦顧客の有価証券を担保に供する行為等の制限（43条の4）である。

第3の類型は，金融商品取引業者等が締結した投資顧問契約の相手方が特定投資家である場合である。この場合は，①金銭または有価証券の預託の受入れ等の禁止（41条の4），②金銭または有価証券の貸付け等の禁止（41条の5）が適用除外となる。

第4の類型は，金融商品取引業者等が締結した投資一任契約の相手方が特定投資家である場合である。この場合は，①金銭または有価証券の預託の受入れ等の禁止（42条の5），②金銭または有価証券の貸付け等の禁止（42条の6），③運用報告書の交付義務（42条の7）が適用除外となる。

第4節　外務員

1　外務員の意義

　金商法上の外務員とは、金融商品取引業者等の役員または使用人で、当該金融商品取引業者等のために、一定の有価証券の売買等を行う者をいう（64条1項）。外務員が行う行為類型は、以下のように、①みなし有価証券以外の流動性が高い有価証券を対象とする類型、②店頭デリバティブ取引等を対象とする類型、③政令で定める類型に分類できる。

（1）みなし有価証券以外の流動性が高い有価証券を対象とする類型

　みなし有価証券以外の流動性が高い有価証券を対象とする類型は、①有価証券の売買、市場デリバティブ取引または外国市場デリバティブ取引（64条1項1号イ・2条8項1号）、②上記①の媒介、取次ぎまたは代理（64条1項1号イ・2条8項2号）、③取引所金融商品市場または外国金融商品市場における上記①の委託の媒介、取次ぎまたは代理（64条1項1号イ・2条8項3号）、④有価証券等清算取次ぎ（64条1項1号イ・2条8項5号）、⑤有価証券の売出し（64条1項1号イ・2条8項8号）、⑥有価証券の募集もしくは売出しの取扱いまたは私募の取扱い（64条1項1号イ・2条8項9号）、⑦売買またはその媒介、取次ぎもしくは代理の申込みの勧誘（64条1項1号ロ（1））、⑧市場デリバティブ取引もしくは外国市場デリバティブ取引またはその媒介、取次ぎもしくは代理の申込みの勧誘（64条1項1号ロ（2））、⑨市場デリバティブ取引または外国市場デリバティブ取引の委託の勧誘（64条1項1号ロ（3））である。

（2）店頭デリバティブ取引等を対象とする類型

　店頭デリバティブ取引等を対象とする類型は、①店頭デリバティブ取引またはその媒介、取次ぎもしくは代理（64条1項2号イ・2条8項4号）、②有価証券の引受け*（64条1項2号イ・2条8項6号）、③私設取引システムに係る行為（64条1項2号イ・2条8項10号）、④店頭デリバティブ取引等の申込みの勧誘（64条1項2号ロ）である。

　　＊有価証券の引受け：有価証券の募集若しくは売出しまたは私募もしくは特定投資家向け売付け勧誘等に際し、当該有価証券を取得させることを目的として当該有価証券の全部または一部を取得すること等を行うことをいう（2条8項6号）。

（3）政令で定める類型

上記（1）および（2）以外の政令で定める類型は，①市場デリバティブ取引もしくは外国市場デリバティブ取引またはその媒介，取次ぎもしくは代理（64条1項3号，令17条の14第1号），②市場デリバティブ取引または外国市場デリバティブ取引の委託の媒介，取次ぎまたは代理（64条1項3号，令17条の14第2号），③市場デリバティブ取引もしくは外国市場デリバティブ取引またはその媒介，取次ぎもしくは代理の申込みの勧誘（64条1項3号，令17条の14第3号），④市場デリバティブ取引または外国市場デリバティブ取引の委託の勧誘（64条1項3号，令17条の14第4号）である。

2　外務員の登録制度

（1）登録を受ける人的範囲

金融商品取引業者は，役員等に外務員の職務を行わせるためには，その者について外務員の登録を受ける必要がある。上記の外務員としての業務に従事する者は，勧誘員，販売員，外行員その他いかなる名称を有するものであるかを問うことなく，外務員としての登録を受けなければならない。また，もっぱら店舗内で業務従事する者であっても，上記の外務員としての業務に従事するのであれば，その者は外務員としての登録が必要である。

（2）登録の申請

外務員に関する登録を受けようとする金融商品取引業者等は，①登録申請者の商号，名称または氏名，②登録申請者が法人であるときは，その代表者の氏名，③登録の申請に係る外務員についての（イ）氏名および生年月日，（ロ）役員または使用人の別，（ハ）外務員の職務を行ったことの有無ならびに外務員の職務を行ったことのある者については，その所属していた金融商品取引業者等または金融商品仲介業者＊の商号，名称または氏名およびその行った期間，（ニ）金融商品仲介業を行ったことの有無および金融商品仲介業を行ったことのある者については，その行った期間などの事項を記載した登録申請書を内閣総理大臣に提出しなければならない（64条3項）。

＊金融商品仲介業者：内閣総理大臣の登録を受けて，金融商品仲介業を行う者である。金融商品仲介業とは，金融商品取引業者または登録金融機関の委託を受けて，有価証券の売買の媒介等行為を当該金融商品取引業者または登録金融機関のために行う業務をいう（2条11項）。

内閣総理大臣は，上記の登録の申請があった場合においては，法定の登録拒否事由がある場合以外は，ただちに64条1項に定める事項を登録原簿に登録しなければならない（64条5項）。内閣総理大臣は，64条1項の登録をしたときは，書面により，その旨を登録申請者に通知しなければならない（64条6項）。

3　登録の拒否

内閣総理大臣は，登録の申請に係る外務員が，①成年被後見人など29条の4第1項2号イからトまでに掲げる事由に該当する者，②外務員に対する監督上の処分（64条の5第1項）により，外務員の登録を取り消され，その取消しの日から5年を経過しない者，③登録申請者以外の金融商品取引業者等または金融商品仲介業者に所属する外務員として登録されている者のいずれかにあたるとき等は，その登録を拒否しなければならない（64条の2第1項。審問について同条2項を，通知について同条3項を参照）。

4　登　録

金融商品取引業者等は，当該金融商品取引業者等のために64条1項所定の行為を行う者（外務員）について，①氏名，②生年月日，③内閣府令で定める事項について，内閣府令で定める場所に備える外務員登録原簿に登録を受けなければならない（64条1項）。

金融商品取引業者等は，当該金融商品取引業者等が登録を受けたもの以外の者に外務員の職務を行わせてはならない（64条2項）。

5　監督上の処分等

登録を受けている外務員に対しては，不適格な者を排除するために，監督上の処分や登録の抹消がなされることがある。まず，監督上の処分についてである。内閣総理大臣は，登録を受けている外務員が，成年被後見人など29条の4第1項2号イからリまでに掲げる者のいずれかに該当することとなったとき，または登録の当時既に登録拒否事由（64条の2第1項各号）のいずれかに該当していたことが判明したとき等に該当する場合においては，その登録を取り消し，または2年以内の期間を定めてその職務の停止を命ずることができる（64条の5第1項）。

つぎに，内閣総理大臣は，64条の5第1項の規定により外務員の登録を取り

消したとき等において、登録原簿につき、外務員に関する登録を抹消する（64条の6）。

6 外務員の権限
（1）意　義
　外務員は、その所属する金融商品取引業者等に代わって、64条1項各号に掲げる行為に関し、一切の裁判外の行為を行う権限を有するものとみなす、と定められている（64条の3第1項）。外務員についてはその登録が法によって義務付けられ、外務員はその所属する金融商品取引業者等に代わって、64条1項所定の行為に関して、裁判外の一切の行為を行う権限を有するものとみなされる。このような規制の目的は、投資者保護の観点から、当該外務員の行為についてその所属する金融商品取引業者等の契約上の責任を問うことができるようにすることにある。

（2）権限の範囲
　64条の3第1項によりみなされる外務員の権限について、旧証取法64条の3第1項の「その有価証券の売買その他の取引」という文言がないため、権限の範囲を当該外務員が所属する金融商品取引業者の業務に限定する文理上の根拠はなくなった。また、外務員の権限を当該金融商品取引業者等が現実に行う業務の範囲に限定するとすれば、外務員と取引する投資者は、取引の度に当該金融商品取引業者等が実際に行っている業務の範囲を調査しなければならず、外務員としての資格・名称を信頼した投資者を保護しようとする本条の趣旨に反すると思われる。実際には当該金融商品取引業者等が「64条1項各号に掲げる行為」の一部のみを業務としていたとしても、外務員は、「64条1項各号に掲げる行為」すべてに関し、一切の裁判外の行為を行う権限を有するものとみなされる、と解する。

（3）悪　意
　相手方が悪意であった場合においては、64条の3第1項は適用されない（64条の3第2項）。この悪意に重過失を含めるべきか、という点が問題となる。旧証取法の学説の中には、①旧64条の3第2項の商法旧44条との類似性を前提に、旧64条の3第2項は商法旧44条を外務員に拡張したものと解されること、②商法では悪意に重過失を含ませるのが最近の傾向であることから、旧64条の3第2項の悪意にも重過失を含ませるべきであるという見解があった。しかし、投

資者に外務員の権限について調査義務を課すのは妥当でないから，文理どおり，悪意には重過失は含まないと解すべきである。

7 自主規制機関への委任
(1) 意　義
外務員の登録事務について自主規制機関に委任することができる。すなわち，内閣総理大臣は，内閣府令で定めるところにより，協会（認可金融商品取引業協会または公益法人金融商品取引業協会）に，登録事務（64条，64条の2および64条の4ないし64条の6に規定する登録に関する事務）であって当該協会に所属する金融商品取引業者等の外務員に係るものを行わせることができる（64条の7第1項）。また，内閣総理大臣は，内閣府令で定めるところにより，協会に所属しない金融商品取引業者等の外務員に係る登録事務（外務員に対する監督上の処分に係るものを除く）を1の協会を定めて行わせることができる（64条の7第2項）。登録事務の委任を行ったときは，内閣総理大臣は，当該登録事務を行わない（64条の7第3項）。

(2) 認　可
協会は，64条の7第1項または2項の規定により登録事務を行うこととしたときは，その定款において外務員の登録に関する事項を定め，内閣総理大臣の認可を受けなければならない（64条の7第4項）。このことに関連して，日本証券業協会（以下，「日証協」とする）は，定款において，「金商法第64条の7第1項の規定に基づき，金融庁長官から委任された外務員の登録に関する事務を行うこと」をその業務としている（日証協「定款」7条1項9号）。そして，日証協は，その業務を円滑に行うために規則を定めることができる（日証協「定款」8条）。外務員の登録に関する規則が，「協会員の外務員の資格，登録等に関する規則」である。

(3) 届出等
登録事務を行う協会は，外務員の登録（64条5項），届出に係る登録の変更（64条の4），監督上の処分（登録の取消しを除く，64条の5第1項の事由）または登録の抹消（64条の6）をした場合には，内閣府令で定めるところにより，遅滞なく，その旨を内閣総理大臣に届け出なければならない（64条の7第5項）。

登録事務を行う協会が2以上ある場合には，各協会は，当該登録事務の適正な実施を確保するため，協会相互間の情報交換を促進するとともに，他の協会

に対し，必要な協力及び情報の提供をするよう努めるものとする，とされる（64条の7第6項）。

第5節　高速取引行為者

　金融商品取引業者等および取引所取引許可業者*（金融商品取引業もしくは登録金融機関業務または取引所取引業務として高速取引行為を行い，または行おうとする者に限る）以外の者は，高速取引行為を行おうとするときは，内閣総理大臣の登録を受けなければならない（66条の50）。「高速取引行為者」とは，本条の規定により内閣総理大臣の登録を受けた者をいう（2条42項。登録の申請について29条の2第1項7号を，登録拒否事由について29条の4第1項2号を参照）。

　　*取引所取引許可業者：内閣総理大臣から，取引所取引業務（60条1項）の許可を受けた外国証券業者をいう。取引所取引業務とは，取引所取引（金融商品取引所における有価証券の売買および市場デリバティブ取引）を業として行うことである（60条1項）。

　「高速取引行為」とは，①有価証券の売買または市場デリバティブ取引，②有価証券の売買または市場デリバティブ取引の委託，③政令指定行為のいずれかであって，当該行為を行うことについての判断が電子情報処理組織により自動的に行われ，かつ，当該判断に基づく当該有価証券の売買または市場デリバティブ取引を行うために必要な情報の金融商品取引所その他の内閣府令で定める者に対する伝達が，情報通信の技術を利用する方法であって，当該伝達に通常要する時間を短縮するための方法として内閣府令で定める方法を用いて行われるもの（その内容等を勘案し，投資者の保護のため支障を生ずることがないと認められるものとして政令で定めるものを除く）をいう（2条41項）。

　高速取引行為者は，金融商品取引業者と同様に，登録が義務付けられることになる。

第4章
銀行と金融商品取引法

第1節　銀行（登録金融機関）

1　登録金融機関とは何か

　本章では，視点を変えて，証券会社以外の企業が，証券業務（本書では，金融商品取引業務となるが，本章では有価証券関連業務という定義となる）を事業として営むことができるかみていきたい。とくに銀行が有価証券関連業務を営むことができるかについては，長い葛藤の歴史があった。また最近は，わが国で銀行や証券会社も，同じグループ企業として，経営が統合されている例が多い。そこで本章は，金商法において有価証券関連業務を営むことができる企業の範囲について検討し，その後銀行と証券会社の業務規制を概観する。そして，現在銀行や証券会社がどのように経営されているか，実例を踏まえてみていくことにする。最初のキーワードは登録金融機関である。

　登録金融機関とは，内閣総理大臣の登録を受けることで，従来証券業務（金商法では有価証券関連業務とされた）が禁止されていた銀行等のなかで（33条第1項），有価証券関連業の一部を業として行うことができる金融機関をいう（33条の2）。後述する銀証分離の考え方から，従来より，「銀行，協同組織金融機関その他政令で定める金融機関」（以下，金融機関とする）は，従来の証券業の業務を行うことができないとされていたが（旧証券取引法第65条：以下，旧証取法という。現行金商法33条1項），登録を受けることにより，金融機関でも一部の有価証券関連業務については行うことができることとなった。

　すなわち，金商法33条1項は「銀行，協同組織金融機関その他政令で定める金融機関は，有価証券関連業又は投資運用業を行つてはならない。」として，金融機関が有価証券関連業および投資運用業を行うことを禁止しているが，同項但し書および同条第2項により，例外的に金融機関が行いうる有価証券関連業を定めている。その場合，可能な有価証券関連業のうち，一部については内閣総理大臣の登録を受ける必要があるとしている（33条の2）。逆に他の法律

の定めるところの例として，銀行法10条2項2号によって銀行の付随業務（⇒**本章第2節1**）として認められる「投資目的のもの」などについては，法定されており，登録の必要がないからである。銀行は，銀行法2条2項により，預金業務・融資業務・為替業務を行うことができる。これらを固有業務という。さらに銀行は本体で付随業務も併せて営むことができる。

このように，本章では，銀行等証券会社以外の企業が，証券業を営むことができるか，それは子会社なのかそれとも本体なのか，本体で営むとすると，金融商品取引業の登録の他にどのような手続きが必要なのか，またその場合の業務範囲について，具体的に検討することとする。

2 銀行業務と証券業務の分離

従来旧証取法65条により，金融機関が有価証券関連業および投資運用業を行うことが原則として禁止されてきた。これが銀証分離規定と呼ばれる規制の象徴的規定であった。金商法でも旧証取法65条は金商法33条として承継されてきた。

この規定のルーツは1930年代のアメリカに遡る。当時アメリカでは景気拡大が続いていたが，大恐慌により多くの銀行が倒産した。そこで，政府の調査に基づくペコラ委員会レポートに基づき，グラス・スティーガル法（Grass-Steagall Act）が制定され，銀行と証券の分離が制度化されたものである。その理由は，1）銀行が倒産したのは，リスクの高い証券業務を併営したことに原因があり，証券業務を銀行業務から分けなければならない。2）銀行貸付けにより顧客情報を有する銀行が情報を濫用して，当該顧客を証券取引に誘引するなどした利益相反，3）銀行倒産から預金者を守ること，4）銀行による過度の産業支配の防止等である。

わが国には，アメリカの強い影響のもと，第2次大戦後昭和23年旧証取法改正により65条が設けられ，銀行の証券業務が禁止され，他方銀行法でも銀行業務が制限された。その結果昭和20年代以降，高度経済成長期において，銀証分離の銀行および証券会社等の分離型金融機関体制は，産業界に効率的に資金を供給し，経済発展を裏面から支えたと評価されている。しかし金融取引を巡る技術が進歩し，また取引自体が高度化して，銀行業務と証券業務を分けることが難しくなってきたこと，また顧客にとって，銀行窓口でも有価証券に関する業務が可能となれば，利便性が高まることなどから，徐々に銀行による証券業

務が拡大してきた。

　そこでアメリカでは，グラス・スティーガル法が改正され，1991年グラム・リーチ・ブライリー法（Gramm-Leach-Bliley Act）が成立し，銀行による証券業務が大幅に緩和された。グラム・リーチ・ブライリー法では商業銀行，投資銀行，証券会社，保険会社それぞれの間での統合が許可された。たとえば，シティコープ（商業銀行持株会社）はシティグループを形成させるために1998年に保険会社のトラベラーズ・グループと合併した。その後2000年代のリーマン・ショックを経て，2010年にドッド・フランク法（Dodd-Frank Act）が成立し，大規模な金融機関への規制強化，金融システムの安定を監視する金融安定監視評議会の設置，金融機関の破綻処理ルールの策定，銀行がリスクのある取引を行うことへの規制（ボルカー・ルール）などが盛り込まれた。

　わが国でも，上記アメリカ法制の影響を受けて，銀行の行う証券業務の範囲が拡大されてきている。また後述するとおり，わが国でも持株会社を通じて，銀行をはじめとする金融機関のグループ経営が行われており，その点でもアメリカ法制度の影響は非常に強い。具体的には，旧証取法65条において規定されていた銀行による証券業務の禁止については，金商法33条に引き継がれ，金融機関が有価証券関連業務および投資運用業務を行うことは原則禁止と位置づけられているが，一定の有価証券にかかる業務については例外的に禁止を解除するという規制方法を採用している。なお金商法では，証券業務ではなく，有価証券管理業務（28条5項）と規定されている。また金商法では投資運用業が金融商品取引業として統合されているため（28条4項），金融機関が投資運用業を行うことも原則禁止されている。なお信託業務を兼営する銀行については，信託業務を行う際に投資運用業を行うことも含まれるが金商法33条の8で，投資運用業が許容されている。

3　登録金融機関が行う有価証券関連業
（1）金商法33条にもとづく登録金融機関業務

　上述のとおり金融機関に許容されている業務は規定が複雑で，非常に例外が多いので，この段階で条文に則して整理したい。金商法33条は，同1項において金融機関は，有価証券関連業または投資運用業を行ってはならないと原則禁止にする。しかし第1項但し書は，有価証券関連業について，金融機関が銀行法などの他の法律の規定により，自らの投資目的，または信託契約に基づいて

信託をするものの計算により，有価証券の売買，もしくは有価証券関連デリバティブ取引*を行う場合は除いている。つまり金融機関の自己取引，または信託銀行等の信託契約に基づく有価証券の売買，もしくは有価証券関連デリバティブ取引は，金融機関が一企業として自己投資目的で行われる場合には，禁止されない。この場合銀行が銀行法上投資の目的をもって有価証券の売買や有価証券関連デリバティブ取引を行うことが銀行の付随業務として許容されている（銀行10条2項2号）ので，33条但し書は金融機関が投資目的で行う有価証券の売買等が禁止されないということの確認である。この場合当該行為は登録金融機関業務に該当しないため，金商法上の行為規制の対象とはならない。

*有価証券関連デリバティブ取引：デリバティブ取引のうち，対象となる資産や指標が株価指数先物取引，証券CFD等のものをいう。

　金商法33条2項においては，金商法33条1項本文で禁止されている金融機関の有価証券関連業または投資運用業の例外として，書面取次ぎ業務，33条2項各号に掲げる有価証券に関する業務，有価証券関連デリバティブ取引等以外のもの，金商法2条8項5号（第28条8項7号に規定する業務を除く），および金商法2条8項7号に掲げる業務が挙げられ，金融機関は上記業務等を業として行うときは，内閣総理大臣の登録が必要であると規定する。以下，具体的に業務をみていく。

　書面取次ぎ行為は登録金融機関業務とされ，金商法の行為規制が及ぶと整理された。書面取次ぎとは顧客から書面による注文を受けてその計算によりその計算により有価証券の売買または有価証券関連デリバティブ取引を行うことをいう。ただし金融機関による勧誘に基づくもの，または金融機関が行う投資助言業務に関する注文は除かれる。これらは，銀行法上も書面取次ぎ行為として銀行の付随業務とされている。つまり書面取次ぎ行為については，銀行法上の付随業務であり，また金商法上の登録金融機関業務となる。

　そのほか金商法33条2項において金融機関は有価証券関連業および投資運用業が原則として禁止されるが，以下の特定の有価証券または取引にかかる特定の行為については禁止が解除されている。

① 国債等にかかる有価証券関連業（33条2項1号）……金融機関は，下記1）から12）に列挙する有価証券にかかる売買，市場デリバティブ取引等，売買，市場デリバティブ等の媒介・取次ぎ・代理，取引所金融商品市場における売買または市場デリバティブ取引等の委託の媒介・取次ぎ・代理，引受，

売出しまたは特定投資家向け勧誘，募集もしくは売出の取扱い，私募もしくは特定投資家向け売り付け勧誘を行うことが可能である。対象は，1）国債証券，2）地方債証券，3）特例法による法人の債券，4）資産流動化法*に規定する特定社債券*，5）社債券，6）資産流動化法に規定する優先出資債券*，7）投信法に規定する投資証券，8）貸付債権の受益証券，9）資産流動化法に規定する特定目的信託*の受益債権，10）信託法に規定する受益証券発行信託の受益証券，11）約束手形のうち内閣府令で定めるもの，12）抵当証券法に規定する抵当証券などである。なお銀行法では国債，地方債，もしくは政府保証債の引受，または当該引受にかかる国債等の募集の取扱いが銀行の付随業務として認められている（銀行10条2項4号）。また売出目的の引受についても銀行法11条2号で認められている。

> *資産流動化法：特定目的会社または特定目的信託を用いて，資産の流動化を行う制度を確立し，投資家保護を図ることを目的とした法律。
> *特定社債券：資産流動化法に規定する債券で，流動化の対象となる資産を特定目的会社に譲渡し，当該資産から発生するキャッシュフローを裏付けとして特定目的会社が発行する債券。
> *優先出資債券：資産流動化法に基づき，特別目的会社が株式会社の株式にあたる普通出資を補完する目的で発行される債券。議決権はないが配当は優先的に受け取れる。
> *特定目的信託：資産流動化法に基づき，資産の流動化を行うことを目的とし，かつ信託の契約時に委託者が有する信託の受益権を分割し，複数の者に取得させることを目的とする信託制度。

資産流動化法に規定する特定社債券など上記に規定する受益証券等については平成10年の資産流動化法の制定に伴い有価証券化されたことに伴い，金融機関による取扱いが一定の範囲で認められた。同様に抵当証券や信託受益権，集団投資スキーム持分など有価証券化されたことに伴い，金融機関の取扱いが一定の範囲で認められるようになった。

② 投資信託にかかる業務（33条2項2号）……投信法に規定する投資信託の受益証券などについて，金融機関は33条2項1号に規定するとおり，有価証券の売買，媒介・取次ぎ・代理・募集等の扱いを行うことが可能である。投資信託については平成10年の証取法改正で，銀行が投資信託を販売することが可能となった。その理由は投資家利便の増大と資本市場の活性化が目的である。なお当該業務は預金など元本保証のされている商品とは異なるため情報提供が義務付けられている（銀行12条の2）。

③ 外国証券のうち国債証券の性質を持つものにかかる業務（33条2項3号）

……外国証券のうち国債証券の性質を持つものについては，金融機関は33条2項1号に規定するとおり，有価証券の売買，媒介・取次ぎ・代理・募集等の扱いを行うことが可能である。

④ その他有価証券にかかる業務（33条2項4号）……33条2項1号にあげる有価証券以外の有価証券および金商法2条2項により有価証券とみなされるもの等については，私募の取扱金融商品取引業者の委託を受けて行う金融商品仲介業を行うことが可能である。つまり33条2項1号から3号に含まれない株式や社債については私募の扱い（50名以下の投資家に対する募集）や金融商品仲介業の範囲で行うことは可能となる。なお金融商品仲介業の前身である証券仲介業に関し，平成16年証取法改正で銀証分離の例外で金融機関が証券仲介業務を行うことが解禁された。なお登録金融機関が金融商品仲介行為を，固有業務（⇒**本章第2節1**）である融資業務等と併せて行う場合の弊害防止の観点から，弊害防止措置が規定されている（44条の2第2項3号）。

⑤ 店頭デリバティブ等にかかる業務（33条2項5号）……金融機関は，金商法33条2項1号に掲げる有価証券にかかる店頭デリバティブ取引，その媒介・取次・代理を行うことが可能である。また金商法33条2項2号から4号に掲げる有価証券にかかる店頭デリバティブ取引のうち決済方法が差金授受に限られているものに関し媒介・取次ぎ・代理行為をいう。なお金商法において金融機関が行う有価証券に関連する店頭デリバティブ取引について，認可制から登録制となった。他方銀行法上も有価証券関連店頭デリバティブ取引およびその媒介・取次ぎ・代理が銀行の付随業務とされている（銀行10条2項16号および17号）。

⑥ 有価証券等清算取次ぎ（33条2項6号）……登録金融機関については，銀証分離の例外として有価証券等清算取次ぎが有価証券関連業に含まれ，有価証券の売買および有価証券関連デリバティブ取引等につき有価証券等清算取次ぎを金融機関が行うことを認めている。

　最後に33条3項は金融機関が同項に定める業務を行う場合，金融商品取扱業の登録を受けることを免除する規定である。金融機関が本条で金商法29条にかかる登録義務は免除されているが，金融機関が登録義務を免除される行為にかかる同条に基づく業務を行う場合には，金商法33条の2に規定する登録を受ける必要がある。

（2）金融機関の登録

金融機関が，以下の業務（登録金融機関業務）を行う場合には，内閣総理大臣の登録が義務付けられている。すなわち

① 書面取次ぎ行為
② 金商法33条2項各号に掲げる有価証券または取引についての行為
③ デリバティブ取引等のうち有価証券関連デリバティブ以外のもの
④ 金商法2条8項7号に掲げる行為については，登録金融機関業務とされ（33条の5第1項3号），金融機関が当該登録金融機関業務を行う場合には，金商法の行為規制が及ぶ。

金融機関が有価証券の元引受け*を営業として行う，または有価証券関連デリバティブ取引を営業として行う場合，従前は証取法で認可制となっていたが，金商法では金融商品取引業者と同様に，登録制で統一された。なお登録金融機関業務のうち，投資助言業務に関しては，平成20年の銀行法改正で認められた（銀行11条1項）。このように金融機関のうち銀行について，登録金融機関業務とリンクして，銀行法で規制緩和が行われている。つまり金融機関とくに銀行の業務範囲が拡大している。なお金融機関が登録を受けることなく登録金融機関業務を行った場合には1年以下の懲役もしくは100万以下の罰金，またはその併科が科せられる（201条4号）。内閣総理大臣は，金商法33条の3に基づき登録金融機関の申請行為があった場合，登録を拒否する場合を除き金融機関登録簿に登録して，公衆の縦覧に供しなければならない。登録拒否事由は主に申請書類の虚偽記載，または記録が欠けている，登録金融機関業務を遂行するに足りる人的構成を欠く場合などが規定されている（33条の5）。

＊元引受け：引受のうち，発行者・売出人から直接有価証券を金融機関が取得すること。

（3）子会社による金融商品取引業への参入と信託兼営会社の特例

平成4年金融制度改革に伴う旧証取法においては，銀行等の金融機関が子会社形態で証券業務を営むことができるかについては明文規定がなかった。しかし平成4年の改正法で，銀行等の金融機関の子会社形態による証券業務参入が認められ，金商法においてもその規定は引き継がれ，銀行子会社形態による有価証券関連業への参入が認められている。

つまり，金商法33条は，みてきたとおり，金融機関本体が有価証券関連業への参入または投資運用業を営むことを原則禁止しているが，金商法33条の7は，

金融機関等の子会社が金融商品取引業への登録，および参入が可能であることを確認的に示している。このことにより，後述するとおり，銀行グループ，または金融コングロマリット*と呼ばれる銀行業，金融商品取引業，保険業の融合する総合金融機関が可能となる。ただしわが国では，いまだ保険業はその中に入っていない。

　＊金融コングロマリット：銀行・証券・保険のうち，少くても2つを包括するような広範囲の金融サービスを提供する複合企業グループ。

　信託業務を兼営する金融機関（通常は信託銀行と呼ばれる：信託兼営金融機関とする）については，登録金融機関および銀証分離に関して特例が設けられている。金商法33条の8は，金商法33条で銀証分離から，金融機関が有価証券関連業または投資運用業を行うことが原則禁止とされているが，信託兼営金融機関については，投資一任契約に基づく業務が従来から認められていたことから，信託兼営金融機関が投資運用業を行うことを特例的に認めるものである。ただし信託兼営金融機関については投資運用業も登録金融機関業務に含まれることとなり，登録金融機関業務の登録が必要となる（33条の2）。具体的には金商法2条8項14号または同15号に掲げる行為以外の投資運用業は，33条の2の登録を要しない投資運用業となるので，登録金融機関業務には含まれない。

　以上のとおり，登録金融機関業務という有価証券関連業については，利害関係も絡んで複雑な規定となっている。金商法は，投資家保護の視点から，一元的な規制をするため，登録を必要とする規定となっている。続いて，金融機関，すなわち銀行の視点から，証券取引業務または有価証券関連業をみていきたい。

第2節　銀行の証券取引

　前節では銀行は金商法上，金融機関と定義され，有価証券関連業務を行うために，登録金融機関として，金融商品取引業者とは別の届出が必要である，という説明をした。本節では，銀行の視点から，銀行業務を概観し，有価証券関連業務，銀行法からは証券業務をみてみよう。

1　銀行の業務とは何か
（1）固有業務
　そもそも銀行とは何か。銀行法2条は，「「銀行」とは，内閣総理大臣の免許

を受けて銀行業を営む者をいう。」とする。

　それでは銀行業とは何か。銀行法2条2項は，「2　この法律において「銀行業」とは，次に掲げる行為のいずれかを行う営業をいう。
一　預金又は定期積金の受入れと資金の貸付け又は手形の割引とを併せ行うこと。
二　為替取引を行うこと。」
とする。

　つまり，免許を受けて，預金業務，融資業務，および為替取引を行うものが銀行である。これら3業務は，固有業務と呼ばれる。銀行は，預金などで集めた資金を，融資に回し，その利息で収益を上げている。昭和の時代，融資先はいくらでもあったので，銀行はまず預金を集めるのが不可欠であった。預金を集めれば，その何倍かの資金を運用して（信用創造という），融資業務から利益を上げることができた。国民から見ると，銀行を通じて，黒字主体（主に個人の預金者）から赤字主体（主に企業）に，効率的な資金移動ができたこととなる。

　それでは，銀行「預金」とは何か。法律的には消費寄託契約とされ，銀行が預金者のために，金銭の保管を約束して受領し，同種・同額・同等の金銭等を返すという契約である。預金には，要求があればすぐに返還する普通預金など（要求払い，または流動性預金という）と，一定期間払戻しを請求できない定期預金など（定期性預金という）がある。要求払い預金には，普通預金のほか，当座預金があり，定期性預金には各種定期預金，また毎月一定額を積み立てる積立定期預金や定期積み金がある。つまり，銀行は利息を支払うことを約束して，預金者から任された預金を集めるのが預金である。

　銀行預金のもう1つの働きは，決済（口座）である。例えば，クレジットカードや公共料金は，普通預金（通常は総合口座となっている）から，自動で引き落としされる。要求払い預金には，当座預金もあるが，これは手形や小切手支払のための支払専用口座である。日本では，個人では，当座預金はまず使わない。手形・小切手とは，将来の支払約束をしている有価証券であるが，近年取扱いが減っている。「でんさいネット」のような類似の方法で，代替可能だからである。「でんさいネット」の仕組みは，電子債権記録機関が作成する記録原簿に電子的な記録を行い，債権の権利内容が定め，全国銀行協会が設立した「でんさいネット」で取り扱われる電子記録債権を「でんさい」と呼ぶ。つまり全国銀行協会がネット上の債権取引記録を保管し，それに従って各銀行が決

済を行う仕組みだ。手形という紙を使わず，将来の資金のやりとりを記録に残し，その期日がきたら，記録に従って決済を行う。ペーパーレス，キャッシュレスの決済システムである。

　銀行の大きな役割は，資金の貸し手である企業に必要な資金を仲介することである。これを金融仲介機能という。銀行は，預金で集めた資金を，企業や個人に貸す。顧客側から見ると，今必要な資金を借りて，将来の収入から，元金と利息を返済する。個人は，教育ローン，住宅ローンなど，目的を定めて資金を借り，将来の収入から利息と元金を返済する。返済できなくなった場合に，住宅ローンのように担保を取ってあるローンと，無担保ローンがある。後者の方が金利は高い。借入は，借入をする人の収入や信用で利率が決まる。

　銀行の固有業務には，ほかに，為替業務がある。為替取引とは，離れた人同士で生じる資金移動を，輸送手段を使わず，金融機関を経由して行うことである。為替業務には，大きく，振込（送金）と取立とがあるが，ともに「全銀システム」というシステム上にある銀行間のデータ移動である。振込は，日常よく使うが，自分の口座のある銀行（仕向（しむけ）銀行）から，受取人の口座のある銀行（被仕向銀行）に対し，手数料を支払って，資金を移動させるものだ。最近では，銀行店舗のATMやインターネット上のサイトに，振込指示をすることで，取引ができる。資金を受け取った人も，銀行に行かなくてもインターネット上で自分の口座に入金があったことを確認できる。最近は，メガバンクなどは，IOTベンチャー企業などと組んで，スマートフォン上でさらに便利なサービスを開発している。この動きは，フィンテック（Fintech）と呼ばれる。

　取立とは，手形などを発行している顧客が，約束の期限（満期日）に，振り出した人の当座預金から，取立を依頼した人の口座に資金を移すことである。もちろんこの説明は，手形法・小切手法の説明を省略しているが，この仕組みは，既に説明したとおり，「でんさいネット」を通じて，既に電子化されていて，紙の手形や小切手がなくても，経済的価値の移動は実現している（電子記録債権法などが対応する）。

（2）その他付随業務

　みてきたとおり，銀行業務には，預金，融資そして為替業務という固有業務がある。そのほか銀行は，「付随業務」を営むことができる。現在では，その中でも，金融自由化で認められた，銀行の窓口で販売された投資信託の手数料

が，銀行のおおきな収益源となっている。

　付随業務について，銀行法10条2項は「銀行は，前項各号に掲げる業務のほか，次に掲げる業務その他の銀行業に付随する業務を営むことができる。
一　債務の保証又は手形の引受け
二　有価証券の売買……
三　有価証券の貸付……」

　以下，有価証券，社債，デリバティブ等に関する業務が19号まで続く。これらの業務が，その他付随業務と呼ばれる。

　このうち債務の保証，手形の引受けは，銀行が顧客の依頼によりその顧客が第三者に対して負担する債務を保証する取引で，代表的な付随業務である。これは資金の交付を行わずに銀行の信用を利用させる与信業務の1つとされる。また有価証券の貸付は，銀行が顧客の依頼により，銀行が保管する有価証券を貸し付けてこれを担保として利用させる取引である。これも与信業務であるが有価証券という現実の財産を利用させる点で債務保証とは異なる。

　有価証券，貴金属その他の物品の保護預かりは，寄託契約である開封預かり，封緘預かり，金庫の賃貸借契約である貸金庫がある。さらに異なる通貨の両替（外貨両替）の交換も付随業務である。銀行の起源が両替商という歴史的観点からすると意外な気もするが，銀行法上は付随業務とされている。さらに金融デリバティブに関連する業務も付随業務とされている。

　上記のとおり，付随業務は，1946年以降，銀行の業務が拡大するたびに，追加で規定されてきた。今後固有業務で利益が確保できないと，付随業務で利益を確保する動きが拡大するだろう。また後述するが，銀行本体では認められていないが，子会社を通じて参入できる業務もある。

　さらに付随業務として，有価証券販売，デリバティブ取引，ETF（上場投資信託）等がある。とくに銀行は，投資信託販売について，窓口販売に力を注いできた。しかしこれらの商品は，預金と違って元本が保証されていない。そこで，円高や株価低迷などで，予定通りの利回りが得られないときに，顧客と銀行の間でトラブルが起きる。金融庁はこのような状況に鑑み，フィデューシャリー・デューティーに基づく顧客本位の営業活動を求めている。

2　銀行の証券取引

　前節でみてきたように金商法では，銀証分離規定は金融商品取引業への参入

規制として33条に置かれて，登録金融機関への行為規制は，「金融商品取引業者等」（34条）として，直接適用されている。つまり銀行等（登録金融機関）に対し，有価証券関連業を行う場合には，金融商品取引業者と同様の規制を受けることとなる。なお金商法において，旧証取法における証券業に相当する概念として，有価証券関連業という概念（28条8項）が設けられた。つまり，旧証取法における銀行による証券業務という概念は，金商法において登録金融機関による有価証券関連業務となったのである。なお有価証券関連業を行う第一種金融商品取引業者は，「証券会社」の名前を使用できる。

　もともと金商法33条に相当する規定は，銀行等の金融機関が本体で証券業務を行うものを禁止するものであった。しかし利用者利便の観点から徐々に規制緩和され，平成10年に持株会社を通じて，一定の要件のもとで兄弟会社として，証券業務が一部許可されてきた。その後利益相反の弊害を防止するために，グループ内でいわゆるファイアー・ウォール*を設けて情報を遮断する扱いがなされているが，これも徐々に緩和されている。

　　*ファイアー・ウォール：元々は防火壁の意味だが，ここでは銀行・証券・保険業務から生じる利益相反取引や不正取引を防止するため，業務の間に情報の隔壁を設けること。

　その後利用者利便のため，ワンストップサービスを認めるため，1カ所で利用者がすべての金融商品にアクセスすることができるという政策に変更された。その後，平成16年改正により証券仲介制度が金融機関本体にも認められ，金融商品仲介業制度となった。

　金融機関本体が行う証券業務について平成4年改正後旧証取法にいう有価証券に加えられた業務については，原則として銀行本体による兼営（いわゆる銀証相乗り）として，登録金融機関の業務となった。以上のとおり銀証分離の例外として金融機関本体が行うことができる「証券業務」は，登録を受けなくてもできる業務（33条1項但書）と登録を受けなければできない業務（登録金融機関業務）（33条2項）があり，前掲のとおり後者は金融商品取引業者と同様の規制を受ける。

　現行金商法は，上記のような経緯の末，金融機関本体での有価証券関連業務（旧証券業務）に加えて，投資運用業の禁止を明文化した。他方，投資助言・代理業務が登録業務として許可された。なお金商法上の登録業務といっても，説明してきたとおり銀行法の業務範囲に入っていなければ，銀行等は行うことができない。その結果銀行法でも投資助言・代理業は，銀行法改正により銀行業

務に含まれるようになった。

　登録なく金融機関本体で認められる有価証券関連業は，投資の目的をもって，または信託契約に基づいて信託するものの計算において，有価証券の売買もしくは有価証券関連デリバティブ取引を行うことである（33条1項但書）。なお，有価証券関連デリバティブ取引以外のデリバティブ取引については登録が必要となる（33条3項）。

　登録により金融機関本体で行うことができる業務（登録金融機関業務）は，①書面取次ぎ行為，②金商法33条2項各号に掲げる有価証券または取引について各号で定める行為（33条の2第2号），③デリバティブ取引のうち有価証券関連デリバティブ取引等以外のものまたは金商法2条8項5号に掲げる行為のうち金商法28条8項5号に掲げる以外のもの，④自己募集（金商法2条8項7号）に掲げる行為（33条の2第4号），⑤有価証券関連デリバティブ取引等以外のデリバティブ取引等，⑥投資助言・代理業，⑦有価証券管理業務がそれにあたる。

　上述のとおり，わが国では，もはや銀行等の金融機関と証券会社などの金融商品取引業者には，業務隔壁は非常に低くなっており，金融グループとして経営することが可能となっている。次節では銀行のグループ経営を題材にして，金融グループへの規制をみていくこととする。

第3節　銀行のグループ経営

1　銀行グループ経営の規制と変遷

　わが国の金融規制は，第2次大戦後アメリカ法の大きな影響を受けて，進展してきた。アメリカのグラス・スティーガル法に倣って，銀行，証券，保険などには，業際規定が設けられてきた。それが変化してきたのは，前述のように1980年代である。1991年に金融制度改革法が成立し，銀行・証券・保険の各業態を親会社として，異業種を営む子会社を設立することにより，新規業種に参加する業態別子会社方式が可能となった。

　その後1995年に独禁法改正による持株会社解禁の議論と合わせ，持株会社方式の方が望ましいという「答申」が示された。そこで1998年銀行持株会社は解禁された。また同年「金融システム改革法」が施行され，親子会社形態の銀行等のグループ企業の業務範囲について整備が行われた。同時に銀行に対し50％

以上の株式保有をしている企業に，銀行経営の健全性確保のための特段の措置を設ける必要があることが認識され，2002年に改正銀行法が施行され，楽天，ソニー，セブン＆アイなどの事業会社が銀行設立，M＆Aなどの動きが加速した。

その後銀行またはそのグループ企業が手がける業務についてさらに検討が進められ，「親近性」「リスクの同質性」「リスク波及の程度」という基準で新規業務が認可された。この結果，2008年12月に施行された改正銀行法により，限定列挙の方式で新たに以下の業務が付け加わった。すなわち，銀行本体では，商品デリバティブ，排出権取引*およびそれを対価とするデリバティブ，銀行子会社の新規業務としてイスラーム金融*，リース会社による中古物件販売，銀行持株会社傘下の子会社（銀行の兄弟会社）が商品先物を行うことが認められた。

　＊排出権取引：二酸化炭素など温室効果ガスの削減目標を達成するため国の間，または企業間で温室効果ガスの排出量を取引する制度。
　＊イスラーム金融：イスラム法（シャリア）に適合した金融取引のことであり金利の概念がなく，取引が教義に関わっていないことなどが特徴である。

このように第2次大戦後，銀証分離の法体系をとってきたわが国の金融法制度において，銀行持株会社方式により，子会社を通じて金融商品取引業務に参加したり，銀行（金融機関）本体で有価証券関連業務に参加するなどして，銀行グループとして，銀行業務，有価証券関連業務，金融商品取引業務などを行っているといえる。

2　銀行グループ監督と業務範囲の認可
（1）金融コングロマリットと監督

銀行持株会社を頂点とする金融グループ（以下，銀行グループとする）において，わが国では，銀行グループのコングロマリット化が進んだと理解されている。諸外国でも同様で，欧州ではユニバーサルバンク*システムが浸透していき，アメリカでもグラム・リーチ・ブライリー法により多角化が進展している。そこで，わが国において銀行グループをめぐる根拠法令や規制を整理したい。

　＊ユニバーサルバンク：本体で，銀行業務，証券業務だけでなく保険業務，信託業務など総合的な金融業務を扱う金融機関である。ドイツのユニバーサルバンクが有名である。

銀行持株会社は，銀行を子会社とし，独占禁止法により規制される持株会社

であり，「国内の子会社の株式取得価額の合計額の当該会社の総資産の額に対する割合が100分の50を超える会社」（独占禁止法9条）と定義される。

　銀行法では，銀行グループに対し，業務，組織，財務および行為などで，つぎのような規制が行われている。第1に資本規制であるが，銀行グループ企業の主要株主として参入する際には認可が必要で，銀行持株会社の業務範囲は「子会社の経営管理およびこれに付帯する業務」とされている。銀行持株会社の子会社の業務範囲は銀行および銀行の子会社範囲とほぼ同様であるが，商品現物取引等の「特例子会社対象業務」を営む子会社を保有することが追加的に認められる。また買収などにより業務範囲外の業務を営む事業会社を抱える外国金融機関を保有する場合には，認可を前提に5年間の保有が認められ，以後1年ごとの承認が必要となる。

　第2に，持株会社と子会社である銀行との取締役の兼職については，認可制とされている。これは子会社の経営の健全性を確保する観点からである。第3に，財務上の健全性の確保の観点から銀行と同様に，大口信用規制（大口融資規制），自己資本比率規制，株式等議決権の取得制限などが連結ベースで課せられている。とくに議決権については，銀行およびその子会社合算での保有は原則5％であるが，銀行グループ合算では15％とされる。これらに加え，利益相反体制の整備やディスクロージャー義務などが求められる。

　金融庁においては，2005年「金融コングロマリット監督指針」が公表され，銀行グループに対する監督の基本方針となっている。そのなかでは，「金融持株会社グループ」「事実上の持株会社グループ」「金融会社グループ」「外国持株会社等グループ」の4グループに分けられて，それぞれがその基準で監督されている。とくに「金融持株会社グループ」は，いわゆるメガバンクのグループを指し，「事実上の持株会社グループ」とは事業会社などを親会社とする2つ以上の記入業態を子会社とするグループを指している。

　「金融コングロマリット監督指針」においては，経営管理，財務の健全性，業務の適切性の3つが着眼点として指摘されており，ガバナンスや自己資本，リスク管理体制，法令遵守，顧客の利益保護などがチェック項目となる。なおこれらは，国際的にもバーゼル銀行監督委員会（BCBS），証券監督者国際機構（IOSCO）および保険監督者国際機構（IAIS）による共同公表文書「金融コングロマリットの監督」に沿って，枠組みが構築されている。

(2) 銀行グループにおける金融機関とその他金融機関の業務範囲の違い

わが国の銀行グループに属する金融機関の業務範囲については，読者におかれても，非常に理解しにくいと考えられたかもしれない。それはもっぱら業としている企業が銀行か保険か，非金融事業会社かにより，実質的業務範囲が著しく異なっているからである。

つまり銀行が出発点の場合，つまり銀行持株会社または銀行がその頂点に立つとしても，その業務範囲は銀行法で限定される業務にとどまる。つまりアメリカでは付随業務とされている「ファインダー業務」つまりインターネット取引を業とする子会社は保有できない。一方，ソニーや楽天などの一般事業会社が銀行業に進出する場合，銀行法上「主要株主規制」に従い規制されるため，主要株主としての適格性，経営の健全性などをクリアすれば，既存の事業に制約は受けない。つまり当該事業の業務範囲は，銀行法上限定列挙される業務の制約を受けない（楽天が銀行を持つことによりインターネット事業が制約されるか，という問題を考えてみれば理解できよう）。ここに業務範囲の非対称性がある。

逆に同じ業務を行っていても，親会社がどのような会社かにより業務範囲が異なる場合がある。繰り返してきたように，銀行本体は登録金融機関として有価証券関連業務は制限されているが，銀行または銀行グループの子会社である証券会社は，そのような資本関係がない証券会社と同様に金融商品取扱業務に従事することとなる。しかし主な例外が2つある。

1つめは，銀行法に基づき，銀行が子会社とすることができるのは証券専門会社に限られている（銀行16条の2第1項3号）。証券専門会社とは，金融商品取引業者のうち有価証券関連業務の他，銀行法施行規則17条の2第2項で定める業務のみをもっぱら営む会社という。つまり，金融商品取引業者の業務範囲が一部一般事業会社の業務も含むことで，銀行が一般事業を営む会社を子会社化することを防ぐ意味である。

2つめは，銀行グループの証券会社のみ，弊害防止の措置がとられていることがあげられる。具体的には①親銀行等が積極的に子会社の証券会社を支援することを規制するためのアームズ・レングス・ルール*，②親銀行による信用供与などを利用した抱き合わせ行為等の禁止，③親銀行の借入金弁済，④親銀行等が発行する有価証券の引受けにかかる主幹事になることの禁止，⑤バックファイナンス（子会社証券会社の引受け有価証券の売捌きのため買い手に融資すること），⑥引受け有価証券の親銀行への販売禁止，⑦親子間の非公開情報の授

受・利用の禁止，⑧親銀行による優越的地位の利用の禁止，そして⑨当該証券会社が親銀行と別の法人であることの開示義務などがある。

 ＊アームズ・レングス・ルール：元々は独立当事者間での取引原則のことである。ここでは，銀行と銀行グループ各社との間に利益相反が起きないように不公正な取引を禁止するルールを意味する。

3　具体的銀行グループの規制
（1）わが国銀行グループの形成

 日本の金融再編は，1997年金融危機以降急激に加速した。その理由は，前述のとおり，銀行持株会社が解禁されたこともあるが，金融機関の破綻により経営基盤の強化が課題であったこと，さらに配当維持のための会計上の要因などがあげられる。とくに配当の問題は銀行には大きな意味を持ち，無配に陥ると，評判が落ち預金流失の可能性があること，優先出資証券＊など資本性証券の利払いが困難となり，経営危機に陥る可能性があったからである。具体的には銀行法の下では，利益準備金および資本準備金が資本金に到達するまでは積立額が事業会社の倍になるなどの負担が銀行にはあり，利益確保，資本増強の要請が高かったからである。

 ＊優先出資証券：出資証券のうち優先株と同様に，配当または残余財産分配において普通の出資証券よりも優先するものをいう。

 そのような背景から，2000年から2002年にかけて，旧富士銀行，日本興業銀行，第一勧業銀行からみずほファイナンシャル・グループ，旧さくら銀行と住友銀行から三井住友ファイナンシャル・グループ，旧東京三菱銀行，三菱信託銀行，三和銀行等から三菱東京ファイナンシャル・グループという3メガバンク体制が固まった。この時期の再編は，銀行の統合が中心であった。その後グループ内に証券会社や消費者金融会社など別の業態の会社もグループに加わった。みずほファイナンシャル・グループでは3つの証券会社を母体にみずほ証券が設立され，三菱UFJファイナンシャル・グループにおいては，三菱UFJ証券と三菱UFJモルガン・スタンレー証券を傘下に持った。三井住友ファイナンシャル・グループは，リテール向けの三井住友フレンド証券とSMBC日興證券を買い取って，グループ企業化した。

 その後さまざまな金融機能をグループに取り込んで，メガバンクグループは，銀行，信託銀行，証券会社，資産運用会社，リース会社，保証会社など多くの

グループ会社が参加している。上記メガバンクグループは、本書の定義上銀行グループにあたるが、保険会社の参加はない。なおドイツでは、アルフィナンツと呼ばれる、銀行、証券会社、信託会社の機能も営むユニバーサルバンクの他、保険会社も含めた金融コングロマリットが存在する。

（2）銀行グループへの規制

以下，具体的な銀行グループのガバナンスを検討して，銀行グループへの監督を具体的に見ていく。

① みずほグループ……大規模な組織再編行為が繰り返されて，現在は持株会社の下に，銀行，信託銀行，証券会社等がぶら下がっている構造となっており，指名委員会等設置会社体制をとっている。また銀行，信託銀行，証券会社の他，クレジットカード会社，資産運用会社，シンクタンク，リース会社，キャピタル（事業投資），信用保証，ファクタリング会社などが，グループ企業として存在している。

その特徴は，業務の規模拡大，内容の多様化，事業体の増加により，リスク管理の重要性と管理の難易度が上昇する傾向にある。金融監督的にもこのような認識は高いとされ，さらに国際的な監督，たとえば銀行に対しては顧客情報の流出やグループ内のリスク管理など銀行グループとしての利益相反防止の観点からG-SIBs（世界的にシステム上重要な銀行）に認定され，バーゼル委員会等の検査も該当することとなった。

② 三菱UFJファイナンシャル・グループ……構造的には，持株会社の下に銀行，信託銀行，証券会社，クレジットカード，資産運用会社，リース，事業投資，信用保証会社の他海外銀行もグループに加わっている。特徴として，各事業ごとに信託銀行，証券会社等複数存在し，グループ連結ベースで部門別管理を行っている。三菱UFJファイナンシャル・グループは日本で最も高いG-SIBsに属しているので，自己資本比率規制が他のグループに比べて高い。

③ 三井住友グループ……構造的には持株会社があるが，三井住友グループは，その下に三井住友銀行，SMFGカード＆クレジット会社があり，三井住友銀行の下にSMBC日興證券，SMBC信託銀行がぶら下がっている間接的な形態である。他のグループ企業は，持株会社から直接子会社としてぶら下がっている構造であるが，合併の経緯から，そのような形になったと推察される。ガバナンス的にも，持株会社と銀行の2つがグループ内の業務監査などを担っており，一段の合理化がありうるだろう。持株会社は監査役設置会社であ

るが，リスク管理のため取締役会の中に指名委員会と報酬委員会を任意で設置している。事業収益は，ほぼ銀行業務から得ていて，収益的なバランスをどう図るかが，業務的には課題といえよう。もちろん規模的にG-SIBsに該当しているので，金融庁の他国際的な銀行間当局の検査も必要となる。

以上のとおりわが国銀行グループに関し，少なくてもメガバンクは，銀行持株会社形態を採用し，金融コングロマリットを指向して，様々な金融機能を集約させている。その場合，グループ企業同士の利益相反やとくにIT技術の進展など，技術革新が銀行業務にどのような影響を与えるか，注視しなければならない。またそれぞれグローバル業務に進出しているので，国際的な金融当局の検査リスクもあろう。

第5章
企業内容等の開示に対する規制

　本章では，企業情報開示について，証券市場における投資者の投資判断について自己責任を問うために，投資判断に必要な情報について開示制度の意義を確認する。まず金商法は，有価証券の発行者に対し発行開示を強制し，流通性がある有価証券について継続開示を要求する。以下具体的に検討しよう。

第1節　発行開示

1　企業情報開示の全体像
（1）金融商品取引法における企業情報開示
　金商法第2章～第2章の5は，企業情報開示（ディスクロージャーともいう）制度を定める。具体的には，第2章「企業内容等の開示」，第2章の2「公開買付けに関する開示」，第2章の3「株券等の大量保有の状況に関する開示」がその中心であり，第2章の4はその開示をコンピューター・ネットワーク上で行う場合の特例として「開示用電子情報処理組織による手続の特例等」を，さらに第2章の5はプロ向け市場制度における情報開示として「特定証券情報等の提供又は公表」を定める。
　株式会社が新たに株式や社債といった有価証券を発行し，投資家から資金調達をしようとする場合に，証券の勧誘の相手方が多数（50名以上）にのぼるときには，「有価証券届出書」を内閣総理大臣（通常は金融庁）に届け出て，発行する証券の内容や発行会社の財務状況などを開示しなければならない。さらに発行する有価証券等を投資家に取得させるためには，有価証券届出書と同程度の情報が記載されている「目論見書」を投資家に交付しなければならない。これを発行開示という。
　また株式会社などが発行している有価証券等が証券市場に上場し，流通している場合には，事業年度ごとに当該会社の財務状況など企業内容に関する情報を含む「有価証券報告書」を内閣総理大臣に提出し，EDINETというサイトで閲覧に供される。また最近は年に一度だけではなく，会社により四半期ごとに

「四半期報告書」，半期ごとに「半期報告書」による開示が必要となっているし，大規模な損失の発生など重要事実が発生したときは，「臨時報告書」の提出が必要となる。さらに継続開示書類の提出，およびその内容の正確性に関しては，企業情報開示の不祥事を受けて，有価証券報告書の記載内容が適正であることを示す「確認書」を併せて提出することとなる。さらに有価証券報告書提出会社のうち，上場会社および店頭登録会社は，事業年度ごとに「内部統制報告書」等を提出して記載内容の適正性を担保している。これらを包括して継続開示という。なお，上記の法定開示のほか，金融商品取引所等は，上場金融商品を発行している会社に対し重要事項を遅滞なく公表することを求めており，これを適時開示（タイムリー・ディスクロージャー）という。法定開示がEDINETで閲覧できるのに対し，適時開示はTDnetにより，閲覧可能である。

　このように企業内容の開示は，主に金商法に基づく発行開示および継続開示という制度により構成されており，そこに金融商品取引所等による適時開示が加わっている。金商法は，上記の法定開示を実効性あるものとするために，内閣総理大臣は開示された情報が誤っている場合等において「訂正報告書」を提出する命令を出し，さらに課徴金や刑事罰による制裁を定めている。さらに一定の開示規制違反について，民事責任を発生させるような規定が設けられている。

（2）会社法との関連

　株式会社については，会社法でも一定の情報開示が義務付けられている。例えば会社法でも毎事業年度の貸借対照表，損益計算書等の計算書類を作成し，株主および債権者に閲覧謄写させるなど（会社442条），情報開示がなされている。しかし金商法による企業情報開示は，多数の一般投資家がその対象となるため，当該有価証券等に対し，会社法より詳細な情報開示が義務づけられ，この義務に違反した場合には上述のとおり，関係者に刑事法，行政法および民事法上の責任が追及されるなど，強力な開示制度が設けられている。

　有価証券の典型例は株式，社債および新株予約権であり，当該有価証券等を発行するときは発行する株式数や払込金額など具体的な内容を定めた上で，株主総会または取締役会決議により発行を決定する（会社199条1項2項・201条1項）。当該発行についての情報は，株主総会の招集通知または取締役会による決定後の通知・公告により，既存の株主に通知される。ただし金商法に基づく情報開示がなされているときは，会社法に基づく通知・公告義務はなくな

る（会社201条5項，会社則40条参照）。また新株予約権についてもほぼ同様の手続きが定められている（会社238条以下）。

　以上のとおり，会社法と金商法では，金商法上の開示があれば会社法上の開示を省略できるという形で，一部統合されているが，以下のような違いがある。第1に会社法の規制は株式会社であれば必ず適用されるが，金商法による規制が一定の流通性を持っている場合のみ適用される。第2に会社法上の開示において情報の受け手は株主や債権者など会社に接触しているものであるのに対し，金商法による開示は現在ではEDINETや電磁的公告を通じた有価証券報告書等の開示など公衆縦覧を通じ潜在的な投資家全体に及んでいる。また会社法における株主への開示書類の開示は原則として計算書類（財務諸表）確定のための開示であるが（会社438条1項2項），金商法はそのような手続きで確定された財務諸表を開示するものである。

　このように会社法による情報開示と金商法による企業情報開示は，重複する部分もあれば，それぞれ規制目的が異なるため，異なる内容の開示規制が課せられることもある。

2　発行開示に対する規制
（1）発行開示の対象

　有価証券の発行を通じて，企業が資金調達をしようとする場合，原則としてそれが「募集」または「売出し」に該当するときは，有価証券届出書など開示書類を内閣総理大臣に提出しなければならない。単純にいうと，募集とは新たに発行する有価証券の取得を多数の一般投資家に勧誘する行為，売出しとはすでに発行された有価証券の購入を多数の一般投資家に勧誘する行為である。すでに発行された有価証券の売出しがなぜ発行市場規制となるのか，については，たとえば会社の自己株式などすでに発行された株式を改めて処分する場合，法的には新規発行ではないが，実務的には株式の新規発行と同様であるため，投資家保護のため同様の情報が必要だからである。また売出しを発行規制から除外すると，ダミーの会社に一度取得させれば，実際には新規発行であっても規制を逃れることとなる。そこで，投資家保護の観点からも，すでに発行されている有価証券についても，発行開示が必要となる。

　新たに発行される有価証券について投資者に対し取得の申し込みをするように勧誘すること，およびこれに類する行為（取得勧誘類似行為）について，2

条3項各号に該当するものを有価証券の募集といい，該当しないものを私募という。この場合，多数を相手に取得勧誘することが募集であるが，多数とは50名以上の投資家等をいう（令1条の5）。また，多数の者に譲渡されるおそれがない又は適格機関投資家向けの売出しを私売出しという。

（2）発行開示の方法

　発行開示を行う義務を負うものは発行者である（4条1項～3項）。発行者は，総額1億円以上の新規発行証券を取得させるために，50名以上のものに対して勧誘等を行う場合には，EDINETを通じて内閣総理大臣に有価証券届出書を提出しなければならない（4条1項）。しかし適格機関投資家のみを対象に勧誘を行うときは届出書の提出は必要ない（プロ私募：2条3項2号イ）。

　開示書類を提出する時期については，法令上とくに制限はないが，開示のための書類を提出すれば直ちに届出の効果が生じるため，スケジュールにあわせて届け出る必要がある。逆にいうと発行開示規制は，単に情報開示を要求するだけではなく，有価証券届出書の提出や効力発生が，当該有価証券を投資者に取得させるための行為を解禁する効果とリンクしている。有価証券の募集，売出しなどは必要な届出をしたあとでなければ行うことはできない（4条1項～3項）。これはフライングを防ぐという意味でガン・ジャンピング（Gun Jumping）規制と呼ばれている。

　一方で届出義務が免除される場合がある。形式的には有価証券の募集・売出し，あるいは特定組織再編成発行・交付手続きに該当する場合であっても，以下の4つに該当する場合には，新たに発行開示をする必要性が乏しいため，届出を要しないで，募集・売出し等ができる。

　すなわち，1）募集売出しの相手方が当該有価証券にかかる事項の情報をすでに取得し，または容易に取得できる場合（4条1項1号），2）組織再編成対象会社が発行する株券等について開示が行われていない，または組織再編成対象会社株主が取得する有価証券についてすでに開示が行われている場合（4条1項2号），3）すでに開示が行われている有価証券の売出し（4条1項3号），4）外国ですでに発行された有価証券の売出しで，国内でその情報が容易に知りうる場合，5）発行価額等の総額が1億円未満の少額の募集・売出し（4条1項5号）。なお届出義務が免除される場合でも，有価証券届出書の提出義務を負う場合がある。

（3）発行開示の内容

　続いてどのような開示書類が提出されるか説明したい。まず資産金融型証券（5条1項にいう「特定有価証券」（令2条の13）を指す）を除く株券や社債等の有価証券については，有価証券届出書の提出が必要となる。つまり，有価証券の募集または売出し（4条1項），適格機関投資家取得有価証券一般勧誘（4条2項）および特定投資家一般勧誘（4条3項）について届出するためには　発行者は会社である場合には所定の事項を記載した届出書を提出しなければならない（5条1項）。これを有価証券届出書という。

　開示方式には，基本的にすべての情報を網羅する完全開示方式（5条1項），有価証券届出書に直近の有価証券報告書などを綴じ込んでそれ以後に生じた事実を記載する組み込み方式（5条3項），そして直近の有価証券報告書を参照すべき旨を記載することで企業情報の記載に代える参照方式（5条4項）がある。これにより情報作成のコストを削減することができるので，現状上場株式の公募発行はほとんどが参照方式で行われている。しかし発行者が初めて株式公開の際に募集や売出しを行う場合（IPO）の発行者は完全開示方式で有価証券報告書に最新の情報を書き込まなければならない。なお参照方式の要件を満たす発行者は，発行登録制度を利用することも可能である（23条の3）。これはあらかじめ証券の発行総額，発行機関を定めて発行登録書を提出しておくと，具体的な証券発行の際発行登録追補書類を出すだけで即日証券を売りつけることが可能となる。

　最も基本的な完全開示方式に従い，有価証券届出書の記載内容をみていこう。表紙には有価証券届出書提出会社の名称や所在地など，特定に必要な情報が開示される。以下4つの内容が含まれる。①「第1部　証券情報」では，募集または売り出される有価証券の権利内容，発行価額・売出価格などが記載される。②「第2部　企業情報」では，発行企業に関する企業の概況，事業の状況，設備の状況，提出会社の状況，経理の状況，株式事務の概要および参考情報が示される。③「第3部　提出会社の保証会社等の情報」では，当該有価証券に保証会社が付いている場合の保証会社の状況，④「第4部　特別情報」では，発行会社および保証会社に関する過去5年分の連結財務諸表等を開示する。

　なお有価証券届出書の提出が義務付けられる募集・売出しのうち，その発行価額等の総額が5億円未満のものを少額募集等といい（5条2項），上記提出情報のうち②企業情報と④特別情報についての記載を，コスト削減のため簡略

化できる。ただし継続情報開示についてすでに詳細な開示が求められている有価証券の発行者（5条2項1号），届出が必要な募集・売出しについてすでに正式な有価証券届出書を提出した者（5条2項2号），正式な有価証券報告書等をすでに提出している者（5条2項3号）は，記載の簡略化ができない。

（4）発行開示と取引規制

　前述のとおり，有価証券届出書が内閣総理大臣に提出されてから，15日後に届出の効力が発生する。その間証券会社等は証券の取得の勧誘は可能だが，取得契約の締結はできない（15条1項）。なお参照方式の場合には，すでに発行者の情報が市場に行き渡っていると考えられるので，効力発生は7日後になっている。さらに参照方式の利用発行会社で年間売買代金の合計額が1,000億円以上，および時価総額も1,000億円以上の証券の発行会社は「とくに周知性の高い企業」として，届出書提出後直ちに証券を売り付けることが可能である。なお有価証券届出書効力が発生していないのに証券を売り付けたものは，違反行為から生じた損害を賠償する責任を負う（16条）。ただし損害額は原告側の立証となるので，追及は厳しいとされている。

　有価証券届出書が提出されると，内閣総理大臣（実際には財務局）が内容について審査する。記載不足や虚偽記載があるときは，訂正届出書の提出を求めることができる（10条1項）。仮に届出なしに証券を多数の者に販売している場合は，投資家の被害拡大防止に必要と認められるときには，内閣総理大臣が裁判所に緊急差止命令の発令を請求できる（192条）。

　有価証券届出書の記載事項について，財務計算に関する書類（財務諸表等）については，実質的に利害関係のない公認会計士・監査法人による監査を受ける必要がある（193条の2）。しかし平成18年に当時カネボウの粉飾決算に関して担当会計士に登録抹消の処分，所属した監査法人に対して業務の一部停止処分が下された。このような会計不祥事を受けて，監査人の業務管理ガバナンスのディスクロージャー強化，独立性の強化，監査人の責任の強化を柱とする公認会計士法の改正が平成19年に行われた。会計士・監査法人は，資本市場のゲートキーパーと呼ばれ，資本市場の適正性を確保するために，重要な役割を担っている。有価証券届出書に記載された情報の正確性を担保するためには，公認会計士・監査法人の監査の他，関係者の刑事責任（197条1項1号），民事責任（18条1項），課徴金（172条1項1号等）が科せられる。

第2節　流通開示

1　継続開示と流通市場

　流通市場においては，有価証券の発行者が有価証券を継続して発行することで，投資家が取引をすることができる環境が維持される。継続開示とは有価証券の発行者による流通市場向けの情報開示のことである。他方，継続開示は，発行者にとり多大な手間とコストがかかる。それでもなお金商法は投資家保護のため，継続開示を強制する。

　継続して開示義務を課せられるのは，①上場証券の発行者，②店頭売買有価証券の発行者（現在はいない），③過去に有価証券の募集・売出しを行った証券の発行者，④資本金5億円以上かつ株主1,000名以上の株式会社である（24条）。④は外形基準と呼ばれ，上場廃止した会社や会員権を株式としているゴルフ場などが該当する。その理由は，株主が1,000名以上いる会社ならば，たとえ上場していなくても株券が流通すると考えられ，情報を必要とする株主がいるからと考えられている。

　継続開示をするための手段としては，①有価証券報告書，②半期報告書，③臨時報告書の3つが原則である。しかし上場企業には②半期報告書に代えて，四半期報告書による開示が求められる。

　発行者は事業年度ごとに，その終了から3カ月以内に，有価証券報告書を作成し，EDINETにより，内閣総理大臣に提出する（24条1項）。提出された有価証券報告書は，財務局，発行者の本店および主要な支店，金融商品取引所等で公開される（25条）が，現状最も重要なのはEDINETによる開示であり，さらに発行者のホームページなどで自社の有価証券報告書を公開している例が多い。

　内国会社の有価証券報告書における開示内容は，大きく「第1部　企業情報」と「第2部　保証会社等の状況」に分かれる。「第1部　企業情報」には，①企業の概況，②事業の状況，③設備の状況，④提出会社の状況，⑤経理の状況，⑥株式事務の概要，⑥提出会社の参考情報が記載されている（開示府令三号様式）。また「第2部　保証会社等の情報」では，社債の保証者に関する情報など，発行者以外の情報が記載される。なお財務諸表および連結財務諸表については，発行者と利害関係のない公認会計士・監査法人による監査が必要で

ある（193条の2）。半期報告書は事業年度が1年の会社について，6カ月間の営業および経理の状況を示す書類であり（24条の5第1項），有価証券報告書に比べて簡素化されているが，なお，公認会計士・監査法人の監査が必要である。

しかし前述のとおり，企業を取り巻く経営環境の動きが激しい現代において，半年おきの情報開示では，投資家にとって必要な情報が適時に入手できないので，金商法は四半期開示を証券取引所の自主規制から，法定開示に引き上げ（24条の4の7），かつ四半期開示にも公認会計士・監査法人の監査が必要となった。主な内容は，四半期ベースの財務情報であるが，他に財務状態，経営成績等の分析，企業・事業等の情報株式等の情報なども含まれる。

以上の法定開示は，定期的な情報開示であるが，発行者に一定の重要事項が発生したときは，臨時報告書の提出が必要となる（24条の5第4項）。その主な理由は，①外国での株券等の募集・売出し，②1億円以上の株券等の私募，③親会社・特定子会社の異動，④主要株主の異動，⑤重要な災害，⑥損害賠償訴訟の提起，および組織変更等である。上述の継続開示書類に虚偽または誤解を生じさせる記載があった場合には，内閣総理大臣は訂正報告書の提出を命じることができ，もしこれらの書類を提出しなかった場合には，刑事責任が問われる（197条の2第6号）。

2 重要な継続開示情報

有価証券報告書などの継続開示書類には，投資家にとって重要な情報が含まれている。以下近年の改正条項を踏まえて重要な開示項目を概説する。

① 連結情報およびセグメント情報……金商法では基本的に企業集団をめぐる連結財務諸表の開示を求めている。他方，事業の部門別や地域別の経営成績を示すセグメント情報も同時に開示している。

② 親会社情報……わが国では他の会社の子会社となっている会社が上場する例が多い。その場合，西武鉄道事件のように，親会社など大株主の情報が適切に開示されておらず，上場廃止となった例があったので，親会社が継続開示対象会社でない場合でも一定の情報開示の対象となった。具体的には，直接間接に上場企業の株式の過半数を所有している会社であって，同社が有価証券報告書提出会社でないときは，親会社等状況報告書を提出しなければならない（24条の7・25条）。なお親会社等が外国会社の場合には，例外があ

る。親会社等状況報告書に虚偽記載等があった場合には、当該親会社が民事責任を負うこととなる（21条の2）。
③　コーポレートガバナンスの開示……企業経営には適法性だけでなく、効率性も必要だが、そのためにコーポレートガバナンスに注目が集まっており、有価証券報告書および有価証券届出書の「企業情報　提出会社の状況」の中で、「コーポレートガバナンスの状況等」がガバナンスの状況を表している。その中ではとくに、上場企業を対象にして、①社外取締役・社外監査役を選任しない理由の開示、②1億円以上の役員報酬の個別開示、および③持合い目的の株式の銘柄等の開示がある。
④　第三者割当増資の開示……平成19年頃から業績が悪化した上場企業が上場廃止を避けるために、株主の持分割合を大幅に希釈化するような大規模な第三者割当が、複数見られた。そこで、有価証券届出書の「証券情報」において、「第三者割当増資の場合の特記事項」の中で、①払込資金等の確認、②割当先と反社会的勢力との関係、③有利発行に該当しないか、④議決権の希釈化率25％以上となるか、そして⑤支配株主の移転等を伴う場合の株主総会決議の有無等の開示を求めることとなった。
⑤　国際会計基準の適用……有価証券報告書の中の連結財務諸表は、「一般に公正妥当と認められる」企業会計原則に従って作成される。一般に公正妥当と認められる会計基準とは何か。EUでは、国際会計基準（IFRS）が強制適用される。しかしわが国では、未だ任意適用のままであり、アメリカの状況もあり、金融庁の判断はまだ示されていない。

3　継続開示の実効性の確保、および内容の正確性の確保

　企業情報開示の虚偽記載は、非常に本質的な問題であり、どのようにして開示書類の適正性を担保するかは重要な課題である。アメリカでは2001年頃に会計不正が発覚し、サーベンス・オクスリー法において上場企業の代表者に開示書類の適正性に関する確認が求められた。
　わが国でも、有価証券報告書等と併せて、金商法は上場企業の代表者に開示書類の記載内容が適正であることを確認した旨の確認書の提出を求め（24条の4の2第1項）、代表者が確認をすることを促進する意味で内部統制報告書の提出が義務づけられた（24条の4の4第1項）。
　内部統制報告書とは、金商法上、財務報告の信頼性を確保するため、役職員

らにより遂行される一連の手続きに関し，経営者が評価した報告書である。内部統制報告書においては，内部統制の基本的枠組み，評価の範囲，基準日，評価手続き，評価結果が記載される。評価結果には，①内部統制が有効である，②評価手続きの一部が実施できなかったが有効である，③重大な欠陥があり内部統制が有効でない，または④重要な評価手続きが実施できなかったため評価結果を表明できるか否か，のいずれかを記載する。また内部統制報告書には，公認会計士・監査法人による監査が必要である（193条の2第2項）。なお，わが国では監査の対象を内部統制手続そのものではなく，内部統制手続の有効性を評価した報告書に限定した。したがって，理論的には内部統制が有効でない旨が内部統制報告書に記載され，そのような記載自体を公認会計士・監査法人が正しいと判断した場合には，適正意見が出されることとなる。もちろん，通常は内部統制の欠陥を予め修正させて，有効な内部統制の手続きに基づいて財務報告が行われることが妥当なことはいうまでもない。なお例外的に，新規上場を促すために，新規上場企業について，アメリカJOBS法*に倣い，内部統制報告書の監査義務を免除した（193条の2第2項4号）。

*アメリカJOBS法：Jumpstart Our Business Startups Act の略。ベンチャー企業が資金調達を行いやすくするため，上場企業でなくてもインターネット上で資金を募集ができる権利を認めるなど，規則緩和を行い企業を活性化させようとする法律。

4　適時開示

　有価証券を上場する金融証券取引所は，上場証券の発行者に対し，投資判断に重要な会社情報が発生した場合には直ちに当該情報を開示することを上場規則により義務付けている。逆に発行者が未だ開示しなくても取引所が発行者の会社情報について照会を行った場合には，発行者は直ちに公表しなければならず，これらの手続を適時開示またはタイムリー・ディスクロージャーと呼ぶ。

　タイムリー・ディスクロージャーは，取引所が管理するネットワークであるTDnetを用いて行われ，取引所のHPに公開される。適時開示では重要な会社情報が発生した場合，直ちに情報開示される。もし発行者が適時開示に違反した場合には，取引所は，①開示注意銘柄への指定と公表，②改善報告書の開示命令と改善報告書の公表，③上場違約金の徴収，④上場廃止，という措置を執ることはできるが，法定開示ではないので，刑事罰や課徴金は科されない。

　取引所は，上場企業の決算発表に際して，次期の売上・経常利益の業績予想，利益配分に関する基本方針，経営成績・財政状態の当期実績および次期見通し

の分析などを合わせて求めており，決算内容と合わせてこれを決算短信と呼んでいる。その目的は有価証券報告書より先に決算情報を速やかに投資家に開示することを目的とする。

決算短信に含まれる情報のうち，業績予想は，取引所の要請により上場会社が自発的に開示するものである。業績予想は，売上高で10％以上の増減があった場合，営業利益等で30％以上の増減があった場合には修正される。この場合TDnetや自社HPなどで開示される。この場合は虚偽の開示ではない。

5　金融商品取引所等による上場会社の規制

金融商品取引所は前述のとおり，四半期開示や適時開示など，法定開示より発行者にとり厳しい情報開示を自主規制の形で実現してきた。最近注目を集めているのが，コーポレート・ガバナンスに関する規律である。

例えばアメリカ・ニューヨーク証券取引所（NYSE）は，上場企業の取締役は，過半数が社外取締役よりさらに要件が厳しい独立取締役であり，取締役選定委員会，報酬委員会，監査委員会のメンバーが全員独立取締役であることを上場規則で求めている。これは，エンロン事件後に制定されたサーベンス・オクスリー法による規制，とくにSEC規則による改正よりさらに厳しい規制となっている。一方ロンドン証券取引所（LSE）は，上場会社が尊重すべき最良慣行規則を定めて，これと異なる基準を採用する会社はその理由を説明するというアプローチ（コンプライ・オア・エクスプレイン）を採用している。

わが国の証券取引所はいかなる規制か，東証の例を参考に検討する。2007年ごろから，敵対的買収に対し，ライツプラン，または拒否権付き株式（いわゆる黄金株）により，上場企業は対抗しようとした。これに対し東証は，ライツプランのうち行使価格が時価よりも著しく低い新株予約権をあらかじめ割り当てておくもの，株主総会で取締役を交代させても廃止または不発動という決定ができないもの，取締役の過半数の選解任に関する拒否権付き株式を導入した場合それぞれ上場廃止とした。その後ブルドックソース事件決定（最高裁決定平成19年8月7日）が出て，平時のライツプランは下火になっていった。前述の第三者割当増資に対する規制について希釈化率300％を超える第三者割当を禁止し，支配株主が異動した場合について3年以内に支配株主との取引の健全性が著しく損なわれていると東証が判断したときは，上場廃止できるとした。

上場企業の多くは会社法に従い社外取締役や社外監査役の選任がなされてい

るが，主要な取引先親会社から独立した一般株主の利益を配慮した社外役員として，東京は内国会社に独立役員を1名以上確保することを求めた。独立役員とは，社外取締役または社外監査役で，親子会社関係の役職員でなく，報酬以外の金銭を得ておらず，取引先の役職員でもないものをいうとされている。

2015年になると，金融庁と東証は，様々な企業のステークホルダー（利害関係人）に考慮して，「コーポレートガバナンス・コード」を制定した。コーポレートガバナンス・コードは，OECDコーポレートガバナンス原則を参考としてまとめられたものであり，①株主の権利・平等性の確保，②株主以外のステークホルダーとの適切な協働，③適切な情報開示と透明性の確保，④取締役会の責務，株主の対話に関する5つの原則と補充原則からなる。東証は上記原則を企業行動規範として，東証上場企業に対しこれを遵守するか，さもなくばその理由を開示する（コンプライ・オア・エクスプレイン）ように求めている。例えば独立役員について企業行動規範は1名以上の選任を求めているが，上場企業は2名以上の独立役員を選任するか，しない場合はその理由を説明しなければならない。

このように企業情報開示については，さまざまなレベルの規制があったが，証券取引所規則は法定開示よりさらに厳しく，自主的な開示原則を定めており，さらなる透明性が求められている。

第3節　虚偽記載等に関する民事責任

1　総説：民事責任の機能

開示書類に虚偽記載等があった場合には，発行者など開示書類に携わる関係者は，損害賠償責任（虚偽記載に関する民事責任）を負うことがある。民事責任には，損害を補填する機能があることから，何らかの損害が発生すると，その損害の回復を求める者のイニシアティブで，民事責任の追及が行われる。また，損害賠償の負担を回避するため，発行者など開示書類に携わる関係者は，虚偽記載等の防止を試みる。これらの機能から，民事責任は損害を発生させる行為を抑止することになるのである。

2　発行市場における虚偽記載等の民事責任
（1）発行者の責任

　有価証券届出書（2条7項）や発行登録書等（23条の12第5項括弧書）のうちに、重要な事項について虚偽の記載があり、または記載すべき重要な事項もしくは誤解を生じさせないために必要な重要な事実の記載が欠けているとき（以下，「虚偽記載等」とする）は、当該有価証券届出書の届出者（発行者）は、当該有価証券を当該募集・売出しに応じて取得した者に対し、損害賠償責任を負う（18条1項本文・23条の12第5項）。当該有価証券を取得した者が、その取得の申込みの際に不実記載を知っていたときは、発行者の責任は生じない（18条1項但書）。取得者の悪意は、発行者が主張・証明責任を負う。

　本条の特徴は、①発行者の責任は無過失責任であること、②不実記載のある有価証券届出書・発行登録書の閲覧の有無は、損害賠償請求権の消長に影響を与えないこと、③賠償責任額が法定されていること（19条1項・23条の12第5項）。④法律関係の早期確定のため、損害賠償請求権に短期消滅時効が定められていること（20条・23条の12第5項）である。

（2）発行者の役員等の責任

　有価証券届出書・発行登録書等に不実記載がある場合には、①発行者の役員等、②売出人、③公認会計士・監査法人、④元引受契約を締結した金融商品取引業者等も損害賠償責任を負う（21条1項，23条の12第5項）。

　上記①および上記②は、記載が虚偽でありまたは欠けていることを知らず、かつ、相当な注意を用いたにもかかわらず知ることができなかったことを証明すれば、賠償責任を負わない（21条2項1号）。

　上記③は、当該有価証券届出書に係る監査証明（193条の2第1項）において、当該監査証明に係る書類について記載が虚偽でありまたは欠けているものを虚偽でなくまたは欠けていないものとして証明した公認会計士・監査法人が対象となる（21条1項3号）。この者は、当該証明をしたことについて故意または過失がなかったことを証明すれば、賠償責任を負わない（21条2項2号）。

　上記④は、有価証券の発行者または売出人等と元引受契約を締結した金融商品取引業者・登録金融機関である。記載が虚偽でありまたは欠けていることを知らず、かつ、財務計算に関する書類に係る部分（193条の2第1項）以外の部分については、相当な注意を用いたにもかかわらず知ることができなかったことを証明すれば、賠償責任を負わない（21条2項3号）。

（3）目論見書の不実記載

目論見書に不実記載がある場合，①作成者である発行者は，当該募集・売出しに応じて当該目論見書の交付を受けて当該有価証券を取得した者に対して損害賠償責任を負う（18条2項・23条の12第5項）。責任の内容は，上記（1）と同様である。目論見書に不実記載がある場合は，②目論見書使用者も賠償責任を負う（17条・23条の12第5項）。17条は，18条2項のように，損害賠償責任を負う者を発行者に限定していない。そのため，発行者以外の者であっても，17条の要件を満たせば，本条の責任を負う（最判平成20年2月15日民集62巻2号377頁参照）。

（4）16条に基づく責任

16条によれば，15条の規定に違反して有価証券を取得させた者は，これを取得した者に対し当該違反行為に因り生じた損害を賠償する責任を負うこととなる。15条は，待機期間＊や直接開示を遵守させる規定である。16条は，待機期間の無視や直接開示の懈怠による損害賠償責任を明定して，損害の回復を図り，かつ，違反行為を抑止する趣旨である。

> ＊待機期間：価証券の届出は，内閣総理大臣が有価証券届出書を受理した日から15日を経過した日に，その効力を生ずる（8条1項）。この有価証券届出書が受理された日から15日間のことを，待機期間と称している。

16条の責任は，16条が15条を前提とする規定であるから，無過失責任である。本条が定める損害賠償請求権の成立要件は，①有価証券を取得させた者が15条に違反する行為を為したこと，②上記①の者から当該有価証券を取得したこと，③当該違反行為に因り損害が生じたことである。

3 流通市場における虚偽記載等の民事責任

（1）意　義

公衆縦覧に供された開示書類に虚偽記載等があった場合，流通市場における有価証券取得者にも金融商品取引法上の救済手段を与える必要がある。そこで，本条は，虚偽記載等のある書類の提出者である発行者に損害賠償責任を課すことを定めたのである。

（2）損害賠償責任の成立要件

21条の2第1項に基づく虚偽記載等のある書類の提出者の賠償責任の性質は，過失責任である。成立要件は，①公衆縦覧期間に有価証券を取得または処分し

た者であること，②25条１項各号に掲げる書類（確認書等を除く）の中に重要な事項に虚偽記載があること，または，記載すべき重要な事項もしくは誤解を生じさせないために必要な重要な事実の記載が欠けていること，③損害賠償請求者が虚偽記載を知らなかったこと，④上記②により損害が発生していること，⑤賠償の責めに任ずべき者が当該書類の虚偽記載等について故意または過失があったことである。本条により損害賠償を求める者は，要件①，②および④を主張・証明する必要がある。他方，当該書類は，要件③の不存在，すなわち，取得者が虚偽記載を知っていたことを主張・証明すれば責任を免れる（21条２第１項但書）。また，上記①ないし④の要件が成立した場合において，損害賠償の責任を負うべき者は，当該書類の虚偽記載等について故意または過失がなかったことを証明したときは，その損害賠償の責任を免れる。（同条２項）。

「重要な事項」あるいは「誤解を生じさせないために必要な重要な事実」とは，投資者の合理的な投資判断に影響を与える事項である。

虚偽記載等の事実の公表とは，当該書類の提出者または提出者の業務もしくは財産に関し法令に基づく権限を有する者により，当該書類の虚偽記載等に係る記載すべき重要な事実について，金商法25条１項の規定による公衆の縦覧その他の手段により，多数の者の知り得る状態に置く措置がとられたことをいう（21条の２第４項）。「虚偽記載等に係る記載すべき重要な事項」について多数の者の知り得る状態に置く措置とは，虚偽記載等のある有価証券報告書等の提出者等を発行者とする有価証券に対する取引所市場の評価の誤りを明らかにするに足りる基本的事実について当該措置がとられれば足りると解されている（最判平成24年３月13日民集66巻５号1957頁）。

損害賠償請求権の時効は，虚偽記載等を知った時または相当な注意をもって知ることができる時から２年間，当該書類が提出された時から５年間である（21条の３）。

（3）損害額の推定

当該虚偽記載等の事実の公表がされた日（公表日）前１年以内に当該有価証券を取得し，かつ，当該公表日において引き続き当該有価証券を所有する者は，当該公表日前１月間の当該有価証券の市場価額（市場価額がないときは，処分推定価額）の平均額から当該公表日後１月間の当該有価証券の市場価額の平均額を控除した額を，当該虚偽記載等により生じた損害の額とすることができる（21条の２第３項）。

本条の特徴は，①発行者の負担する責任は19条1項により算出された額に限定されること，②本条3項は損害額の推定規定であるから，上記①を上限として，本条3項の推定を超える額を請求することもできること，③公表日前1年以内に当該有価証券を取得していても，当該公表日前に売却した者は，本条3項による損害額の推定を受けないことである。

　判例（最判平成24年3月13日民集66巻5号1957頁）によれば，本条1項の「損害」は，一般不法行為の規定に基づきその賠償を請求することができる損害と同様に，虚偽記載等と相当因果関係のある損害をすべて含む概念として位置づけられる。本条3項は，本条1項を前提としていることから，本条3項の「損害」の意義は，「投資者が当該有価証券を取得するに当たって実際に支払った額と，当該投資者が当該有価証券を取得した時点において当該虚偽記載等がなかった場合に想定される当該有価証券の市場価額との差額」（取得時差額）に限定されないことになる。

（4）減　　額

　損害額が21条の2第3項により推定される場合に，損害の額の全部または一部が当該書類の虚偽記載等によって生ずべき当該有価証券の値下り以外の事情によって生じたことを，損害賠償の請求を受ける発行者が証明したときは，損害賠償額の全部または一部について減額される（本条5項）。発行者によるこの証明活動のことを，減額の抗弁と称する。減額の抗弁が認められる趣旨は，虚偽記載等以外の事情による損害も発行者に負担させるのは公平に反するからである。

　また，虚偽記載等による以外の事情で損害が生じたことが認められ，かつ，その額を証明することがきわめて困難であるときは，裁判所の裁量による賠償額の減額が認められている（21条の2第6項）。

　ここで，「当該書類の虚偽記載等によって生ずべき当該有価証券の値下り以外の事情」の意味が問題となる。判例（最判平成24年3月13日民集66巻5号1957頁）によれば，「虚偽記載等によって生ずべき当該有価証券の値下り」とは，「取得時差額相当分の値下がりに限られず，有価証券報告書等の虚偽記載等と相当因果関係のある値下がりの全てをいうもの」と解している。従って，「当該書類の虚偽記載等によって生ずべき当該有価証券の値下り以外の事情」とは，有価証券報告書等の虚偽記載等と相当因果関係のある値下り以外の事情を意味する。この例として，一般的な市場動向や経済情勢によって生じた当該

有価証券の値下りが挙げられる。
(5) 21条の2における額の具体的な算定方法
(ア) 推定と減額の順序
21条の2の文理解釈により、まず、本条3項による損害額の推定がなされた後、①同条5項による減額、②同条6項による減額、③19条1項限度額による制限の順番で、損害の額が減額・制限されることになる。
(イ) 複数回取引した場合の算定方法
例えば、投資者Xが、虚偽記載のある有価証券報告書を提出した株式会社Yの株式を、複数回にわたってそれぞれ異なる価額で取得し、その後、これらの株式を複数回にわたってそれぞれ異なる価額で処分した場合、投資者Xは、損害の賠償を請求する訴訟において、株式会社Yに対し、どのような主張・証明をすべきなのであろうか。

複数回にわたってそれぞれ異なる価額で取得し、その後、これらの株式を複数回にわたってそれぞれ異なる価額で処分した場合において、投資者が21条の2に基づき請求することのできる損害額の算定方法には、①個別比較法と②総額比較法がある。個別比較法とは、個々の取引ごとに、19条1項の限度額（取得価額と処分価額の差額となる）と推定損害額（21条の2第3項に基づき推定される額であり、本条5項や6項によって減額される場合には、減額後の額）とを算出した上で、個々の取引ごとの限度額と推定損害額とを比較し、限度額の範囲内の推定損害額（限度額が上限額となる）を累計して、法21条の2における損害額を算定するという方法である。個別比較法は、個々の取引ごとに19条1項の限度額による制限を課す点に特徴がある。

これに対して、総額比較法は、取得価額の総額と処分価額の総額との差額を19条1項の限度額とした上で、この限度額と推定損害額の総額とを比較し、金額が少ない方を損害額とする方法である。つまり、上記限度額の範囲内の推定損害額の総額（限度額が上限額となる）が損害額となるのである。総額比較法の方が、個別比較法よりも、損害賠償請求を行う投資者にとって有利な算定方法である。

個々の取得と処分の対応関係について証明する責任を投資者に負担させることは、本条3項が推定規定を設けて投資者が被った損害の回復を容易にしようとした趣旨を後退させることになる。そこで、原告である投資者は、総額比較方式によって損害額を請求すれば足りると解すべきであろう。

第4節　公開買付けに関する開示

1　公開買付けの意義

「公開買付け」とは，不特定かつ多数の者に対し，公告により株券等の買付け等の申込みまたは売付け等の申込みの勧誘を行い，取引所金融商品市場外で株券等の買付け等を行うことをいう（27条の2第6項）。公開買付けは，対象会社に対する支配権の獲得または強化する目的で行われる。

公開買付規制の趣旨について見解は分かれるが，規制の趣旨は，①会社支配権に影響を及ぼす市場外取引に関する情報を開示して，株主等の投資者が合理的な投資判断ができる機会を確保すること，②投資者間の売却機会の平等性を確保することと解する。そもそも，公開買付けは，投資者の立場から見れば，公開買付けを行う者が有価証券を買い付けることにより，投資者を市場から離脱させる行為である。そのため，特殊な販売圧力が生じる募集・売出しの局面とは反対に，公開買付けにおいては，有価証券を売却させようとする圧力が投資者である対象会社の株主に生じる（附合契約性）。そのため，金融商品取引法は，市場における取引に関する開示制度とは別に，公開買付けに関する情報の開示規制と，公開買付けにおける投資者間の公平な取扱いを確保するための実体規制を用意しているのである。

まず，公開買付けの実施主体を基準として，「発行者以外による公開買付け」（27条の2以下）の意義を検討した後，「発行者による公開買付け」（27条の22の2以下）の特徴を確認する。つぎに，公開買付けに係る規制の枠組みを概観することとする。

2　発行者以外による公開買付け
（1）意　義

発行者以外による公開買付けとは，発行者以外の者が，発行者の株主等に対し，公告により株券等の買付け等の申込みまたは売付け等の申込みの勧誘を行い，取引所金融商品市場外で株券等の買付け等を行うことをいう。「発行者以外による公開買付け」の場合には，①「株券等」を②「買付け等」する行為を公開買付けと位置付けている（27条の2第1項本文）。以下で検討しよう。

(ア) 株券等

　「株券等」とは,「株券,新株予約権付社債券その他の有価証券で政令で定めるもの」である（27条の2第1項本文,令6条1項）。公開買付制度は会社支配権の変動に着目した規制であることから,株券はもちろん,新株予約権証券や新株予約権付社債券など会社の議決権に関連するものも規制対象とする趣旨である。たとえば,有価証券報告書の提出義務を負わないA社の発行する取得請求権付株式または取得条項付株式の対価がB社（有価証券報告書提出会社）の議決権株式である場合には,当該A社の発行する取得請求権付株式・取得条項付株式を買い付けることは「株券等」の買付け等に該当することから,当該買付けは公開買付けによらなければならない。この場合には,有価証券報告書提出会社であるB社の支配権変動の可能性があるからである。

　これに関連して,種類株式と公開買付規制の関係において,適用除外の「株券等」（令6条の2第1項7号・他社株府令2条の5第1項）が問題となる。適用除外に係る規定の趣旨が事業再編等の迅速化と手続の簡素化であれば,特定買付け等*（令6条の2第1項4号）の対象とならない種類の株式は,上記「株券等」に含まれないこととなる（最判平成22年10月22日民集64巻7号1843頁）。

　*特定買付け等：買付けの相手方が著しく少数であることから,公開買付けの適用除外となる類型である（27条の2第1項1号,施行令6条の2）。具体的には,①株券等の買付け等を行う相手方の人数と,②当該買付け等を行う日前60日間に取引所金融商品市場外において行った当該株券等の発行者の発行する株券等の買付け等の相手方の人数との合計が,10名以下である場合である（施行令6条の2第3項）。

(イ) 買付け等

　「買付け等」とは,「株券等の買付けその他の有償の譲受け」である（27条の2第1項本文）。①コール・オプションやプット・オプションの行使により当事者間において株券等の売買が成立すること,②オプションの行使による株券等の取得がなされれば,会社支配権等に影響を及ぼし得ることから,コール・オプションの行使やプット・オプションの行使は,原則として,「買付け等」に該当する。

　なお,新株予約権もコール・オプションの一種であるが,新株予約権は会社法が定めた手続等により会社が発行するものであることなどから,新株予約権の行使は,「買付け等」に該当しない（27条の2第1項但書）。

（2）公開買付けが強制される類型

　一定の「株券等所有割合」を超える株券等の取得は，原則として，公開買付けによらなければならない（27条の2第1項本文）。他方，金商法27条の2第1項各号に該当するものであっても，「適用除外買付け等」に該当するものは，公開買付けを強制されない（27条の2第1項但書）。「適用除外買付け等」は公開買付規制を課す必要性が乏しい類型であり，前述のように，新株予約権の行使による株券等の取得などがある。

（ア）株券等所有割合

　株券等所有割合は，①株券等の買付け等を行う者を基準に算出するものと，②特別関係者（27条の2第7項）を基準とするものがある。特別関係者には，①形式的基準による特別関係者（27条の2第7項1号：例えば，公開買付者と親族関係のある者）と②実質基準による特別関係者（27条の2第7項2号：例えば，公開買付者との間で，共同して対象会社の株券を取得することを合意している者）がある。

　株券等所有割合とは，買付者と特別関係者が所有する株式等の議決権の数の合計を，公開買付けの対象会社たる発行者の総議決権の数に公開買付者と特別関係者の所有に係る当該発行者の発行する新株予約権付社債券などの潜在的に議決権がある有価証券に係る議決権の数を加算した数で除して得た割合である（27条の2第8項，他社株府令6条・7条）。取得請求権付株式や取得条項付株式に係る株券も，潜在的に議決権があるため，株券等所有割合を算出する際の議決権数に算入される（令9条の2，他社株府令8条1項2号）。また，会社法において議決権を有しないとして扱われる株式（会社308条1項。例：相互保有株式）や自己株式（会社308条2項）は，所有者の意思にかかわらず，議決権が復活する可能性があることから，持分割合の算定する場合には議決権があるものとして取り扱われる。

（イ）株券等所有割合が5％を超える場合（27条の2第1項1号）

　取引所金融商品市場外における株券等の買付け等をすることにより，株券等所有割合が100分の5を超える場合には，原則として，公開買付けによって株券等を取得しなければならない。「100分の5」を超えるという基準は，大量保有報告書（株券等保有割合に関する事項などを記載する報告書であり，ある銘柄について株券等保有割合が100分の5を超えて株券等を保有することになった場合に，この報告書を提出する義務がある。⇒**本章第5節**）の提出義務が発生する基準と

合わせたものである。その趣旨は，会社支配権に影響を与える可能性がある株券等の取得について，公開買付規制を適用することにより投資者に合理的な投資判断の機会を確保するものである。

例外として，①取引所金融商品市場における有価証券の売買等に準ずるものとして政令で定める取引による株券等の買付け等および②著しく少数の者から買付け等を行うものとして政令で定める場合における株券等の買付け等は除外される（同号括弧書）。取引機会の平等が確保されているから，取引所金融商品市場における有価証券の売買等に準ずるものは適用除外とされている。また，会社支配権への影響も乏しいことから，著しく少数の者から買付け等も適用除外とされている。

（ウ）株券等所有割合が3分の1を超える場合（27条の2第1項2号）

取引所金融商品市場外において著しく少数の者から株券等の買付け等は，株券等所有割合が100分の5を超える場合であっても，当該取得に公開買付けは強制されない。しかし，このような著しく少数の者からの取得であっても，取得後の株券等所有割合が3分の1を超える場合には，当該取得は公開買付けによらなければならない。取得後の株券等所有割合が「3分の1」を超える場合，取得者は株主総会の特別決議を阻止することが可能になる等，会社支配権に著しい影響が生じさせることから，著しく少数の者からの取得であっても公開買付けが強制されるのである。

（エ）特定売買等（27条の2第1項3号）

取引所金融商品市場における有価証券の売買等であって競売買（きょうばいばい）の方法以外の方法による有価証券の売買等として内閣総理大臣が定めるもの（特定売買等）による買付け等による株券等の買付け等の後におけるその者の所有に係る株券等の株券等所有割合が「3分の1」を超える場合における特定売買等による当該株券等の買付け等も，公開買付けによらなければならない。特定売買等には，立会外取引が該当する（平成17年7月8日金融庁告示第53号）。立会外取引といえども，金融商品取引所内の取引である。そのため，本号がなければ，立会外取引には公開買付規制は及ばないはずである。本号の規制は，立会外取引を利用して上記（ウ）を潜脱することを防止する趣旨である。

（オ）取引所内外の取引を組み合わせた取得（27条の2第1項4号）

本号の要件は，①3カ月の間に（令7条2項），金融商品取引所外における株

券等の買付け等または新規発行取得によって発行済株式総数の100分の10（令7条3項）に相当する株券等を取得したこと，②上記①の取引のうち，特定売買等による株券等の買付け等または取引所金融商品市場外における株券等の買付け等によって発行済株式総数の100分の5（令7条4項）に相当する株券等を取得したこと，③上記①の取引によって株券等所有割合が3分の1を超えることである。上記①ないし③の要件を満たす取引所内外の取引を組み合わせた取得は公開買付けによらなければならない。本条により，一定の株券等の取得が制限されることになる。

（カ）主要株主による取得（27条の2第1項5号）

当該株券等につき公開買付けが行われている場合において，当該株券等の発行者以外の者（その者の所有に係る株券等の株券等所有割合が3分の1を超える場合に限る）が公開買付期間中に（令7条5項），発行済株式総数の100分の5を超える株券等の買付け等（令7条6項）を行うときにおける当該株券等の買付け等は，情報開示のため，公開買付けによらなければならない。

（キ）株券等の買付け等に準ずるものとして政令で定める株券等の買付け等
 　　（27条の2第1項6号）

公開買付規制の潜脱する行為を規制する趣旨から，株券等の買付け等に準ずるものとして政令で定める株券等の買付け等も公開買付けによれなければならない。

3　発行者による公開買付け

（1）意　　義

上場株券等の当該上場株券等の発行者による取引所金融商品市場外における買付け等は，公開買付けによらなければならないと定められている（27条の22の2第1項1号）。また，同様の趣旨から，上場株券等の発行者が外国会社である場合に，多数の者が当該買付け等に関する事項を知り得る状態に置かれる方法（例：新聞や雑誌に掲載する方法）により多数の者に知らせて行う買付け等も，公開買付けによらなければならない（27条の22の2第1項2号）。

（2）制度の特徴

（ア）上場株券等

発行者による公開買付けの対象となる「上場株券等」とは，①金融商品取引所に上場されている株券，②流通状況が金融商品取引所に上場されている株券

に準ずるものとして政令で定める株券等である（24条の6第1項，令4条の3）。留意すべきは，「上場株券等」には，新株予約権証券や新株予約権付社債券のような潜在的株式が含まれていない点である。発行者による公開買付けは，当該発行者の支配権変動と直接の関連性を有しないからである。

（イ）買付数量との関係

発行者以外による公開買付けは，株券等所有割合が100分の5を超えるなど買付数量を基準として，公開買付けによる買付け等が義務付けられている。他方，発行者による公開買付けにおいては，買付数量にかかわりなく買付け等が義務付けられている。

（ウ）重要事実の公表義務

発行者に関する重要事実が未公表の段階で発行者が自己の株式を取得する行為はインサイダー取引[*]と同様の弊害が生じる。この弊害を防止するため，公開買付けによる上場株券等の買付け等を行おうとする会社は，当該会社の業務等に関する重要事実（166条1項）であって公表がされていないものがあるときは，公開買付届出書を提出する日前に，内閣府令で定めるところにより，当該重要事実を公表しなければならない（27条の22の3第1項，自社株府令11条。また，通知について，27条の22の3第2項参照）。

> [*]インサイダー取引：例えば，A社株式の価格を高騰させる事実（新製品開発が成功した事実など）を知ったインサイダー（A社の取締役など）が，当該事実が未公表の段階で，A社株式を安く買い付けることをいう。通常，インサイダーは，当該事実が公表されてA社株式が高騰してから，安く買い付けたA社株式を売り付けて，利益を得ることとなる。

4　公開買付けにおける開示規制

公開買付けにおける開示規制には，公開買付開始公告，公開買付説明書の交付のような投資者に対して直接情報が開示される類型と，公開買付届出書・公開買付報告書の届出および公衆縦覧のように投資者に対して間接的に情報が開示される類型がある。

（1）公開買付開始公告

公開買付けを行おうとする者は，①電子公告（EDINET）または，②時事に関する事項を掲載する日刊新聞紙（産業および経済に関する事項を全般的に報道する日刊新聞紙を含む）への掲載のいずれかの方法によって，当該公開買付けについて，その目的，買付け等の価格，買付予定の株券等の数，買付け等の期間その他の内閣府令で定める事項を公告しなければならない（27条の3第1項，

令9条の3第1項)。これが,公開買付開始公告である(27条の3第2項括弧書)。

(2) 公開買付届出書

公開買付者(27条の3第2項括弧書)は,原則として,当該公開買付開始公告を行った日に,①買付け等の価格,②買付予定の株券等の数,③買付け等の期間,④買付け等に係る受渡しその他の決済および,⑤公開買付者が買付け等に付した条件(買付条件等)などを記載した書類および内閣府令で定める添付書類を内閣総理大臣に提出をしなければならない(27条の3第2項本文)。上記書類が,公開買付届出書である(27条の3第2項括弧書。なお,経営者が自社の株式を買い集めるMBO(Management Buyout)について,他社株府令13条1項8号参照)。

公開買付者とその特別関係者(27条の2第7項)その他政令で定める関係者(公開買付者等)は,その公開買付けにつき公開買付開始公告が行われた日の翌日以後は,当該公開買付者が公開買付届出書を内閣総理大臣に提出していなければ,売付け等の申込みの勧誘その他の当該公開買付けに係る内閣府令で定める行為をしてはならない(27条の3第3項。なお,交換買付け*について,27条の4第1項・2項)。換言すれば,公開買付者は,公開買付開始公告を行い,かつ,公開買付届出書を提出することにより,公開買付けによる買付けを実施することができる。

　＊交換買付け:エクスチェンジ・オファー(exchange offer)のことである。例えば,A社が,B社の発行する株券について公開買付けを行う場合に,B社株主に対して,現金を支払う代わりに,A社株券を対価として交付することをいう。

公開買付届出書は,この書類を受理した日から当該公開買付けに係る公開買付期間の末日の翌日以後5年を経過する日までの間,公衆の縦覧に供される(27条の14第1項)。

公開買付者は,当該公開買付届出書を提出した後,直ちに当該公開買付届出書の写しを,①当該公開買付けに係る株券等の発行者に送付するとともに,②当該公開買付けに係る株券等の属性に応じて,(a)金融商品取引所や(b)認可金融商品取引業協会に対しても送付しなければならない(27条の3第4項)。

公開買付届出書を提出した公開買付者は,内閣府令で定めるところにより,当該公開買付届出書に形式上の不備があり,記載された内容が事実と相違し,またはそれに記載すべき事項もしくは誤解を生じさせないために必要な事実の記載が不十分であり,もしくは欠けていると認めたときは,訂正届出書を内閣

総理大臣に提出しなければならない（27条の8。訂正届出書の提出命令について，同条第3項・4項参照）。公開買付者は，公開買付期間中に，訂正届出書を提出する場合または訂正届出書の提出命令があった場合には，内閣府令で定める場合を除き，当該公開買付けに係る買付け等の期間を，10日間延長し，内閣府令で定めるところによりその旨を直ちに公告し，または公表しなければならない（27条の8第8項，他社株府令22条）。

（3）公開買付説明書

公開買付者は，公開買付説明書，すなわち，公開買付届出書に記載すべき事項で内閣府令で定めるものおよび公益または投資者保護のため必要かつ適当なものとして内閣府令で定める事項を記載した書類を，内閣府令で定めるところにより，作成しなければならない（27条の9第1項，他社株府令24条）。公開買付者は，公開買付けによる株券等の買付け等を行う場合には，情報を直接開示する観点から，当該株券等の売付け等を行おうとする者に対し，あらかじめまたは同時に，公開買付説明書を交付しなければならない（他社株府令24条4項）。

（4）意見表明報告書・対質問回答報告書

公開買付けに係る株券等の発行者（対象者）は，内閣府令で定めるところにより，公開買付開始公告が行われた日から10日以内に（令13条の2第1項），意見表明報告書を，内閣総理大臣に提出しなければならない（27条の10第1項，他社株府令25条）。意見表明報告書の提出を通じて，公開買付けにおける投資判断に必要な情報を，投資者に提供させる趣旨である。意見表明報告書は発行者の当該公開買付けに関する意見その他の内閣府令で定める事項を記載した書類であり，①「当該公開買付けに関する意見の内容，根拠および理由」，②「会社の支配に関する基本方針に係る対応方針」，③「公開買付者に対する質問」，④「公開買付期間の延長請求」などを記載する（他社株府令25条・第四号様式）。意見表明報告書は，公衆縦覧に供される（27条の14第1項）。

また，発行者（対象者）は，意見表明報告書提出後，直ちに当該意見表明報告書の写しを当該公開買付けに係る公開買付者や株券等が上場されている金融商品取引所等に送付する必要がある（27条の10第9項）。自己に対する質問が記載された意見表明報告書の写しの送付を受けた公開買付者は，当該意見表明報告書の写しの送付を受けた公開買付者は，当該送付を受けた日から5日以内に（令13条の2第2項），当該質問に対する回答（当該質問に対して回答する必

要がないと認めた場合には，その理由）その他の内閣府令で定める事項を記載した書類，すなわち，対質問回答報告書を内閣総理大臣に提出しなければならない（27条の10第11項，他社株府令25条3項4項・第八号様式）。

（5）公開買付けの結果の公表・公開買付報告書

公開買付者は，公開買付期間の末日の翌日に，当該公開買付けに係る応募株券等の数その他の内閣府令で定める事項を公告し，または公表しなければならない（27条の13第1項）。これが，「公開買付けの結果の公表」と総称されるものである。上記の公告または公表を行った公開買付者は，当該公告または公表を行った日に，公開買付けの内容および買付け等の結果を記載した書類，すなわち，公開買付報告書を内閣総理大臣に提出しなければならない（27条の13第2項，他社株府令31条・第六号様式）。公開買付報告書は，書類を受理した日から当該公開買付けに係る公開買付期間の末日の翌日以後5年を経過する日までの間，公衆縦覧に供される（27条の14第1項）。

5 公開買付けにおける実体的規制

公開買付けにおいては，開示規制のみならず，実体的規制も用意されている。公開買付けは附合契約的な性質を有するため，開示規制のみでは，公開買付者と投資家間や投資者間の実質的平等性の確保を図ることができないからである。

（1）買付条件の均一性

株主の平等性確保の観点から，公開買付けにおいて，買付価格や，有価証券その他金銭以外のものをもって買付け等の対価とする場合における交換比率は，すべての応募株主等について，均一の条件によらなければならない（27条の2第3項，令8条2項・3項）。

（2）別途買付けの禁止

株主の平等性確保等の観点から，公開買付者は，別途買付けが禁止されている。すなわち，公開買付者等は，公開買付期間中においては，公開買付けによらないで当該公開買付けに係る株券等の発行者の株券等の買付け等を行ってはならない（27条の5）。

（3）買付期間

株主に熟慮する期間を与えるなどの趣旨から，公開買付けによる株券等の買付け等は，政令で定める期間の範囲内で買付け等の期間を定めて，行わなければならない（27条の2第2項）。政令で定める期間とは，公開買付開始公告を

行った日から起算して20日以上で60日以内とされる（令8条1項）。公開買付期間とは、公開買付開始公告を行った日から公開買付けによる買付け等の期間の末日までをいう（27条の5括弧書）。当該期間を延長した場合には、延長した期間も含まれる（27条の5括弧書）。

（4）公開買付けの撤回等

相場操縦*の弊害防止等の観点から、公開買付者は、原則として、公開買付開始公告をした後においては、公開買付けに係る申込みの撤回および契約の解除（公開買付けの撤回等）を行うことができない（27条の11第1項本文。例外について、同条但書参照）。

＊相場操縦：有価証券の価格を人為的に操作することを総称する。

（5）応募株主等の解除権

公開買付けの附合契約性を修正する観点から、応募株主等は、公開買付期間中においては、いつでも、当該公開買付けに係る契約の解除をすることができる（27条の12第1項）。

応募株主等による契約の解除があった場合においては、公開買付者は、当該契約の解除に伴う損害賠償または違約金の支払を請求することができない（27条の12第3項前段）。また、応募株主等が公開買付けに応じて売付け等をした株券等（応募株券等）を金融商品取引業者または銀行等に管理させているときは、その返還に要する費用は、公開買付者の負担とされる（27条の12第3項後段）。

（6）買付けおよび決済の方法

公開買付者は、原則として、応募株券等（27条の12第3項括弧書）の全部を取得しなければならない（27条の13第4項）。

例外は、①公開買付けの撤回等を行う場合（27条の13第4項括弧書）、②応募株券等の数の合計が買付予定の株券等の数の全部またはその一部として、あらかじめ公開買付開始公告および公開買付届出書において記載された数に満たないときは、応募株券等の全部の買付け等をしないという条件をあらかじめ公開買付開始公告および公開買付届出書に付した場合（27条の13第4項第1号）、③応募株券等の数の合計が買付予定の株券等の数を超えるときは、その超える部分の全部または一部の買付け等をしないという条件をあらかじめ公開買付開始公告および公開買付届出書に付した場合（27条の13第4項第2号；部分的公

開買付け）である。

　公開買付けによる株券等の買付け等を行う場合には，株券等の管理，買付け等の代金の支払などの事務については，第一種金融商品取引業者または銀行等（銀行，協同組織金融機関その他政令で定める金融機関をいう）に行わせなければならない（27条の2第4項）。

　買付け等の期間が終了したときは，遅滞なく，買付け等をする株券等の数その他の内閣府令で定める事項を記載した買付け等に関する通知書を応募株主等に送付しなけばならない（27条の2第5項，令8条5項1号）。

（7）全部買付義務・全部勧誘義務

　前述のように，応募株券等の数の合計が買付予定の株券等の数を超えるときは，その超える部分の全部または一部の買付け等をしないという条件をあらかじめ公開買付開始公告および公開買付届出書に付した場合には，部分的公開買付けができる。しかし，公開買付けの結果，公開買付者の株券等所有割合が3分の2以上になる場合には，公開買付者は応募があった株式全部を取得しなければならない（27条の13第4項括弧書，令14条の2の2：全部買付義務）。また，上記の場合に，異なる種類株式が存在しているときは，原則として，すべての種類株式を対象として公開買付けを行わなければならない（27条の2第5項，令8条5項3号：全部勧誘義務）。

　公開買付終了後，当該公開買付けに応募したにもかかわらず取得されなかった株式を保有する零細株主は，流通する株式が減少することにより，保有する株式が上場廃止となり処分が困難になるなど，著しく不安定な立場に陥ることから，零細株主として残留する投資者を保護するために全部買付義務や全部勧誘義務を導入したのである。

6　内閣総理大臣の監督権限
（1）報告の徴取および検査権限

　内閣総理大臣には，公開買付者等に対する報告の徴取および検査権限がある。すなわち，内閣総理大臣は，公益または投資者保護のため必要かつ適当であると認めるときは，公開買付者もしくは公開買付けによって株券等の買付け等を行うべきであると認められる者もしくはこれらの特別関係者その他の関係者もしくは参考人に対し参考となるべき報告もしくは資料の提出を命じ，または当該職員（内閣総理大臣の帳簿書類等検査権限は，金融庁長官に委任されている（194

条の7第1項)。そして，金融庁長官の帳簿書類等検査権限は，原則として，証券取引等監視委員会へ委任されている（令38条の2)。）をしてその者の帳簿書類その他の物件を検査させることができる（27条の22第1項)。

(2) 訂正公告等

内閣総理大臣は，公開買付開始公告の内容について訂正をする必要があると認めるときは，当該公開買付開始公告を行った公開買付者に対し，期限を指定して，内閣府令で定めるところにより，その訂正の内容を公告し，または公表することを命ずることができる（27条の7第2項)。訂正届出書等の提出命令がなされた場合には，当該処分に係る縦覧書類について，その全部または一部を公衆の縦覧に供しないものとすることができる（27条の14第5項)。上記のように公衆縦覧を停止した場合には，当該縦覧書類の写しを公衆の縦覧に供する提出者および金融商品取引所または認可金融商品取引業協会に，当該縦覧書類の全部または一部を公衆の縦覧に供しないこととした旨が通知される（27条の14第6項)。この通知により，提出者および金融商品取引所・認可金融商品取引業協会は，当該写しの公衆縦覧を停止することができる（27条の14第7項)。

7　公開買付けに関する責任

(1) 民事責任

公開買付けに関する民事責任は，以下のような類型がある。これらの損害賠償請求権は，①請求権者が当該違反等を知った時または相当な注意をもって知ることができる時から1年間，②当該公開買付けに係る公開買付期間の末日の翌日から起算して5年間，当該請求権を行使しないときに消滅する（27条の21第1項・2項)。法律関係の早期確定を図る趣旨である。なお，下記のような損害賠償責任が発生しても，公開買付けの効果に影響はない。

(ア) 公開買付届出書提出前の勧誘行為に基づく損害賠償責任

公開買付届出書提出前に買付け等の申込などを行った者は，当該公開買付けに応じて当該株券等の売付け等をした者に対して，当該違反行為に因り生じた損害を賠償する責任を負う（27条の16による16条の準用)。

(イ) 別途買付けの禁止違反に基づく損害賠償責任

別途買付けの禁止に違反して株券等の買付け等をした公開買付者等は，当該公開買付けに応じて株券等の売付け等をした者に対し，損害賠償の責任を負

う（27条の17第1項）。この場合における「賠償の責めに任ずべき額」は，同項の買付け等を行った際に公開買付者等が支払った価格から公開買付価格を控除した金額に前項の規定による請求権者の応募株券等の数を乗じた額とされる（同条2項）。

（ウ）不公正な決済に基づく損害賠償責任

買付けの平等性を規定する27条の13第4項に違反して公開買付けによる株券等の買付け等に係る受渡しその他の決済を行った公開買付者は，当該公開買付けに応じて株券等の売付け等をした者に対し，損害賠償の責任を負う（27条の18第1項）。「賠償の責めに任ずべき額」は，法定されている（同条2項参照）。

（エ）虚偽記載等のある公開買付説明書の使用者の損害賠償責任

重要な事項について虚偽の記載があり，または表示すべき重要な事項もしくは誤解を生じさせないために必要な重要な事実の表示が欠けている公開買付説明書その他の表示を使用して株券等の売付け等をさせた者は，当該公開買付けに応じて株券等の売付け等をした者が受けた損害を賠償する責任を負う（27条の19）。

（オ）虚偽記載等のある公開買付開始公告等に基づく損害賠償責任

重要な事項について虚偽の記載があり，または表示すべき重要な事項もしくは誤解を生じさせないために必要な重要な事実の表示が欠けている①公開買付開始公告，②公開買付届出書，③公開買付説明書，④対質問回答報告書については，上記①の公告を行った者，上記②の提出者，上記③の作成者，上記④の提出者は，当該公開買付けに応じて当該株券等の売付け等をした者に対して，当該行為によって生じた損害の賠償責任を負う（27条の20による18条の準用）。

（2）刑事責任

公開買付けに関する刑事責任については，次のような類型がある。公開買付開始公告などに，重要な事項につき虚偽の表示をした者は，10年以下の懲役もしくは1,000万円以下の罰金に処され，またはこれを併科される（197条1項2号）。公開買付開始公告を行わない者や公開買付届出書を提出しない者は，5年以下の懲役もしくは500万円以下の罰金に処され，またはこれを併科される（197条の2第4号・5号）。両罰規定もある（207条1項1号・2号）。

（3）課徴金

公開買付けに関する課徴金納付命令の類型は3つある。すなわち，①公開買付開始公告を行わないで株券等の買付け等をした者に対する課徴金納付命令

(172条の5)，②虚偽表示のある公開買付開始公告を行った者や虚偽表示のある公開買付届出書等を提出した者に対する課徴金納付命令（172条の6第1項），③公開買付訂正届出書等を提出しない者に対する課徴金納付命令（172条の6第2項）である。上記①の課徴金の額は，当該公開買付開始公告を行わないでした株券等または上場株券等の買付け等の価格に当該買付け等の数量を乗じて得た額に，100分の25を乗じた額である（172条の5）。また，上記②と③の課徴金の額は，当該公開買付開始公告等または公開買付届出書等に係る公開買付けについて公開買付開始公告を行った日の前日における当該公開買付けに係る株券等または上場株券等の最終の価格（67条の19，130条）に，当該公開買付けにより買付け等を行った当該株券等または上場株券等の数を乗じて得た額に，100分の25を乗じた額である（172条の6第1項）。

第5節　株券等の大量保有の状況に関する開示

1　意　義

　大量保有報告制度の骨子は，①金融商品取引所に上場されている株式などの「株券等保有割合」が100分の5を超えて保有する者（大量保有者）に大量保有報告書を提出させて，その保有目的やその状況を開示させること（27条の23第1項），②上記①の後に，大量保有者の「株券等保有割合」が100分の1以上増減した場合に変更報告書を提出させて，保有状況の変動を開示させること（27条の25第1項）にある。

　上場されている株式などの保有割合が一定数を超えると会社支配関係や市場の需給関係に影響を与える可能性があることから，大量保有報告制度の趣旨は，投資者に投資判断に関する情報を提供することに求められている。また，副次的に，発行者に対して大量保有者に関する情報を提供する機能もある。

2　対象有価証券

　大量保有者は，大量保有報告書を提出しなければならない。規制の趣旨から，対象となる有価証券には，会社支配権に関連するものとなる。すなわち，議決権のある株式はもちろん，将来における権利行使により議決権株式を取得できる新株予約権のように将来議決権が発生する可能性のある有価証券（潜在株式）を含める必要がある。

「株券等保有割合」の算定の基礎となるのが,「株券等」(27条の23第1項括弧書)である。本条の「株券等」とは,「株券関連有価証券*」で金融商品取引所に上場されているものの発行者である法人が発行者である「対象有価証券」である (27条の23第1項・2項)。

> *株券関連有価証券：株券,新株予約権付社債券その他の政令で定める有価証券である(27条の23第1項)。大量保有報告書は発行者に対する議決権に関する状況を開示する制度であるから,議決権に関連する有価証券を指す。

「株券等」(27条の23第1項)という概念を定めた趣旨は,「金融商品取引所に上場されている議決権に関連する有価証券」(例：議決権のある株式)を発行する法人が,「議決権に関連する有価証券」(例：新株予約権付社債券)を発行している場合には,新株予約権付社債券が金融商品取引所に上場されていなくても,新株予約権を行使して金融商品取引所に上場されている議決権のある株式を取得することができることから,当該株式を発行する法人の支配権を取得することも可能であるため,上場されていない新株予約権付社債券や対象有価証券に係る権利を表示するものとして政令で定めるものなども「対象有価証券」と位置付け,「株券等保有割合」の算定の基礎となる「株券等」という概念で包摂し,大量保有報告制度における開示の対象としたものである。

3 株券等保有割合

ある株券等について,その「株券等保有割合」が100分の5を超えて保有する者は大量保有者となり,大量保有者となった日から5日以内に,内閣総理大臣に大量保有報告書を提出しなければならない(27条の23第1項)。その趣旨は,形式的に株券を所有している者を開示することではなく,当該株券に係る投資判断や株主権の行使について意思決定をなし得る者を開示することにある。「100分の5」という基準は,会社の支配関係や市場の需給に影響を与える影響を勘案して設定された数値である。

「株券等保有割合」(27条の23第4項)を概括的に説明すれば,発行済株式総数に保有する潜在株式を加算した数を分母とし,保有株券等の総数を分子として計算される(大量保有府令・第一号様式参照)。「株券等保有割合」は,開示の迅速性確保の観点から,公開買付けにおける「株券等所有割合」(27条の2第8項)と異なり,議決権の数ではなく,株券等の数を基準とする(27条の23第4項)。

大量保有報告制度には,一般報告と特例報告がある。本章では,まず,一般

報告を概観した後，特別報告の特徴を説明することとする。

4 一般報告

(1) 大量保有者

上記のように，ある株券等について，その「株券等保有割合」が100分の5を超えて保有する者は大量保有者となる。この「保有者」という概念は，保有者名義という形式を基準とするものではなく，当該株式に関する権利行使について意思決定権限を有するものを捉える実質的な概念である。保有者は，自己または他人（仮設人を含む）の名義をもって株券等を所有する者等（27条の23第3項，令14条の6）である。

(2) 共同保有者

「株券等保有割合」を算定する上で分子となる「保有株券等の総数」には，当該発行者が発行する株券等に係る共同保有者の保有株券等の数も加算される（27条の23第4項）。「共同保有者」という概念は，共同取得の合意の有無を基準に，「実質共同保有者」と「みなし共同保有者」とに分けられる。

「実質共同保有者」とは，株券等の保有者が，当該株券等の発行者が発行する株券等の他の保有者と共同して当該株券等を取得し，もしくは譲渡し，または当該発行者の株主としての議決権その他の権利を行使することを合意している場合における当該他の保有者をいう（27条の23第5項）。

「みなし共同保有者」とは，株券等の保有者と当該株券等の発行者が発行する株券等の他の保有者が，株式の所有関係，親族関係その他の政令で定める特別の関係にある場合において，当該保有者に係る共同保有者（27条の23第4項）とみなされる当該他の保有者である（27条の23第6項本文）。これは，一定の関係性に着目した概念である。

(3) 大量保有報告書

(ア) 大量保有報告書の提出

ある株券等の保有者で当該株券等に係るその株券等保有割合が100分の5を超えるもの（大量保有者）は，内閣府令で定めるところにより，株券等保有割合に関する事項，取得資金に関する事項，保有の目的その他の内閣府令で定める事項を記載した報告書（以下「大量保有報告書」という）を大量保有者となった日から5日以内に，内閣総理大臣に提出しなければならない（27条の23第1項本文）。ただし，保有株券等の総数に増加がない場合等においては，上記

の報告義務は生じない（27条の23第1項但書，大量保有府令3条）。

　（イ）大量保有報告書の内容

　大量保有報告書には，「株券等保有割合に関する事項，取得資金に関する事項，保有の目的その他の内閣府令で定める事項」について記載する（27条の23第1項本文，大量保有府令2条，第一号様式）。

　（ウ）株券保有状況通知書

　投資一任契約その他の契約または法律の規定に基づき，株券等に投資をするのに必要な権限を有する者（27条の23第3項2号）は，当該株券等の発行者の株主としての議決権その他の権利を行使することができる権限または当該議決権その他の権利の行使について指図を行うことができる権限を有する顧客に対して，内閣府令で定めるところにより，毎月1回以上，当該株券等の保有状況について説明した通知書を作成し，交付しなければならない（27条の24）。

　（エ）変更報告書

① 提出事由

　大量保有報告書を提出すべき者は，大量保有者となった日の後に，株券等保有割合が100分の1以上増加しまたは減少した場合等は，内閣府令で定めるところにより，その日から5日以内に，当該変更に係る事項に関する報告書（変更報告書）を内閣総理大臣に提出しなければならない（27条の25第1項本文）。変更報告書の提出事由は，(a) 株券等保有割合が100分の1以上増減した場合と (b) 重要な開示事項に変更が生じた場合に大別される。

(a) 株券等保有割合が100分の1以上増減した場合において，変更報告書の提出義務は，原則として，大量保有報告書を提出した後に，大量保有者の株券等保有割合が100分の1以上増減した場合に生じる（27条の25第1項。例外として，同項本文括弧書，同項但書を参照）。その趣旨は，保有状況の変動を開示させることにある。

(b) 重要な開示事項に変更が生じた場合において，株券等保有割合が100分の1以上増減していない場合でも，大量保有報告書に記載すべき重要な事項の変更として政令で定めるものがあった場合には，原則として，変更報告書の提出が必要になる（27条の25第2項・令14条の7の2）。

② 記載内容

　変更報告書の記載内容は，内閣府令により定められている（27条の25第1項，大量保有府令8条・第一号様式）。株券等保有割合が減少したことにより変更報

告書を提出する者は，短期間に大量の株券等を譲渡したものとして政令で定める基準に該当する場合においては，内閣府令で定めるところにより，譲渡の相手方および対価に関する事項についても当該変更報告書に記載しなければならない（27条の25第2項）。

なお，大量保有報告書または変更報告書を提出した者は，これらの書類に記載された内容が事実と相違し，または記載すべき重要な事項もしくは誤解を生じさせないために必要な重要な事実の記載が不十分であり，もしくは欠けていると認めるときは，訂正報告書を内閣総理大臣に提出しなければならない（27条の25第3項）。

(オ) 訂正報告書

本条は，訂正事由を提出者が認めた場合における訂正報告書提出義務を定めるものである。

他方，内閣総理大臣は，①大量保有報告書および変更報告書に形式上の不備があり，またはその書類に記載すべき重要な事項の記載が不十分であると認めるとき，②重要な事項について虚偽の記載があり，または記載すべき重要な事項もしくは誤解を生じさせないために必要な重要な事実の記載が欠けていることを発見したときは，提出者に対し，訂正報告書の提出を命ずることができる（27条の29）。本条は，訂正報告書提出命令をなす権限を定めたものである。いずれも，大量保有報告書・変更報告書の正確性を確保する趣旨である。

5 特例報告

(1) 意 義

機関投資家は，日常の営業活動として反復継続的に株券等の売買を行っていることから，取引の都度に，大量保有に係る詳細な開示を求めた場合には，その事務負担が過大となるおそれがある。そこで，特例報告では，「基準日」（27条の26第3項）という概念を基に，大量保有報告書・変更報告書の提出期限や提出頻度等を一定程度緩和している。

特例報告制度の基準日とは，政令で定めるところにより毎月2回以上設けられる日の組合せのうちから特例対象株券等の保有者が内閣府令で定めるところにより内閣総理大臣に届出をした日をいう（27条の26第3項，令14条の8の2第2項）。

特例報告制度の骨子は，①特例対象株券等（27条の26第1項括弧書）につ

いて大量保有報告書を提出する場合には、株券等保有割合が初めて100分の5を超えることとなった基準日における当該株券等の保有状況に関する事項を記載した大量保有報告書を、当該基準日から5日以内に、内閣総理大臣に提出すること（27条の26第1項）、②大量保有報告書の提出に係る基準日（例：1月15日）後の基準日（例：1月31日）における株券等保有割合が当該大量保有報告書に記載された株券等保有割合より100分の1以上増減した等の事由で、特例対象株券等について変更報告書を提出する場合には、当該後の基準日（例：1月31日）から5日以内に、内閣総理大臣に提出すること（27条の26第2項）である。

（2）特例報告制度を利用できる者

特例報告制度を利用できる者は、(a) 金融商品取引業者や銀行その他の内閣府令で定める者と (b) 国や地方公共団体その他の内閣府令で定める者に大別される。上記 (a) に該当するのは、第一種金融商品取引業または投資運用業を行う金融商品取引業者や銀行等である（27条の26第1項、大量保有府令11条：主体の制限）。これらの者が、①重要提案行為等*を行うことを保有の目的としないこと（27条の26第1項、令14条の8の2第1項：保有目的の制限）、②株券等保有割合が100分の10を超えないこと（27条の26第1項、大量保有府令12条：保有割合の制限）、③金融商品取引業者等（大量保有府令11条4号）に金融商品取引業者等でない共同保有者がいる場合において、当該共同保有者に金融商品取引業者等である共同保有者がいないものとみなして計算した当該共同保有者の株券等保有割合が100分の1を超えないこと（27条の26第1項、大量保有府令13条：保有状況の制限）の要件を満たした場合のみ、特例報告制度を利用することができる。

　＊重要提案行為等：金融商品取引業者、銀行その他の内閣府令で定める者が保有する株券等で当該株券等の発行者の事業活動に重大な変更を加え、または重大な影響を及ぼす行為として政令で定めるものをいう（27条の26第1項）。例えば、発行者の株主総会に対して、当該発行者を当事会社とする合併を提案する行為が挙げられる（施行令14条の8の2第1項）。

（3）特例報告制度の概要

（ア）大量保有報告書の特例報告制度

特例報告による大量保有報告書は、株券等保有割合が初めて100分の5を超えることとなった基準日から5日以内に内閣総理大臣に提出しなければならな

い（27条の26第1項）。記載内容は，一般報告による大量保有報告書と異なり，簡略化されている（大量保有府令15条・第三号様式）。

（イ）変更報告書の特例報告制度

　特例報告による変更報告書は，大量保有報告書の提出に係る基準日後の基準日における株券等保有割合が当該大量保有報告書に記載された株券等保有割合より100分の1以上増減した場合や当該大量保有報告書に記載すべき重要な事項の変更として政令で定めるものがあった場合等において提出しなければならない（27条の26第2項，令14条の7の2，大量保有府令17条。例外について，27条の26第5項）。大量保有報告書の提出に係る基準日後の基準日における株券等保有割合が当該大量保有報告書に記載された株券等保有割合より100分の1以上増減した場合（27条の26第2項1号）を例にとると，特例報告による変更報告書を提出する場合には，当該後の基準日から5日以内に，内閣総理大臣に提出しなければならない。記載内容は，特例報告による大量保有報告書と同様に，簡略化されている（大量保有府令15条・第三号様式）。

6　開示の手続

　内閣総理大臣に提出された大量保有報告書および変更報告書ならびにこれらの訂正報告書は，受理された日から5年間，公衆縦覧に供される（27条の28第1項）。また，株券等の保有者は，大量保有報告書もしくは変更報告書またはこれらの訂正報告書を提出したときは，遅滞なく，これらの縦覧書類の写しを，①当該株券等の発行者および②金融商品取引所（店頭登録株券の場合には認可金融商品取引業協会）に送付しなければならない（27条の27）。これらの縦覧書類の写しも，その事務所に備え置き，送付を受けた日から5年間，公衆縦覧に供される（27条の28第2項）。

7　内閣総理大臣の監督権限

（1）報告の徴取および検査権限

　内閣総理大臣には，大量保有報告書の提出者等に対する報告の徴取および検査権限がある。すなわち，内閣総理大臣は，公益または投資者保護のため必要かつ適当であると認めるときは，大量保有報告書を提出した者もしくは提出すべきであると認められる者もしくはこれらの共同保有者その他の関係者もしくは参考人に対し参考となるべき報告もしくは資料の提出を命じ，または当該職

員をしてその者の帳簿書類その他の物件を検査させることができる（27条の30第1項）。また，大量保有報告書に係る株券等の発行者である会社または参考人に対しても，参考となるべき報告または資料の提出を命ずることができる（27条の30第2項）。そして，上記の報告等に関して必要があると認めるときは，公務所*または公私の団体に照会して必要な事項の報告を求めることができる（27条の30第3項）。

　＊公務所：官公庁その他公務員が職務を行う所をいう（刑法7条2項）。

（2）公衆縦覧

大量保有報告者等は公衆縦覧に供されるのが原則である（27条の28第1項・2項）。しかし，内閣総理大臣は，訂正報告書の提出命令をする場合には，当該提出命令に係る縦覧書類について，その全部または一部を公衆の縦覧に供しないものとすることができる（27条の28第4項）。上記のように公衆縦覧を停止した場合には，大量保有者および大量保有報告書等の写しを公衆の縦覧に供する金融商品取引所または認可金融商品取引業協会に，当該縦覧書類の全部または一部を公衆の縦覧に供しないこととした旨が通知される（27条の28第5項）。この通知により当該通知に係る縦覧書類の写しの公衆縦覧義務（27条の28第2項）が消滅するため，金融商品取引所・認可金融商品取引業協会は，当該写しの公衆縦覧を停止することができる（27条の28第6項）。

8　大量保有報告書に関する責任
（1）刑事責任

大量保有報告制度に関する民事責任の規定は金融商品取引法には存在しない。しかし，一定の違反行為については罰則がある。すなわち，①大量保有報告書または変更報告書を提出しない者や，②重要な事項につき虚偽の記載のある大量保有報告書，変更報告書または訂正報告書を提出した者は，5年以下の懲役もしくは500万円以下の罰金に処され，またはこれを併科される（197条の2第5号・6号）。

（2）課　徴　金

大量保有報告制度に関する課徴金納付命令の類型は，①大量保有・変更報告書を提出しない者に対する課徴金納付命令（172条の7）と，②虚偽記載のある大量保有・変更報告書等を提出した者に対する課徴金納付命令（172条の

8）である。上記①の課徴金の額は，当該提出すべき大量保有・変更報告書に係る株券等の発行者が発行する株券またはこれに準ずるものとして内閣府令で定める有価証券の当該提出すべき大量保有・変更報告書の提出期限の翌日における最終の価格（67条の19・130条）に，当該翌日における当該発行者の発行済株式の総数またはこれに準ずるものとして内閣府令で定める数を乗じて得た額に，10万分の1を乗じた額である（172条の7）。また，上記②の課徴金の額は，当該大量保有・変更報告書等に係る株券等の発行者が発行する株券またはこれに準ずるものとして内閣府令で定める有価証券の当該大量保有・変更報告書等が提出された日の翌日における最終の価格（67条の19・130条）に，当該翌日における当該発行者の発行済株式の総数またはこれに準ずるものとして内閣府令で定める数を乗じて得た額に，10万分の1を乗じた額である（172条の8）。

第6節　議決権の代理行使の勧誘の規制

1　意　義

会社法は，議決権の代理行使を認めている（会社310条1項前段）。代理行使をする場合は，代理権を証明する書面である委任状を会社に提出しなければならない（会社310条1項後段。なお，同条3項を参照）。定足数の確保のため，あるいは，委任状合戦（proxy fight）のために委任状の勧誘がなされる場合，このような勧誘が，勧誘者の利益のために悪用されるおそれがある。このようなおそれを防止するために，法は，何人も，政令で定めるところに違反して，金融商品取引所に上場されている株式の発行会社の株式につき，自己または第三者に議決権の行使を代理させることを勧誘してはならない，と定めている（194条）。

2　規制の枠組み

委任状勧誘規制の射程は，金融商品取引所の上場会社が議決権の代理行使を勧誘する行為のみを対象とする（令36条の2第1項）。規制として，①勧誘時における被勧誘者に対して参考書類を交付する義務（同条1項），②委任状用紙の様式に関する規制（同条5項，委任状勧誘府令43条），③参考書類・委任状用紙の写しの金融庁長官への提出義務（令36条の3），④虚偽記載のある書類

等による勧誘の禁止（令36条の4）がある。

　なお，当該株式の発行会社またはその役員のいずれでもない者が行う議決権の代理行使の勧誘で，被勧誘者が10人未満である場合等は，委任状勧誘規制の適用から除外される（令36条の6第1項）。

3　記載内容

　参考書類について，内閣府令では，記載事項を，勧誘者が当該株式の発行会社またはその役員である場合と勧誘者が当該株式の発行会社またはその役員以外の者である場合とで区別している。まず，勧誘者が当該株式の発行会社またはその役員である場合は，①勧誘者が当該株式の発行会社またはその役員である旨，②議案，③提案の理由，④議案につき株主総会に報告すべき調査の結果（会社384条・389条3項）があるときは，その結果の概要を記載しなければならない（委任状勧誘府令1条1項1号）。つぎに，勧誘者が当該株式の発行会社またはその役員以外の者である場合は，①議案，②勧誘者の氏名または名称および住所を記載しなければならない（委任状勧誘府令1条1項2号）。各議案の類型ごとに，個別の記載事項が定められている（委任状勧誘府令2条－40条）。

　なお，同一の株主総会に関して被勧誘者に提供する参考書類に記載すべき事項のうち，株主総会参考書類（会社301条1項）・議決権行使書面（301条1項）に記載または電磁的方法により提供されている事項は，株主総会参考書類等に記載している事項または電磁的方法により提供する事項があることを明らかにすれば，被勧誘者に対して提供する参考書類に記載する必要がない（委任状勧誘府令1条2項）。

第6章 金融商品取引業者等に対する行為規制

第1節　行為規制総論

1　顧客に対する誠実義務

　金商法36条は,「金融商品取引業者等並びにその役員及び使用人は,顧客に対して誠実かつ公正に,その業務を遂行しなければならない」と定めている。この一般的義務から,後述する最良執行義務,適合性原則や説明義務を導くことができる。もっとも,本条に違反する行為は,直接には,行政処分の対象となるのみである。

　ところで,本条は,文理上,「顧客に対して」誠実かつ公正に業務を行うことと定めており,市場の健全性の確保という視点については言及がない。しかし,法は,市場の存在を予定している。即ち,金融商品市場は,投資者の投資判断を集約する装置として位置付けられる。そして,市場と投資者とを結び付ける接点となるのが金融商品取引業者である。これらのことに鑑みると,金融商品取引業者も市場における取引の公正さを確保する役割を担うのである。そうであるなら,36条の誠実義務には,市場の健全性を図るための義務も含まれると解すべきである。したがって,本条の義務は,市場の健全性を確保する範囲内で,顧客の利益を最大限確保する義務であると解される。

2　業務の運営状況に対する規制

　金融商品取引業者等は,業務の運営の状況が,業務に関して取得した顧客に関する情報の適正な取扱いを確保するための措置を講じていないと認められる状況,その他業務の運営の状況が公益に反し,または投資者の保護に支障を生ずるおそれがあるものとして内閣府令で定める状況に該当することのないように,その業務を行わなければならない（40条2号）。金商業等府令123条は,あらかじめ顧客の注文の内容を確認することなく,頻繁に当該顧客の計算において有価証券の売買その他の取引またはデリバティブ取引等をしている状

況（同条1号）などを定めている。業務の運営状況が40条2号または金商業等府令123条各号に該当する場合は，内閣総理大臣は，その必要な限度において，金融商品取引業者等に対して，業務改善命令等を発することができる（51条・52条）。

第2節　投資勧誘に対する行為規制

　適法な投資勧誘が行われなければ，不必要な投資が行われるおそれや，投資判断自体が歪められるおそれがある。このことは，投資に対する合理的な自己決定の機会を損なうこととなり，市場の価格決定過程の公正化という要請にも反する。ここに一定の投資勧誘行為を規制する意義がある。本節では，表示を伴う投資勧誘の局面と不適切な投資勧誘の局面とを分けて論じることとする。

1　表示を伴う投資勧誘の規制
（1）広告等の規制
　広告等の媒体を通して，投資者は金融商品の情報を知ることができる。広告等の内容が不正確あるいは誤解を招くものであれば，投資者の投資判断を歪めることとなる。そこで，投資者保護の観点から，広告等について規制がなされている。規制の対象となるのは，金融商品取引業の内容について広告その他これに類似するものとして内閣府令で定める行為である（37条）。
　第1に，広告等においても正確な情報提供を義務付けるため，金融商品取引業者等は，その行う広告等に，法が定める事項を表示しなければならない。すなわち，①当該金融商品取引業者等の商号，名称または氏名，②金融商品取引業者等である旨および当該金融商品取引業者等の登録番号，③当該金融商品取引業者等の行う金融商品取引業の内容に関する事項であって，顧客の判断に影響を及ぼすこととなる重要なものとして政令で定めるものを表示しなければならない（37条1項3号，令16条，金商業等府令73条－77条）。これらの事項は，明瞭かつ正確に表示しなければならない（金商業等府令73条1項）。
　第2に，誇大広告は，投資者の投資判断を歪める。そのため，金融商品取引業者等は，広告等をするときは，金融商品取引行為を行うことによる利益の見込みその他内閣府令で定める事項について，著しく事実に相違する表示をし，または著しく人を誤認させるような表示をしてはならない（37条2項）。誇大

広告をしてはならない事項は，①金融商品取引行為を行うことによる利益の見込み（37条2項），②金融商品取引契約の解除に関する事項，③金融商品取引契約に係る損失負担または利益保証に関する事項等に関する事項である（金商業等府令78条）。

（2）虚偽告知等の禁止

金融商品取引業者等または役員もしくは使用人は，金融商品取引契約の締結またはその勧誘に関して，①顧客に対し虚偽のことを告げる行為（38条1号）や②虚偽の表示をする行為（38条8号，金商業等府令117条1項2号），③重要な事項につき誤解を生ぜしめるべき表示をする行為（金商業等府令117条1項2号）をしてはならない。虚偽の事実を告げることはもちろん，虚偽または誤解を生じさせる表示が行われれば，投資者の投資判断は歪められる。そこで，法はこれらの行為を禁止したのである。

虚偽とは，それを告げる時点で，真実でない事実である。表示にはあらゆる表現行為が含まれるが，虚偽の表示の場合のみ，虚偽告知を除くその他の表現行為となる。重要な事項につき誤解を生ぜしめるべき表示とは，重要な事項について，ある事実が欠けているため，表示された事実そのものは真実であったとしても当該表示された事実のみでは，投資者が誤解するような表示である。

虚偽告知の禁止に違反した場合の効果である。まず，金融商品取引契約の締結またはその勧誘に関して，顧客に対し虚偽のことを告げる行為（38条1号）については，罰則がある（198条の6第2号）。つぎに，虚偽の告知に基づいて締結した金融商品取引契約が，①当該契約が消費者契約（消費者契約2条3項）であること，②消費者契約の締結について勧誘するに際し，重要事項について事実と異なることを告げること，③消費者が当該消費者契約の申込またはその承諾の意思表示をしたこと，④上記②により，当該告げられた内容が事実であると誤認して上記③の行為を行ったことという要件を満たせば，当該契約を取り消すことができる（消費者契約4条1項1号）。

2　断定的判断等の提供による勧誘の禁止

金融商品取引業者等または役員もしくは使用人は，顧客に対し，不確実な事項について断定的判断を提供し，または確実であると誤解させるおそれのあることを告げて金融商品取引契約の締結の勧誘をする行為をしてはならない（38条2号）。金融商品の価格は市場で決定されるため，それを正確に予想するこ

とは不可能である。このような事実に反して、勧誘に際し、金融商品取引業者等が価格に関して断定的判断の提供等をするならば、顧客は、断定的判断等に合理的な根拠があると信じて取引を行うことにより損害を被るおそれがある。そこで、法は断定的判断の提供等を禁止したのである。本条の条文構造から、不確実な事項について「必ず」等の断定的表現を伴う情報提供が断定的判断の提供に該当すると解される。他方、断定的表現は伴わないが確実であると誤解させるおそれがある情報提供は、「確実であると誤解させるおそれのあること」を告げる行為に該当する。

　断定的判断の提供により金融商品取引が提供された場合、消費者契約4条1項2号の要件を満たすときは、断定的判断の提供により締結した金融商品取引契約を取り消すことができる。また、金融商品販売業者等が断定的判断の提供等を行い、それによって顧客が損害を被った場合は、当該業者に損害賠償義務が生じる（金販4条・5条）。この場合における損害は、元本欠損額と推定される（金販6条）。

第3節　不適切な勧誘を防止する規制

1　顧客の意思に反する勧誘の規制
（1）不招請勧誘の禁止
　金融商品取引業者等またはその役員もしくは使用人（以下、金融商品取引業者等またはその役員等とする。）は、金融商品取引契約締結の勧誘の要請をしていない顧客に対し、訪問しまたは電話をかけて、金融商品取引契約の締結の勧誘をする行為は、禁止されている（38条4号）。不招請勧誘、つまり、勧誘の要請をしていない顧客に対し、訪問や電話をして金融商品取引契約の締結の勧誘をすることを禁止する趣旨は、適合性原則の遵守をおよそ期待できない契約類型について、訪問または電話による勧誘を一律に禁じることにある。不招請勧誘禁止の対象となる金融商品取引契約は、通貨や金融指標等の店頭デリバティブ取引に限定されている（令16条の4第1項）。

（2）顧客の勧誘受諾意思確認義務
　金融商品取引業者等またはその役員等は、金融商品取引契約の締結につき、その勧誘に先立って、顧客に対し、その勧誘を受ける意思の有無を確認することをしないで勧誘をする行為を禁止されている（38条5号）。顧客に対する勧

誘受諾意思の確認後，当該顧客が勧誘を拒絶した場合，その後の勧誘は，後述する再勧誘の禁止に抵触する。つまり，勧誘受諾意思確認義務違反の勧誘禁止は，再勧誘禁止の実効性を確保するための制度である。勧誘受諾意思確認義務の対象となる金融商品取引契約は，不招請勧誘の対象となる金融商品取引契約よりも広く，市場デリバティブ取引やこれに類似する外国市場デリバティブ取引も含まれる（令16条の4第2項）。

（3）再勧誘の禁止

金融商品取引業者等またはその役員等は，金融商品取引契約の締結の勧誘を受けた顧客が①当該金融商品取引契約を締結しない旨の意思や②当該勧誘を引き続き受けることを希望しない旨の意思を表示したにもかかわらず，当該勧誘を継続する行為を禁止されている（38条6号）。再勧誘の禁止の対象となる金融商品取引契約は，不招請勧誘の対象となる金融商品取引契約よりも広く，市場デリバティブ取引やこれに類似する外国市場デリバティブ取引も含まれる（令16条の4第2項）。

2 適合性原則

金商法40条1号は，適合性原則について定めている。それによれば，金融商品取引業者等は，業務の運営の状況が，「金融商品取引行為について，顧客の知識，経験，財産の状況及び金融商品取引契約を締結する目的に照らして不適当と認められる勧誘を行つて投資者の保護に欠けることとなつており，又は欠けることとなるおそれがあること」に該当することのないように，その業務を行わなければならないとする。適合性原則は，狭義と広義の二義に分かれる。狭義の適合性原則とは，ある特定の投資者に対してはどんなに説明を尽くしても一定の金融商品の勧誘・販売を行ってはならない，という原則である。他方，広義の適合性原則は，金融商品取引業者等が投資者の知識・経験，財産力，投資目的に適合した形で勧誘・販売を行わなければならない，という原則である。

ところで，金融商品取引業者等が，ある金融商品がある顧客に適合するか否かを判断するためには，①当該金融商品の特性と②当該顧客の知識，経験，財産の状況および投資目的を，判断主体である金融商品取引業者等が熟知している必要がある。まず，ある金融商品を顧客に推奨する前の段階において，当該金融商品に対する調査を行い客観的な根拠に基づいて推奨できるように，当該金融商品を熟知する義務（金融商品熟知義務）が金融商品取引業者等に生じ

る。説明義務を尽くすためには、当該金融商品を調査してその特性を知る必要があるからである。つぎに、ある顧客に対して当該金融商品を推奨する前段階において、当該顧客の知識、経験、財産の状況および投資目的を熟知する義務（顧客熟知義務）が金融商品取引業者等に生じる。とりわけ、金商法40条1号は、適合性原則の考慮要素として、「金融商品取引契約を締結する目的」を追加している。当該勧誘の対象となる金融商品が当該投資者の投資目的に合致していることは、当該金融商品の適合性を判断する上で重要な要素となる。換言すると、金融商品取引業者は投資者たる顧客の投資目的を熟知しなければ、当該金融商品の適合性を判断することができないのである。ある金融商品が当該顧客に適合しない場合、当該商品の勧誘を行うことはできない（狭義の適合性原則）。

また、ある顧客について、狭義の適合性原則を満たした金融商品であっても、その取引量が適切であるのか、顧客の属性に照らして、理解できる程度・方法により説明されているのか、という観点から、広義の適合性原則の要請を満たす必要がある。

適合性原則に違反する行為は、行政処分の対象となる。また、適合性原則は、説明義務の前提となる。

3　説明義務

金商法は、契約締結前の書面交付義務の形で説明義務を明文化した。また、民法上の不法行為責任の特則を定める金融商品販売法も改正され、民事上の説明義務の内容が拡充された。

（1）契約締結前の書面交付義務

金融商品取引業者等は、金融商品取引契約を締結しようとするときは、内閣府令で定めるところにより、あらかじめ、顧客に対し、法定の事項を記載した書面を交付しなければならない（37条の3第1項）。なお、書面に記載すべき事項を、電子情報処理組織を使用する方法等によって提供することも可能である（同条2項。このような場合も含めて、以下では「書面交付」という文言を使用する）。例外として、投資者の保護に支障を生ずることがない場合として内閣府令で定める場合は、契約締結前交付書面の交付義務が免除される（37条の3第1項但書、金商業等府令80条）。この規定は、説明義務履行の一環として、契約締結前に法定の書面を交付することを金融商品取引業者等に義務づけるものである。37条の3第1項が定める書面に記載すべき事項とは、①当該金融商

品取引業者等の商号、名称または氏名および住所、②金融商品取引業者等である旨および当該金融商品取引業者等の登録番号、③当該金融商品取引契約の概要等である。

なお、書面を形式的に交付することのみによって、説明義務を履行したことにはならない。書面の交付に際して、顧客の知識、経験、財産の状況および当該契約を締結する目的に照らして、当該顧客に理解されるために必要な方法および程度による説明をしなければならない（38条8号・金商業等府令117条1項1号イを参照）。この点は、広義の適合性原則が説明義務履行の局面で顕在化したものと評価することができる。

（2）第2項有価証券に関する特例

金融商品取引業者等は、2条2項の規定により有価証券とみなされる同項各号に掲げる権利に係る金融商品取引契約の締結の勧誘を行う場合には、あらかじめ、当該金融商品取引契約に係る契約締結前交付書面（37条の3第1項）の内容を内閣総理大臣に届け出なければならない（37条の3第3項）。本項の勧誘は、募集もしくは売出しまたは募集もしくは売出しの取扱いであって、政令で定めるものに限定される。金商法施行令16条の2は、当該勧誘に応ずることにより、500名以上の者が当該勧誘に係る金融商品取引契約を締結することとなるものに限定している。

37条の3第3項の趣旨は、「主として有価証券に対する投資を行う事業（3条3号イ）」に該当しないファンドに届出義務を課すものである。みなし有価証券（2条2項）には、原則として開示規制は適用されず（3条3号）、本条1項の書面交付義務を通じて投資者に情報が提供されることとなる。この例外として、「主として有価証券に対する投資を行う事業」を行うファンドには開示規制が及ぶ（3条3号）。そこで、開示規制による届出が及ばない間隙を埋めるために、37条の3第3項は本条1項に基づいて交付する書面の内容について届出を義務付けたのである。

（3）契約締結時等の書面交付義務等

金融商品取引業者等は、金融商品取引契約が成立したとき等において、遅滞なく、契約締結時交付書面を作成し、これを顧客に交付しなければならない（37条の4第1項本文）。書面に記載すべき事項を、電子情報処理組織を使用する方法等によって提供することも可能である（同条2項。このような場合も含めて、以下では「書面交付」という文言を使用する）。

例外として，累積投資契約*による有価証券の買付け等の場合で，顧客に対して当該取引契約の内容を記載した書面を定期的に交付し，かつ，当該顧客からの個別取引に関する照会に速やかに回答できる体制が整備されているときのように，当該書面を交付しなくても公益または投資者保護に支障がないと認められる場合には，この書面交付義務は適用されない（37条の4第1項但書，金商業等府令110条）。

> *累積投資契約：金融商品取引業者（有価証券等管理業務を行う者に限る。）が顧客から金銭を預かり，当該金銭を対価としてあらかじめ定めた期日において当該顧客に有価証券を継続的に売付ける契約をいう（35条1項7号）。つまり，顧客は，株式累積投資のように，定期的に一定金額を証券会社に預けることによって，少額の資金による株式投資を行うことが可能となる。

（4）書面による解除

金融商品取引業者等と金融商品取引契約を締結した顧客は，内閣府令で定める場合を除き，契約締結時交付書面（37条の4第1項）を受領した日から起算して政令で定める日数を経過するまでの間，書面により当該金融商品取引契約の解除を行うことができる（37条の6第1項）。本項の対象となる金融商品取引契約は，投資顧問契約に限定される（令16条の3第1項）。解除を行うことができる期間は，契約締結時交付書面を受領した日から起算して10日間である（令16条の3第2項）。金融商品取引契約の解除は，当該金融商品取引契約の解除を行う旨の書面を発した時に，その効力が生じる（37条の6第2項）。金融商品取引業者等は，37条の6第1項による解除があった場合には，当該金融商品取引契約の解除までの期間に相当する手数料，報酬その他の当該金融商品取引契約に関して顧客が支払うべき対価の額として内閣府令で定める金額を超えて当該金融商品取引契約の解除に伴う損害賠償または違約金の支払を請求することができない（37条の6第3項，金商業等府令115条）。金融商品取引業者等は，本条による解除があった場合において，当該金融商品取引契約に係る対価の前払を受けているときは，当該対価から金商業等府令115条で定める金額を控除した額を顧客に返還しなければならない（37条の6第4項）。なお，37条の6第1項ないし4項に反する特約で顧客に不利なものは，無効となる（37条の6第5項）。

（5）金融商品販売法の説明義務

金商法における「金融商品」概念と金融商品販売法（以下，金販法とする）における「金融商品の販売」概念とは異なる。しかし，金販法は損害賠償請求

という局面で金商法における投資者保護を補完する機能を有する。そこで，金商法の説明義務との関係で，金販法上の説明義務がどのように位置付けられるのか，という視点から，金販法の説明義務を概観することとする。

金販法は，金融商品販売業者等*（金販2条3項）の説明義務を定めている（金販3条1項）。この説明義務は，当該金融商品の販売等（金販2条1項・2項）に係る金融商品の販売が行われるまでの間に，顧客（金販2条4項）に対して重要事項を説明することを，金融商品販売業者等に義務付けるものである。重要事項は，損失の点に着目すると，元本欠損が生じるおそれ（金販3条1項1号・3号・5号），当初元本を上回る損失が生じるおそれ（同項2号・4号・6号）とに大別される。「当初元本を上回る損失が生じるおそれ」を，元本欠損と区別して規定した趣旨は，顧客にとって，元本を超える損失が発生するか否かは当該金融商品を購入するか否かを判断するメルクマールになるからである。また，「当該金融商品の販売に係る取引の仕組みのうち重要な部分」も説明しなければならない（同項1号～6号ハ）。

　＊金融商品販売業者等：金融商品の販売等を業として行う者をいう（金販2条3項）。「金融商品の販売等」とは，金融商品の販売又はその代理若しくは媒介（顧客のために行われるものを含む。）をいう（金販2条2項）。

この重要事項に関する説明をしなかったときは，これにより生じた当該顧客の損害を賠償する責任が生じる（金販5条）。そして，元本欠損額（金販6条2項）は，当該金融商品販売業者等が重要事項を説明しなかったことによって当該顧客に生じた損害の額と推定される（金販6条1項）。

上記の説明義務の履行行為である説明は，顧客の知識，経験，財産の状況および当該金融商品の販売に係る契約を締結する目的に照らして，当該顧客に理解されるために必要な方法および程度によるものでなければならない（金販3条2項）。広義の適合性原則が説明義務の履行方法とその程度において織り込まれたものである。理解されるために必要な方法および程度の基準は，文理上，一般的な顧客ではなく，当該顧客と解される。もっとも，同項は「当該顧客に理解されるために必要な方法及び程度」と規定しているから，現実に当該顧客に理解されたことまでは求めていない。金商法上の適合性原則の場合と同様に，顧客の属性を熟知した上で，当該顧客と同様の属性を有する投資者であれば理解される方法および程度の説明を行う必要があると解する。

上記の説明義務が適用されない場合が2つある。すなわち，①顧客が特定顧

客である場合と②重要事項について説明を要しない旨の顧客の意思の表明があった場合である（金販3条7項）。

上記①の特定顧客（金販3条7項1号）の範囲は政令によって定められる。政令によれば，特定顧客とは，金融商品販売業者等または特定投資家（2条31項）である（金販令10条1項）。上記特定投資家には，特定投資家に移行することを選択した一般投資家を含み，一般投資家に移行することを選択した特定投資家を含まない（金販令10条2項）。

上記②は，顧客が当該金融商品の重要事項を十分認識している場合には説明がなくとも顧客の保護という要請は害されず，このような場合にまで説明を義務づけることは円滑な取引を妨げるという理由から，説明を要しない旨の顧客による意思表明があった場合には，説明義務の適用除外としたものである。

第4節　取引に係る行為規制

1　顧客に対する義務

顧客に対する誠実義務（36条）が取引に係る業務規制の局面で具体化された義務として，取引態様の事前明示義務（後述（1））と最良執行義務（後述（2））を挙げることができる。

（1）取引態様の事前明示義務

金融商品取引業者等は，顧客から有価証券の売買または店頭デリバティブ取引（以下，本項では両者を総称して「取引」とする）に関する注文を受けたときは，あらかじめ，その者に対し自己がその相手方となって当該売買もしくは取引を成立させるか，または媒介し，取次ぎし，もしくは代理して当該売買もしくは取引を成立させるかの別を明らかにしなければならない（37条の2）。

（2）最良執行義務

最良執行義務とは，顧客の注文を，当該顧客にとって最良の取引の条件で執行する義務である（40条の2）。例えば，顧客の注文の対象となる有価証券が複数の市場で取引されている場合，顧客が特に市場を指定しない限り，金融商品取引業者等は，顧客にとって最も有利な条件で執行ができる市場で売買を成立させなければならない。これは，顧客に対する誠実義務が注文執行の局面で具体化されたものである。

金融商品取引業者等は，有価証券等取引に関する顧客の注文について，最良

の取引の条件で執行するための方針および方法（最良執行方針等）を定めなければならない（40条の2第1項）。最良執行義務の対象となる有価証券等取引とは，①上場株券等の売買，②店頭売買有価証券の売買，③取扱有価証券の売買である（令16条の6第1項）。

金融商品取引業者等は，最良執行方針等を公表しなければならない（40条の2第2項）。そして，金融商品取引業者等は，最良執行方針等に従い，有価証券等取引に関する注文を執行しなければならない（40条の2第3項）。

また，金融商品取引業者等は，①顧客の注文を受けようとするときは，あらかじめ，その取引に係る最良執行方針等を記載した書面を交付する義務（40条の2第4項）と②有価証券等取引に関する顧客の注文を執行した後，当該顧客から求められたときは，当該注文が最良執行方針等に従って執行された旨を説明した書面を，当該顧客に交付する義務（40条の2第5項）も負う。上記①は，最良執行方針等を記載した書面を顧客に直接交付することにより，顧客が最良執行方針等を知りうる機会を確保する趣旨である。また，上記②は，顧客が執行状況を検証するための手段を確保する趣旨である。

2 禁止行為

本節では，金融商品取引業者等または役員もしくは使用人が禁止される行為（38条8号，金商業等府令117条1項）のうち，主要なものを概説することとする。分類の視点は，顧客との利益相反の防止（後述（1））と取引に係る不正の防止（後述（2））である。

（1）顧客との利益相反の防止

金融商品取引業者等は，市場と顧客を結ぶ仲介者として行動することから，自己の利益より顧客の利益を優先することが求められる。顧客との利益相反を防止するため，以下のような禁止行為が定められている。

（ア）フロント・ランニングの禁止

市場仲介者である金融商品取引業者等やその関係者が，顧客の注文情報を知りながら，顧客の取引が成立する前に同一種類の注文を発することによって取引を成立させ，本来顧客に帰属すべき利益を先取りすること（フロント・ランニング）は，誠実義務に反する。とりわけ，金融商品取引業者がブローカー業務（受託売買業務）とディーリング業務（自己売買業務）を兼営している場合に，この弊害が生ずるおそれがある。そこで，法は，金融商品取引業者等また

はその役員等が，①顧客から有価証券の買付けもしくは売付けまたは市場デリバティブ取引もしくは外国市場デリバティブ取引の委託等を受け，②当該委託等に係る売買または取引を成立させる前に，③自己の計算において当該有価証券と同一の銘柄の有価証券の売買または当該市場デリバティブ取引もしくは当該外国市場デリバティブ取引と同一の取引を成立させることを目的として，④当該顧客の有価証券の買付けもしくは売付けまたは市場デリバティブ取引もしくは外国市場デリバティブ取引の委託等に係る価格と同一またはそれよりも有利な価格で有価証券の買付けもしくは売付けまたは市場デリバティブ取引もしくは外国市場デリバティブ取引（取引一任契約（定義府令16条1項8号ロ）に基づいて行われる取引を含む）を行うことを禁止している（38条6号，金商業等府令117条1項10号）。

（イ）信用取引の自己向かいの禁止

金融商品取引業者等またはその役員等は，顧客の信用取引を，自己の計算においてする買付けまたは売付け（取引一任契約に係るものを含む）と対当させ，かつ，金銭または有価証券の受渡しを伴わない方法により成立させた場合において，当該買付けまたは売付けに係る未決済の勘定を決済するため，これと対当する売付けまたは買付けをすることが禁止されている（38条8号，金商業等府令117条1項24号）。

（ウ）借入金に係る債務を有する者が発行する有価証券の売買の媒介等の禁止

委託金融商品取引業者（登録金融機関が金融商品仲介業務の委託を受ける業者を指す（金商業等府令44条6号））が当該委託金融商品取引業者の親法人等または子法人等に対して借入金に係る債務を有する者が発行する有価証券または売出しをする自己株式の引受人となる場合で，当該有価証券に係る手取金が当該借入金に係る債務の弁済に充てられることを登録金融機関等が知りながら，その事情を顧客に告げることなく当該有価証券の売買の媒介等をすることは，禁止されている（38条8号，金商業等府令117条1項31号）。

金融商品取引業者の親法人や子法人から企業が借入れをしている場合，当該金融商品取引業者が当該企業に有価証券を発行させて，手取金を当該借入れの返済に充てる可能性がある。このため，同号は，借入金に係る債務を有する者が発行する有価証券の売買の媒介等を禁止する趣旨である。

（2）取引に係る不正の防止

金融商品取引業者等またはその役員等を名宛人とする主な禁止行為は以下の

ようなものである。

(ア) 同意を得ない取引の禁止

有価証券の取引は，自己責任原則を貫徹する観点から，顧客の個々の判断に基づいて行わなければならない。したがって，以下のような無断売買は禁止される。すなわち，①あらかじめ顧客の同意を得ずに，当該顧客の計算により有価証券の売買その他の取引またはデリバティブ取引等（有価証券等清算取次を除く）をする行為（38条8号，金商業等府令117条1項11号），②有価証券の売買もしくはデリバティブ取引またはこれらの受託等につき，顧客から資金総額について同意を得た上で，売買の別，銘柄，数および価格（デリバティブ取引にあっては，これらに相当する事項）のうち同意が得られないものについては，一定の事実が発生した場合に電子計算機による処理その他のあらかじめ定められた方式に従った処理により決定され，金融商品取引業者等がこれらに従って，取引を執行することを内容とする契約を書面によらないで締結する行為（電子情報処理組織を使用する方法その他の情報通信の技術を利用する方法により締結するものを除く）（38条6号，金商業等府令117条1項21号）である。無断売買が行われた場合，無断売買の私法上の効果は顧客に帰属しない（最判平成4年2月28日判時1417号64頁）。

(イ) 市場関係者が禁止される売買等

個人である金融商品取引業者または金融商品取引業者等の役員（役員が法人であるときは，その職務を行うべき社員を含む）もしくは使用人が，自己の職務上の地位を利用して，顧客の有価証券の売買その他の取引等に係る注文の動向その他職務上知り得た特別の情報に基づいて，またはもっぱら，投機的利益の追求を目的として有価証券の売買その他の取引等をする行為は禁止されている（38条8号，金商業等府令117条1項12号））。個人である金融商品取引業者はもちろん，金融商品取引業者等の役員や使用人も顧客に対して誠実義務を負っている。これらの者が，自己の職務上の地位を利用して，職務上知り得た特別の情報に基づいて有価証券の売買等を行うことやもっぱら，投機的利益の追求を目的として有価証券の売買等を行うことは，インサイダー取引規制・相場操縦規制に抵触するおそれや顧客の利益を損なう危険性があることから，市場仲介者としての金融商品取引業者等に対する信頼を直接または間接的に失墜させるものである。そこで，同号はこれらの行為を禁止したのである。

(ウ) 事前需給調査に係る禁止行為

　事前需給調査（プレ・ヒアリング）とは，上場会社が株式等を発行しようとする際，証券会社等が発行者による当該株式等の発行に係る情報が公表される前に，国内外の機関投資家に対して行う当該株式の需要動向調査をいう。事前需給調査は，届出（4条1項）後に行うことができる勧誘行為とは異なる。届出による開示が行われないため，一般の投資家は当該株式等の発行に係る情報を知り得ない。他方，事前需給調査の対象となった者が当該株式等の発行に係る未公表情報を利用して売買を行うおそれがある。そこで，同号は，勧誘に該当しない事前需給調査の範囲を明らかにして，インサイダー取引の未然防止のために，適切な情報管理体制の下で当該調査における法人関係情報（金商業等府令1条4項14号）の提供が行われることを求める規定である。規制の対象となる類型は，(a) 金融商品取引業者等が自ら当該調査を行う場合（38条8号，金商業等府令117条1項15号イ）と (b) 第三者が委託または当該募集に係る法人関係情報の提供を受けて当該調査を行う場合（同号ロ）である。

① 金融商品取引業者等が自ら当該調査を行う場合

　金融商品取引業者等またはその役員等が，法人関係情報を調査対象者に対して適法に提供するためには，（ⅰ）当該金融商品取引業者等の法令遵守管理部門による承認を得ること，（ⅱ）当該金融商品取引業者等が当該有価証券等の売買等および当該法人関係情報の他者への提供をしないことを約する契約を調査対象者と締結すること，（ⅲ）当該金融商品取引業者等が記録書面を作成し5年間保存することが要件となる（38条8号，金商業等府令117条1項15号イ）。

② 第三者が委託または当該募集に係る法人関係情報の提供を受けて当該調査を行う場合

　金融商品取引業者等またはその役員等が，法人関係情報を，調査を行う第三者に対して適法に提供するためには，（ⅰ）当該金融商品取引業者等の法令遵守管理部門による承認を得ること，（ⅱ）当該金融商品取引業者等が当該有価証券等の売買等および当該法人関係情報の他者への提供をしないことを約する契約を当該第三者と締結すること，（ⅲ）当該金融商品取引業者等が記録書面を作成し5年間保存すること，（ⅳ）当該金融商品取引業者等が，当該第三者が上記①（ⅱ）（ⅲ）に掲げる措置を講ずることなく当該調査を実施することを防止するための措置を講じていることが要件となる（38条8号，金商業等府令117条1項15号ロ）。

③ 対象となる有価証券

調査対象となる有価証券は，166条2項1号イに規定する募集（上場会社等の発行する特定有価証券（163条1項）に限る）に係る有価証券である。166条2項1号イが対象とする募集は，（ⅰ）募集株式（会社199条1項）または協同組織金融機関が発行する優先出資証券を引き受ける者の募集または（ⅱ）新株予約権（会社238条1項）を引き受ける者の募集である。したがって，社債や不動産投資信託は調査対象となる有価証券に該当しない。また，募集の対象たる有価証券は上場会社等（163条1項）の発行する有価証券に限定されるため，未上場の会社が上場される株式を新規に発行する場合は該当しないこととなる。

④ 規制を受ける期間と適用除外

本号の規制を受ける期間は，当該法人関係情報*の提供を受けてから，当該法人関係情報もしくは当該募集を行うことが公表され，または金融商品取引業者等から当該調査の後当該募集を行わないこととなったことを通知されるまでの間である。この期間中であっても，調査対象者や上記第三者は当該法人関係情報を他人に提供できる場合がある。そもそも，法人関係情報の提供等を受ける調査対象者や上記第三者は，自然人であることが前提とされている。同号イ（3）の「調査対象者」およびロ（3）の「当該第三者」については，「氏名および住所」等を記載した書面の作成・保存することが義務付けられているからである。調査対象者については，「調査対象者が当該調査の内容に係る業務を行うために当該法人関係情報の提供を行うことが不可欠な者であって，調査対象者との契約によって特定有価証券等の売買等を行わない義務および当該法人関係情報を漏らさない義務を負うものに提供する場合または法令等に基づいて提供する場合」が適用除外となる。また，上記第三者については「当該第三者が当該調査を行うため，または当該上場会社等もしくは金融商品取引業者等から委託を受けて当該募集に係る業務を行うために当該法人関係情報の提供を行うことが不可欠な者であって，当該第三者との契約によって特定有価証券等の売買等を行わない義務および当該法人関係情報を漏らさない義務を負うものに提供する場合または法令等に基づいて提供する場合」が適用除外となる。

＊法人関係情報：①上場会社等の運営，業務または財産に関する公表されていない重要な情報であって顧客の投資判断に影響を及ぼすと認められるもの，②公開買付け等の実施または中止の決定に係る公表されていない情報をいう（金商業等府令1条4項14号）。インサイダー取引の未然防止を趣旨としているため，業務等に関する重要事実（166条2項）や公開買付け等事実（167条2項）よりも広い概念である。

（エ）作為的相場形成の禁止

　金商法の目的の1つとして，市場における価格決定プロセスの公正化が挙げられる（1条参照）。市場仲介者である金融商品取引業者等は，このような価格決定プロセスを歪曲化する相場操縦やこれに類似する行為に関与することを厳に慎まなければならない。そこで，法は，①相場等を変動させる目的，相場等を安定させる目的，または，取引高を増加させる目的にもとづいて，上場金融商品等の売買等を行うことやその委託等をすること（38条8号，金商業等府令117条1項19号），②実勢を反映しない作為的なものとなることを知りながら，上場金融商品等の売買等を行うことやその受託等をすること（金商業等府令117条1項20号）を禁止している。

3　損失補てん等の禁止

　損失補てん等には，投資者が投資判断を行う前になされる損失保証・利益保証と，投資者が投資判断を行った後になされる損失補てん・利益追加とに大別される。これらの行為を以下で分析することとする。

（1）制度の趣旨

　損失補てん等が禁止される趣旨はつぎのように説明することができる。まず，投資者が投資判断を行う前になされる損失保証・利益保証についてである。投資判断前にその投資判断に伴う損失や予定利益の不発生を補てん・補足する約束が行われると，投資者は投資判断に伴う自己責任を負うことなく，安易な投資判断を行う可能性がある。このため，損失保証や利益保証は，安易な投資判断を助長することになり，ひいてはこのような投資判断が価格形成に反映され，市場の公正な価格形成機能を歪めることとなる。つぎに，投資者が投資判断を行った後になされる損失補てん・利益追加についてである。損失補てん等は，投資判断の後に行われる。すでに行われた投資判断に影響を及ぼさないため，損失補てん等は市場の価格形成機能を直接に歪める行為とはいえない。しかし，一度損失補てん等が行われると，次回以降も投資者がそれを期待して安易な投資判断を行う可能性があり，この点が間接的に市場の価格形成機能を歪めていると評価することができる。また，損失補てん等を禁止する根拠には，損失保証等禁止の実効性を確保するという法政策上の理由も副次的に挙げられる。すなわち，損失保証や利益保証を立証することは事実上困難であることから，その履行行為である損失補てん・利益追加を禁止することにより，法の目

的を達成しようというのである。

　ところで，損失保証・利益保証や損失補てん・利益追加は，大口の投資者のみになされるのが通常であろう。そうすると，これらの「恩恵」を受けない一般の投資者に対して不公平感を与えるものであり，証券投資へのインセンティブを減退させる。ひいては市場の流動性を低下させ，この側面においても市場の公正な価格形成機能を歪めることとなる。また，損失補てん等を禁止することにより，金融商品取引業者等の財務の健全性を維持することができるという点も禁止の根拠に挙げることができる。

（2）禁止行為の類型

　損失補てん等については，**(ア)** 金融商品取引業者等を名宛人とする規制と**(イ)** 顧客を名宛人とする規制とに分類される。

(ア) 金融商品取引業者等を名宛人とする規制

　金融商品取引業者等は，有価証券売買取引等における当該有価証券またはデリバティブ取引について，①損失保証や利益保証を顧客に対して申し込むことまたは約束すること，②損失補てんや利益追加のために利益提供を顧客に対して申し込むことまたは約束すること，③損失補てんや利益追加のために利益提供を顧客に対して行うことを禁止されている（39条1項）。本条における有価証券売買取引等とは，有価証券の売買その他の取引またはデリバティブ取引をいう。買戻価格があらかじめ定められている買戻条件付売買その他の政令で定める取引が除外される（令16条の5）。上記①から③の行為は，第三者を介在させる場合も禁止されている。これらの禁止は，金融商品仲介業者にも及ぶ（66条の15）。

　なお，金融商品取引契約につき，顧客もしくはその指定した者に対し，特別の利益の提供を約し，または顧客もしくは第三者に対し特別の利益，すなわち，公正な競争の限度を逸脱した利益を提供する行為は，禁止されている（38条8号・金商業等府令117条1項3号）。また，金融商品取引業者等が投資運用業を行う場合には，運用財産の運用として行った取引により生じた権利者の損失の全部もしくは一部を補てんし，または運用財産の運用として行った取引により生じた権利者の利益に追加するため，当該権利者または第三者に対し，財産上の利益を提供し，または第三者に提供させることが，禁止されている（42条の2第6号）。

（イ）顧客を名宛人とする規制

他方，金融商品取引業者等の顧客も，損失保証等の約束を自己が行った場合や第三者に損失保証等を要求させた場合に限定して，④有価証券売買取引等につき，金融商品取引業者等または第三者との間で，上記①の約束をし，または第三者に当該約束をさせること，⑤有価証券売買取引等につき，金融商品取引業者等または第三者との間で，上記②の約束をし，または第三者に当該約束をさせること，⑥有価証券売買取引等につき，金融商品取引業者等または第三者から，上記③の提供に係る財産上の利益を受け，または第三者に当該財産上の利益を受けさせることが禁止されている（39条2項）。顧客を名宛人とする規制は，いずれの行為も顧客が損失保証等を要求するような悪質な類型に限り禁止している。このため，金融商品取引業者等が一方的に提供する利益等を単に受領する行為は処罰されない。

（3）違反の効果

罰則は，①金融商品取引業者等を名宛人とする規制の場合，違反行為をした金融商品取引業者等もしくは金融商品仲介業者の代表者，使用人その他の従業者または金融商品取引業者もしくは金融商品仲介業者について，3年以下の懲役もしくは300万円以下の罰金に処せられ，またはこれを併科される（198条の3）。また，②顧客を名宛人とする規制の場合，違反行為をした顧客について，1年以下の懲役もしくは100万円以下の罰金に処せられ，またはこれを併科される（200条14号）。罰則の内容を比較すると，金融商品取引業者等は市場仲介者としての義務を負うことから，金融商品取引業者等に対する法定刑が，顧客のそれと比して重くなっている。

顧客や情を知った第三者が受けた財産上に利益は没収される（200条の2前段）。その全部または一部を没収することができないときは，その価額を追徴する（200条の2後段）。違法な損失保証等が履行された場合に生じる経済的な利得を，顧客や情を知った第三者に保持させないことを目的とした規定である。また，損失保証等は法令違反に該当するため，監督上の処分の対象となる（52条1項6号）。

損失保証等の私法上の効果は無効である。なぜなら，これらの行為は刑罰が科されるほどの反社会性があり，公序に反することからである。

（4）適用除外

証券事故があった場合にも金融商品取引業者等がその損失を補てんすること

がある。これは損害賠償としての性格を帯びる補てん行為であるから、これを禁止するのは妥当性を欠く。他方、証券事故を装って損失補てんが行われることを、防止しなければならない。そこで、法は、証券事故に該当するものを限定した上で、これに基づく損失補てんを規制の適用から除外している。つまり、損失補てん等は、原則として、証券事故としての内閣総理大臣による確認を受けている場合のみ損失補てん等を行うことが可能となる。

金融商品取引業者等を名宛人とする39条1項の規定は、事故による損失の全部または一部を補てんするために利益提供の申込み、約束また当該提供を行うものである場合については、適用されない（39条3項本文）。事故とは、金融商品取引業者等またはその役員もしくは使用人の違法または不当な行為であって当該金融商品取引業者等とその顧客との間において争いの原因となるものとして内閣府令で定めるものをいう（39条3項本文括弧書、金商業等府令118条）。ただし、申込みまたは約束（39条1項2号）および提供（同項3号）にあっては、その補てんに係る損失が事故に起因するものであることにつき、当該金融商品取引業者等があらかじめ内閣総理大臣の確認を受けている場合その他内閣府令で定める場合に限定される（39条3項但書、金商業等府令119条）。この確認を受けようとする者は、内閣府令で定めるところにより、その確認を受けようとする事実その他の内閣府令で定める事項を記載した申請書に当該事実を証するために必要な書類として内閣府令で定めるものを添えて内閣総理大臣に提出しなければならない（39条5項、金商業等府令120条－122条）。

なお、投資運用業に関する特則（42条の2第6号）においても、禁止行為から事故による損失の全部または一部を補てんする場合が除外されている。

第5節　行為規制の特則

本節では、第2節および第3節で検討した行為規制の特則を概観することとする。

1　投資助言業務に関する特則
（1）総　説

投資助言業務とは、投資顧問契約を締結し、当該投資顧問契約に基づき、有価証券の価値等または金融商品の価値等の分析に基づく投資判断に関して助言

する業務である（2条8項11号・28条3項1号・6項）。投資助言業務においては，業者は助言を与えるが，それに基づいて金融商品の取引を行うか否かは顧客が判断するところに特徴がある。投資助言に関連して，業者と顧客の利益が対立する場合があるので，法は後述するような規制を設けている。

(2) 顧客に対する義務

金融商品取引業者等は，顧客のため忠実に投資助言業務を行わなければならない（41条1項）。また，金融商品取引業者等は，顧客に対し，善良な管理者の注意をもって投資助言業務を行わなければならない（41条2項）。金融商品取引業者等は，誠実義務（36条）を負うことから，投資助言業務について，忠実義務と善管注意義務を負うことは当然である。本条は，これらの義務を注意的に規定したに過ぎない。金融商品取引業者等が，本来行うべき調査を怠って合理的な根拠のない助言を行うことは，善管注意義務違反を構成する。

(3) 禁止行為

(ア) 41条の2が定める禁止行為

金融商品取引業者等は，その投資助言業務に関して，①顧客相互間において，他の顧客の利益を図るため特定の顧客の利益を害することとなる取引を行うことを内容とした助言を行うこと，②特定の金融商品，金融指標またはオプションに関し，顧客の取引に基づく価格，指標，数値または対価の額の変動を利用して自己または当該顧客以外の第三者の利益を図る目的をもって，正当な根拠を有しない助言を行うこと，③通常の取引の条件と異なる条件で，かつ，当該条件での取引が顧客の利益を害することとなる条件での取引を行うことを内容とした助言を行うこと，④助言を受けた顧客が行う取引に関する情報を利用して，自己の計算において有価証券の売買その他の取引またはデリバティブ取引を行うこと，⑤その助言を受けた取引により生じた顧客の損失の全部または一部を補てんし，またはその助言を受けた取引により生じた顧客の利益に追加するため，当該顧客または第三者に対し，財産上の利益を提供し，または第三者に提供させること（事故による損失の全部または一部を補てんする場合を除く），⑥前各号に掲げるもののほか，投資者の保護に欠け，もしくは取引の公正を害し，または金融商品取引業の信用を失墜させるものとして内閣府令で定める行為（金商業等府令126条）をしてはならない（41条の2）。上記①ないし④は忠実義務が具体化された規定である。

(イ) 金銭等の預託の受入れ等の禁止

　金融商品取引業者等は，有価証券等管理業務として行う場合その他政令で定める場合を除くほか，その行う投資助言業務に関して，いかなる名目によるかを問わず，顧客から金銭もしくは有価証券の預託を受け，または当該金融商品取引業者等と密接な関係を有する者として政令で定める者に顧客の金銭もしくは有価証券を預託させてはならない（41条の4，令16条の9・16条の10，金商業等府令127条）。

(ウ) 金銭等の貸付け等の禁止

　金融商品取引業者等は，その行う投資助言業務に関して，顧客に対し金銭もしくは有価証券を貸し付け，または顧客への第三者による金銭もしくは有価証券の貸付けにつき媒介，取次ぎもしくは代理をしてはならない（41条の5本文）。投資助言業務の遂行に当たっては，顧客から金銭または有価証券の貸付業務を行う必然性がないこと等から，このような規定が設けられている。もっとも，金融商品取引業者が信用取引*（156条の24第1項）に付随して顧客に対し金銭または有価証券を貸し付ける場合などはその貸付業務を行う必要性がある。そこで，金融商品取引業者が信用取引に付随して顧客に対し金銭または有価証券を貸し付ける場合その他政令で定める場合は，当該規制の適用を受けない（41条の5但書，令16条の11）。

> ＊信用取引：金融商品取引業者が顧客に信用を供与して行う有価証券の売買その他の取引をいう（156条の24第1項）。例えば，金融商品取引業者が，ある有価証券を有しない顧客に当該有価証券を貸すことにより，当該顧客は当該有価証券を有することなく，当該有価証券を売り付けることができる。

2　投資運用業に関する特則

(1) 総　　説

　投資運用業は，顧客との間に形成される高度な信認関係を前提に当該顧客の財産形成に継続的に関与することから，当該業者は利益相反の防止などの受託者責任を負うこととなる。そのため，投資運用業については，以下のような特則が設けられている。

(2) 権利者に対する義務

(ア) 忠実義務・善管注意義務

　投資運用業を行う金融商品取引業者等は，①資産の運用を委託した投資法人，②投資一任契約を締結した相手方，③投資信託の受益者，④自己運用を行う集

団投資スキームの持分等を有する者のために，忠実に投資運用業を行わなければならない（42条1項）。同条も忠実義務を注意的に規定したものと解される。また，投資運用業を行う金融商品取引業者等は，善良な管理者の注意をもって投資運用業を行わなければならない（42条2項）。つまり，投資運用業を行う金融商品取引業者等は，上記の権利者に対して忠実義務と善管注意義務を負うのである。

(イ) 自己執行義務

投資運用業を行う金融商品取引業者等は，原則として，運用行為について自己執行を行う義務を負う。この自己執行義務は，権利者に対する忠実義務から導き出される。そして，金融商品取引業者等は，すべての運用財産につき，その運用に係る権限の全部を42条の3第1項に規定する政令で定める者に委託することは禁止されている（42条の3第2項，令16条の12）。

(ウ) 分別管理義務

投資運用業を行う金融商品取引業者等は，一定の場合に分別管理の義務がある。集団投資スキーム持分等を有する者から出資・拠出を受けた金銭等の運用業務を行う場合（2条8項15号），金融商品取引業者等は，内閣府令で定めるところにより，運用財産と自己の固有財産および他の運用財産とを分別して管理しなければならない（42条の4，金商業等府令132条）。自己運用が行われる場合は，投資者保護の観点から，運用財産が，他の財産と分別され適切に管理される必要があるからである。

(エ) 運用報告書の交付義務

投資運用業を行う金融商品取引業者等は，運用報告書の交付義務がある。すなわち，金融商品取引業者等は，運用財産について，内閣府令で定めるところにより，定期に運用報告書を作成し，当該運用財産に係る知れている権利者に交付しなければならない（42条の7第1項）。一定期間の運用に関する情報を権利者に直接開示する趣旨である。もっとも，運用報告書の交付がなくとも権利者の保護に支障のない場合には，交付は不要である（42条の7第1項但書）。

なお，集団投資スキーム持分等を有する者から出資・拠出を受けた金銭等の運用業務を行う場合（2条8項15号），金融商品取引業者等は，当該投資運用業に関して，運用報告書（42条の7第1項）を作成したときは，遅滞なく，これを内閣総理大臣に届け出なければならない（42条の7第3項本文）。

（3）禁止行為
（ア）42条の2が定める禁止行為

金融商品取引業者等は，その行う投資運用業に関して，①自己またはその取締役もしくは執行役との間における取引を行うことを内容とした運用を行うこと，②運用財産相互間において取引を行うことを内容とした運用を行うこと，③特定の金融商品，金融指標またはオプションに関し，取引に基づく価格，指標，数値または対価の額の変動を利用して自己または権利者以外の第三者の利益を図る目的をもって，正当な根拠を有しない取引を行うことを内容とした運用を行うこと等をしてはならない（42条の2）。

（イ）金銭等の預託の受入れ等の禁止

投資者保護の観点から，金融商品取引業者等は，有価証券等管理業務として行う場合その他政令で定める場合を除くほか，投資法人の資産運用に係る契約または投資一任契約に基づいて行う投資運用業に関して，いかなる名目によるかを問わず，顧客から金銭もしくは有価証券の預託を受け，または当該金融商品取引業者等と密接な関係を有する者として政令で定める者に顧客の金銭もしくは有価証券を預託させてはならない（42条の5本文）。

（ウ）金銭等の貸付け等の禁止

金融商品取引業者等は，投資法人の資産運用に係る契約または投資一任契約に基づいて行う投資運用業に関して，顧客に対し金銭もしくは有価証券を貸し付け，または顧客への第三者による金銭もしくは有価証券の貸付けにつき媒介，取次ぎもしくは代理をしてはならない（42条の6）。そもそも，投資一任契約等に基づいて行う投資運用業に関して金銭等の貸付け等は不要であり，このような貸付けが業者の不正行為の温床となることから，投資者保護の観点から禁止されている。

3 有価証券等管理業務に関する特則
（1）総　説

有価証券等管理業務とは，有価証券の売買等に関して顧客から金銭等を預かることや口座の開設を受けて社債等の振替を行うことを業として行うことである（28条5項・1項5号，2条8項16号・17号）。有価証券等管理業務顧客の財産や権利を管理する点を特徴がある。そこで，以下のような特則が設けられている。

（2）顧客に対する義務
（ア）善管注意義務
　有価証券等管理業務を行う金融商品取引業者等は、顧客に対し、善良な管理者の注意をもって有価証券等管理業務を行わなければならない（43条）。そして、金融商品取引業者における財務状況の悪化が顧客へ波及することを防止するため、以下のような分別管理義務を負っている。

（イ）有価証券の分別管理義務
　43条の2第1項が定める有価証券を、金融商品取引業者等は、確実にかつ整然と管理する方法として内閣府令で定める方法により、自己の固有財産と分別して管理しなければならない（43条の2第1項）。43条の2第1項が定める有価証券とは、①金融商品取引業者等が顧客から預託を受けた有価証券（有価証券関連デリバティブ取引に関して預託を受けたものに限る）または金融商品取引業者が顧客から預託を受けた有価証券、②対象有価証券関連取引に関し、顧客の計算において金融商品取引業者等が占有する有価証券または金融商品取引業者等が顧客から預託を受けた有価証券（上記①の有価証券、契約により金融商品取引業者等が消費できる有価証券その他政令で定める有価証券を除く）である。上記②の対象有価証券関連取引とは、有価証券関連業または有価証券関連業に付随する業務として内閣府令で定めるものに係る取引（金商業等府令137条）で、かつ、店頭デリバティブ取引に該当するものその他政令で定める取引（令16条の15）を除いたものである。

　有価証券が有体物であるか否か、有体物である場合に混蔵して保管されているか否か、という保管する有価証券の性状によって、分別管理の方法が異ならざるを得ない。そこで、有価証券の区分に応じて、「確実にかつ整然と管理する方法として内閣府令で定める方法」を定められている（金商業等府令136条）。

（ウ）金銭の分別管理義務
　金銭には特定性がないことから、一定の金銭を国内の信託会社等に信託することにより、有価証券等管理業務を行う金融商品取引業者が廃業した場合でも、顧客は信託された金銭から満足を受ける仕組みが必要となる。そこで、法は、金銭を分別して信託することを義務付けた。すなわち、金融商品取引業者等は、①119条の規定によって金融商品取引業者等が顧客から預託を受けた金銭（有価証券関連デリバティブ取引に関して預託を受けたものに限る）または161条の2の規定により金融商品取引業者が顧客から預託を受けた金銭、②対象有価証

券関連取引に関し、顧客の計算に属する金銭または金融商品取引業者等が顧客から預託を受けた金銭、③43条の2第1項各号に掲げる有価証券のうち、43条の4第1項の規定により担保に供されたものについて、当該金融商品取引業者等が金融商品取引業（登録金融機関業務を含む）を廃止した場合その他金融商品取引業を行わないこととなった場合に顧客に返還すべき額として内閣府令で定めるところにより算定したものに相当する金銭を、自己の固有財産と分別して管理し、内閣府令で定めるところにより、当該金融商品取引業者等が金融商品取引業を廃止した場合その他金融商品取引業を行わないこととなった場合に顧客に返還すべき額に相当する金銭を管理することを目的として、国内において、信託会社等に信託をしなければならない（43条の2第2項）。

これらの分別管理の状況については、内閣府令で定めるところにより、定期に、公認会計士または監査法人の監査を受けなければならない（43条の2第3項）。

（エ）デリバティブ取引等に関する金銭等の分別管理義務

この分別管理義務は二分される。第1に、金融商品取引業者等は、その行うデリバティブ取引等（有価証券関連デリバティブ取引等に該当するものを除く）に関し、119条の規定により顧客から預託を受けた金銭または有価証券その他の保証金または有価証券については、内閣府令で定めるところにより、自己の固有財産と区分して管理しなければならない（43条の3第1項）。第2に、金融商品取引業者等は、その行うデリバティブ取引等に関し、顧客の計算に属する金銭および金融商品の価額に相当する財産については、内閣府令で定めるところにより、管理しなければならない（43条の3第2項）。

（オ）担保提供行為等の制限

上記の分別管理の実効性を確保する観点から、顧客の有価証券を担保に供する行為等について、金融商品取引業者等は当該顧客からの同意を得なければならない。すなわち、金融商品取引業者等は、顧客の計算において自己が占有する有価証券または顧客から預託を受けた有価証券を担保に供する場合または他人に貸し付ける場合には、内閣府令で定めるところにより、当該顧客から書面による同意を得なければならない（43条の4第1項）。

4　登録金融機関に対する行為規制
（1）総　　説
「金融商品取引業者等」という概念には，登録金融機関も含まれる（34条）。そのため，行為規制を受ける者が「金融商品取引業者等」としている場合は，法の定める行為規制の射程は登録金融機関にも及ぶ。ここでは，主に登録金融機関を対象とした行為規制を概観することとする。

（2）業務の運営状況に対する規制
登録金融機関のみを名宛人とした回避すべき業務の運営状況（40条2号，金商業等府令123条）は，以下の2つの類型に分類できる。第1の類型は，顧客の財産等に関する情報の利用に関するものである。すなわち，①登録金融機関が取得した顧客の財産に関する公表されていない情報その他の特別な情報を，事前に顧客の書面による同意を得ることなく，委託金融商品取引業者に提供している状況，②委託金融商品取引業者から取得した顧客の財産に関する公表されていない情報その他の特別な情報（当該委託金融商品取引業者が当該顧客の書面による同意を得ずに提供したものに限る）を利用して有価証券の売買その他の取引等を勧誘している状況である（金商業等府令123条1項24号）。いずれも，顧客の同意がないにもかかわらず，金融機関が入手した情報をその目的外で提供・使用することを禁圧する趣旨である。

第2の類型は，手数料等に関するものである。すなわち，登録金融機関が金融商品仲介行為を行おうとするときに，あらかじめ，顧客に対し，①委託金融商品取引業者が2以上ある場合において，顧客が行おうとする取引につき顧客が支払う金額または手数料等が委託金融商品取引業者により異なる場合は，その旨，②顧客の取引の相手方となる委託金融商品取引業者の商号，③投資助言・代理業を行う場合において，投資助言・代理業の顧客に対し金融商品仲介行為を行う場合は，当該金融商品仲介行為により得ることとなる手数料等の額（あらかじめ手数料等の額が確定しない場合においては，当該手数料等の額の計算方法）に関する事項を明らかにしていない状況である（金商業等府令123条1項25号）。これらは，手数料等の情報をあらかじめ開示させることにより，顧客との利益相反を防止する趣旨である。

5 弊害防止措置等

(1) 総　　説

柔軟な業規制が導入されたことから，金融商品取引業者等は複数の種別業務を行うことや本業以外の「その他業務」を行うことができる。このような業務の多様化に伴う弊害を防止するため，禁止行為が定められている。そこで，本節では，これらの規制を概観することとする。

(2) 複数の種別の業務を行う場合における禁止行為

2以上の種別の業務を行う場合は，顧客との利益相反が生じるおそれがある。そこで，金融商品取引業者等またはその役員もしくは使用人は，2以上の業務の種別（29条の2第1項5号）に係る業務を行う場合には，次のような行為をなすことが禁止される（44条）。すなわち，①投資助言業務に係る助言を受けた顧客が行う有価証券の売買その他の取引等に関する情報または投資運用業に係る運用として行う有価証券の売買その他の取引等に関する情報を利用して，有価証券の売買その他の取引等の委託等（媒介，取次ぎまたは代理の申込み）を勧誘する行為，②投資助言業務および投資運用業以外の業務による利益を図るため，その行う投資助言業務に関して取引の方針，取引の額もしくは市場の状況に照らして不必要な取引を行うことを内容とした助言を行い，またはその行う投資運用業に関して運用の方針，運用財産の額もしくは市場の状況に照らして不必要な取引を行うことを内容とした運用を行うこと，③上記①および②に掲げるもののほか，投資者の保護に欠け，もしくは取引の公正を害し，または金融商品取引業の信用を失墜させるものとして内閣府令で定める行為（金商業等府令147条）である。上記①は顧客に関する情報や顧客から委託された運用に関する情報を勧誘行為に利用することを禁止するものである。また②は，助言業務や運用業務以外の業務の利益を図るために，顧客の利益を害する助言や運用を禁止するものである。上記③には，投資助言業務に係る助言に基づいて顧客が行った有価証券の売買その他の取引等または投資運用業に関して運用財産の運用として行った有価証券の売買その他の取引等を結了させ，または反対売買を行わせるため，その旨を説明することなく当該顧客以外の顧客または当該運用財産の権利者以外の顧客に対して有価証券の売買その他の取引等を勧誘する行為等が定められている。

(3) その他業務に係る禁止行為

金融商品取引業者が金融商品取引業者その他業務（金融商品取引業およびこ

れに付随する業務以外の業務をいう。44条の2第1項柱書）を行う場合は，金融商品取引業・付随業務の顧客の利益と金融商品取引業者その他業務の顧客の利益とが相反するおそれがある。また，登録金融機関が登録金融機関その他業務（登録金融機関業務以外の業務をいう。44条の2第2項柱書）を行う場合には，登録金融機関業務の顧客の利益と登録金融機関その他業務の顧客の利益とが相反するおそれがある。そこで，法は，このような弊害を防止する観点から，以下のような規制を設けたのである。

（ア）金融商品取引業者またはその役員もしくは使用人が禁止される行為

　金融商品取引業者またはその役員もしくは使用人は，金融商品取引業者その他業務を行う場合には，①156条の24第1項に規定する信用取引以外の方法による金銭の貸付けその他信用の供与をすることを条件として有価証券の売買の受託等をする行為，②金融商品取引業者その他業務による利益を図るため，その行う投資助言業務に関して取引の方針，取引の額もしくは市場の状況に照らして不必要な取引を行うことを内容とした助言を行い，またはその行う投資運用業に関して運用の方針，運用財産の額もしくは市場の状況に照らして不必要な取引を行うことを内容とした運用を行うこと，③上記①および②に掲げるもののほか，金融商品取引業者その他業務に関連して行う2条8項各号に掲げる行為で投資者の保護に欠け，もしくは取引の公正を害し，または金融商品取引業の信用を失墜させるものとして内閣府令で定める行為（金商業等府令149条）をしてはならない（44条の2第1項）。

　上記③については，資金の貸付けもしくは手形の割引を内容とする契約の締結の代理もしくは媒介または信用の供与（156条の24第1項に規定する信用取引に付随して行う金銭または有価証券の貸付けを除く）を行うことを条件として，金融商品取引契約の締結またはその勧誘を行う行為等が定められている。

（イ）登録金融機関またはその役員もしくは使用人が禁止される行為

　登録金融機関またはその役員もしくは使用人は，登録金融機関その他業務（登録金融機関業務以外の業務）を行う場合には，以下の行為をなすことを禁止されている（44条の2第2項）。すなわち，①金銭の貸付けその他信用の供与をすることを条件として有価証券の売買の受託等をする行為，②登録金融機関その他業務による利益を図るため，その行う投資助言業務に関して取引の方針，取引の額もしくは市場の状況に照らして不必要な取引を行うことを内容とした助言を行い，またはその行う投資運用業に関して運用の方針，運用財産の額も

しくは市場の状況に照らして不必要な取引を行うことを内容とした運用を行うこと、③上記①および②に掲げるもののほか、登録金融機関その他業務に関連して行う登録金融機関業務に係る行為で投資者の保護に欠け、もしくは取引の公正を害し、または登録金融機関業務の信用を失墜させるものとして内閣府令で定める行為（金商業等府令150条）である。

上記③については、資金の貸付けもしくは手形の割引を内容とする契約の締結の代理もしくは媒介または信用の供与の条件として、金融商品取引契約の締結またはその勧誘を行う行為等が定められている。

（ウ）親法人等または子法人等が関与する行為の制限

金融商品取引業者が子会社を通じて銀行業に参入することや、金融機関が子会社を通じて金融商品取引業に参入することは、①銀行の預金者保護が十分に図れない、②親子会社間で一方の利益を犠牲にして他方の利益を図る利益相反行為が行われる、③金融機関が企業に対する事実上の影響力を行使して子会社である金融商品取引業者を支援することによって、金融商品取引業における公正な競争が阻害されるなどのおそれがある。そこで、法は、このような弊害を防止する観点から、以下のような規制を設けている。

① 金融商品取引業者またはその役員もしくは使用人が禁止される行為

金商法は、金融商品取引業者またはその役員もしくは使用人が、（ⅰ）通常の取引の条件と異なる条件であって取引の公正を害するおそれのある条件で、当該金融商品取引業者の親法人等または子法人等と有価証券の売買その他の取引または店頭デリバティブ取引を行うこと、（ⅱ）当該金融商品取引業者との間で2条8項各号に掲げる行為に関する契約を締結することを条件としてその親法人等または子法人等がその顧客に対して信用を供与していることを知りながら、当該顧客との間で当該契約を締結すること、（ⅲ）当該金融商品取引業者の親法人等または子法人等の利益を図るため、その行う投資助言業務に関して取引の方針、取引の額もしくは市場の状況に照らして不必要な取引を行うことを内容とした助言を行い、またはその行う投資運用業に関して運用の方針、運用財産の額もしくは市場の状況に照らして不必要な取引を行うことを内容とした運用を行うこと等を禁止している（44条の3第1項、金商業等府令153条）。

上記（ⅰ）は、親会社・子会社間で直接の取引を行う場合は原則として独立当事者間の取引と同様の条件でなされることを要求する規定（いわゆるアームズ・レングス・ルール）であり、その趣旨は、親会社・子会社の利益相反行為

を防止することや金融商品取引業者間の公正な競争を阻害することを防止することに求められる。上記（ⅱ）は，金融機関が融資などの信用供与と当該金融機関と関連する金融商品取引業者との取引を抱き合わせることを禁止する趣旨である。上記（ⅲ）は，当該金融商品取引業者の親法人等または子法人等の利益を図るため，顧客の利益を害する投資助言業務や投資運用行為を禁止して，当該金融商品取引業者との利益相反行為を防止する趣旨である。

② 登録金融機関またはその役員もしくは使用人が禁じられる行為

　法は，登録金融機関またはその役員もしくは使用人が，（ⅰ）通常の取引の条件と異なる条件であって取引の公正を害するおそれのある条件で，当該登録金融機関の親法人等または子法人等と有価証券の売買その他の取引または店頭デリバティブ取引を行うこと，（ⅱ）その親法人等または子法人等との間で2条8項各号に掲げる行為に関する契約を締結することを条件として当該登録金融機関がその顧客に対して信用を供与しながら，当該顧客との間で33条2項4号ロに掲げる行為をすること，（ⅲ）当該登録金融機関の親法人等または子法人等の利益を図るため，その行う投資助言業務に関して取引の方針，取引の額もしくは市場の状況に照らして不必要な取引を行うことを内容とした助言を行い，またはその行う投資運用業に関して運用の方針，運用財産の額もしくは市場の状況に照らして不必要な取引を行うことを内容とした運用を行うこと等を禁止している（44条の3第2項，金商業等府令154条）。

（エ）引受人の信用供与の制限

　有価証券の引受人となった金融商品取引業者は，当該有価証券を売却する場合において，引受人となった日から6月を経過する日までは，その買主に対し買入代金につき貸付けその他信用の供与をしてはならない（44条の4）。有価証券の引受人となった金融商品取引業者が，自己の引き受けた有価証券をその買主となる者に信用を供与して売却することは，容易に処分できない当該有価証券を当該買主に取得させ，引受のリスクを当該買主に移転させるおそれがある。そこで，本条は，引受人による信用供与を制限している。

第7章
有価証券の取引等に関する規制

第1節　金融商品取引所における取引

1　金融商品取引所への上場
（1）上場の意義
　有価証券を発行して資金を調達する場合，資金調達の目的を実現するべく，発行者は投資者に受け入れられるように手だてを講ずる。けれども金融商品の中には，株式のように発行者による償還が予定されていないものや，社債のように期日まで償還されないものもある。投資者の立場からは投資回収の著しい制約となろう。こうした不都合を解消するには，金融商品の譲渡を認めるとともに，譲渡の実現可能性を高める必要がある。
　譲渡の可能性を向上させるには，売買の相手方が容易に見つからなければならない。見つけるための方策の1つが，売買を行う場の設定である。この場を金融商品市場という（2条14項）。市場で売買可能ならば，投資とその回収の機会が向上する。のみならず売買価格の形成により，金融商品の客観的価値を推し量る機会も得られる。金融商品取引所とは，内閣総理大臣の免許を受けて，このような流通性および価格形成の機能を有する金融商品市場を開設するものと定義される（2条16項・80条1項）。そして，金融商品取引所の開設する市場で取引可能な状態になることを上場という。

（2）上場商品の範囲と手続
　121条によれば金融商品取引所は，有価証券または金融商品等を上場することができる。金融商品等については金融商品，金融指標またはオプションとされるので（84条2項1号），上場可能な商品の範囲は広い。ただし実際にどのような商品を上場するかは，各金融商品取引所が判断する。上場しようとする場合には，上場しようとする取引所金融商品市場（2条17項）ごとに内閣総理大臣への事前届出が要求される（121条）。上場廃止の場合も届出を行う（126条1項）。

こうした原則に対する例外は，金融商品取引所自身が発行者である有価証券を売買のために上場しようとする場合，または当該有価証券，当該有価証券にかかる金融指標もしくは当該有価証券にかかるオプションを市場デリバティブ取引のために上場しようとする場合である。利益相反の可能性を伴うため，これらの場合には内閣総理大臣による承認制とされている（122条・124条1項）。上場廃止も承認制である（126条2項）。

(3) 上場契約

上場は取引所と発行者間の上場契約を基礎とする。上場により発行者は数多くのメリットを得る。創業者利益の確保や資金調達の容易化は，上場の直接的なメリットである。株式を上場すれば新聞の経済欄に発行会社名が日常的に掲載され，知名度が高まる。新たに事業を開始した会社がベンチャー・キャピタルから資金の提供を受けられるのも，提供先会社の株式上場という出口が用意されているからである。その他，会社法や金融商品取引法等の定めによるものに加え，上場契約の内容として上場基準が設定されている。上場基準には内部管理体制の充実や決算の迅速化・適正化が盛り込まれているので，結果的に発行会社への評判や信頼が高まる。

反面でデメリットもある。上場時に上場会社は，上場審査に伴う費用に加え，新規上場料および公募または売出しに係る料金が必要となる。上場後には年間上場料も支払わなければならない。内部管理体制の維持・充実や決算の迅速化・適正化は，相応の継続的コスト負担を伴う。株式を上場すると，発行済株式の一定割合が市場に出回るため，オーナー経営者の支配権は相対的に希薄化し，買収される危険も生ずる。こうしたデメリットがメリットを上回ると，上場の取りやめもあり得る。発行会社が自ら上場を取りやめることをゴーイング・プライベートという。敵対的買収の脅威やMBOへの関心の高まりに伴い，近時はゴーイング・プライベートもしばしば行われている。

(4) 上場基準

東京証券取引所における株式の上場審査基準を例に，上場基準を概観しておこう。審査基準は形式要件と実質審査基準に大別される。形式要件では複数の項目に定量的な基準が設けられている。具体的には，上場時見込みの株主数，流通株式の数および時価総額，上場時見込みの上場時価総額，事業継続年数，純資産額，利益額または時価総額ならびに虚偽記載または不適正意見等の各項目である。流通株式に関する基準では，株式の単位数および上場株券等に対す

る割合が基準とされる。

　実質審査基準は5つの適格要件で構成される。企業の継続性および収益性，企業経営の健全性，企業のコーポレート・ガバナンスおよび内部管理体制の有効性，企業内容等の開示の適正性ならびにその他公益または投資者保護の観点から東京証券取引所が必要と認める事項の5つである。これら5つは，形式基準のように数や量に着目するのではなく，いずれも質的な側面に着目して行われる審査の基準であり，実際の審査ではヒアリングや実地調査等が行われる。基準に適合していると判断される場合であっても，より望ましい姿となるように改善が要請される場合もある。

　これに対しマザーズの上場基準では，純資産の額および利益の額または時価総額の要件がない。株主数，流通株式，上場時価総額および事業継続年数についても，市場第二部の形式要件より緩和されている。市場第一部および第二部と比べた場合のこうした相違点は，マザーズが新興企業や企業育成への寄与を目的とする点に起因する。上場廃止基準も異なり，株価や売上高がマザーズの上場廃止基準項目に含まれる。

2　有価証券の売買の委託と受託
（1）売買委託の法的性質

　取引所金融商品市場において有価証券の売買および市場デリバティブ取引をなし得るのは，当該市場を開設する金融商品取引所の会員等に限定される（111条1項）。会員等とは金融商品取引所の会員または取引参加者のことであり（81条1項3号），具体的には金融商品会員制法人の会員たる金融商品取引業者等（91条），取引資格の与えられた金融商品取引業者および取引所取引許可業者，ならびに登録金融機関である（112条1項・113条1項）。換言すれば，一般投資者は取引所金融商品市場で有価証券の売買や市場デリバティブ取引をなし得ない。そのため通常は，会員または取引参加者たる金融商品取引業者に取引を委託することとなる。

　この委託契約により，金融商品取引業者は自己の名をもって顧客たる投資者のために，営業として有価証券の売買および市場デリバティブ取引を行うことになる。したがって金融商品取引業者は，顧客との関係では商法上の問屋に該当する（商551条）。問屋に関するルールが適用されるほか，特約が加わって委託契約の内容が構成される。特約の中心を占めるのは，金融商品取引所の定

める受託契約準則である。

（2）受託契約準則

　金融商品取引所の会員または取引参加者は，取引所金融商品市場における有価証券の売買または市場デリバティブ取引の受託については，その所属する金融商品取引所の定める受託契約準則に従わなければならない（133条）。受託契約準則には，①有価証券の売買または市場デリバティブ取引の受託の条件，②受渡しその他の決済方法，③有価証券の売買の受託についての信用の供与に関する事項等に関する細則が定められている。

　東京証券取引所の受託契約準則によれば，①では顧客の通告事項，外国証券取引口座に関する約款の交付，発行日決済取引の委託や信用取引（⇒**本章第1節3（3）**）口座の設定に伴う約諾書の差入れ，委託の際の指示事項等が定められている。②では受渡時限，決済物件，口座振替による受渡し等，③では信用取引における委託保証金や代用有価証券の差入れ，信用取引による有価証券・金銭の貸付けとその弁済期限等の事項が定められている。こうした個別事項の規定に先立ち，受託契約準則の遵守義務として，顧客および取引参加者が受託契約準則を熟読し，これを遵守すべきことに同意してすべての取引を処理する旨が定められている（東証受託2条）。この規定により，受託契約準則の効果は顧客にも及ぶ。

　受託契約準則の合理性確保については，内閣総理大臣がつぎのように関与する。第1は金融商品取引所の免許申請時である。受託契約準則の規定が法令に適合し，かつ取引所金融商品市場における有価証券の売買および市場デリバティブ取引を公正かつ円滑にし，ならびに投資者を保護するために十分か否かを審査する（82条1項1号）。第2は受託契約準則の変更時であり，変更には認可が要求される（149条1項）。

　第3は金融商品取引所に対する監督上の処分である。金融商品取引所が受託契約準則に違反した場合に加え，会員や取引参加者，上場有価証券の発行者が受託契約準則に違反したにもかかわらず必要な措置をとることを怠った場合，業務の停止や変更，禁止，役員の解任等の処分を命ずることができる（152条1項1号）。第4は業務改善命令である。公益または投資者保護のために必要かつ適当であると認めるときは，その必要の限度において，受託契約準則の変更その他監督上必要な措置を命ずることができる（153条）。

3 取引所金融商品市場における有価証券・デリバティブ等の売買
(1) 注文方式
　受託契約準則では、顧客が有価証券の売買を委託する際に、その都度、会員または取引参加者に指示すべき事項として、売買の種類、銘柄、売付けまたは買付けの区別、数量および値段の限度等が定められている（東証受託6条）。これらの事項のうち、売買の成否を主に左右するのは注文する際の価格である。そのため顧客は、希望する価格をどの程度重視するかにより、売買の注文方法を選択することになる。具体的には指値（さしね）注文、成行（なりゆき）注文および計らい注文の3つからの選択である。

　指値注文とは特定の金額を具体的に指示する注文方法である。例えばA会社株式を1,000円で買うという注文である。この注文によれば1,000円を超える価格で会員または取引参加者が買うと顧客の指示に反する。1,050円で買ったような場合、指値との差額50円を会員または取引参加者が負担しない限り、買付けの効果は顧客に帰属しない（商554条）。1,000円で買うならば注文通りである。950円で買ってもよい。委任と代理の要素を含む問屋契約が顧客と会員・取引参加者間に存し、950円の買付けは顧客の有利に作用し、委任の本旨に従った債務の履行と捉え得るからである。

　成行注文とは顧客が銘柄と数量のみを指示し、価格を指示しない注文方式である。売買を早く確実に執行したいときに利用されるが、顧客にとってはいくらで売買が成立するか不確かな状況となる。

　計らい注文とは注文に一定の値幅を持たせ、値幅の範囲内で取引参加者に裁量を与える注文方式である。価格の指示がある点で成行注文とは異なり、一定の値幅がある点で指値注文とも異なる。指値注文ではわずかな値段の差で売買が成立しないこともあるが、計らい注文では値幅の設定次第で売買不成立の不都合を回避し得る。

(2) 売買方式
　取引所での売買には3つの方式がある。第1は競争売買方式である。この方式では注文に優先劣後がつく。低い値段の売付けは高い値段の売付けに優先し、高い値段の買付けは低い値段の買付けに優先する。また同一値段の注文は、時間が先の注文が後のものより優先する。こうしたルールは価格優先原則および時間優先原則と呼ばれる。

　第2はマーケット・メイク方式である。この方式では会員または取引参加者

のうち，マーケット・メーカーと呼ばれる複数の者が売り気配と買い気配を常時提示し，顧客は当該気配値段にてマーケットメーカーを相手方として売買を行う。売り買い両方の気配値を提示するので，どちらか一方のみに終始して売買不成立という事態は発生しない。高い流動性を備えるが，投資者は提示された気配値段で売買するか否かを判断するのみで，投資者自身による指値注文はない。またマーケット・メーカー次第で気配値が異なることもある。

　第３はリクイディティ・プロバイダー方式である。この方式は競争売買方式を基本とするが，リクイディティ・プロバイダーに指定された会員証券会社が，指定銘柄について，自己の計算による売り注文・買い注文を毎営業日に必ず発注する方式である。必ず発注される点はマーケット・メイク方式に類似するが，競争売買方式が基本なので，値幅制限が設けられ，成行注文が可能であり，価格優先・時間優先原則も適用される。

（３）信用取引

（ア）意　　義

　流通に付される有価証券数が少ないと売買が成立しにくい。需給関係が硬直化すれば，少量の注文でも大きな価格変動を招きかねない。流動性や価格形成に関するこうした不都合を解消するには，資金や有価証券を持っていない投資者にも取引への参加を認め，売買の規模を大きくすればよい。信用取引はこうした目的への寄与を意図する制度である。

　信用取引は金融商品取引業者が顧客に信用を供与して行う有価証券の売買その他の取引と定義される（156条の24第１項参照）。信用供与の内容は，買付けの資金や売付けの有価証券の貸付けである。貸付けを受けることで，顧客は必要な資金や有価証券を有していなくても売買が可能となる。

　反面で，十分な資金や有価証券を有しない者の安易な取引参加を招きかねない。投機が過熱する懸念もある。それゆえ信用取引について金融商品取引業者は，内閣府令で定めるところにより，顧客から，当該取引にかかる有価証券の時価に内閣総理大臣が定める率を乗じた額を下らない額の金銭の預託を受けなければならない（161条の２第１項）。こうして預託される金銭は委託保証金と呼ばれ，過当投機抑制とともに担保の機能も併せもつ。金銭に代えて有価証券を充ててもよい（161条の２第２項）。金銭に代えて預託される有価証券を代用有価証券と呼ぶ。

(イ) 制度信用取引と一般信用取引

　信用取引では金融商品取引業者が資金や有価証券を顧客に貸し付けて売買の決済を行う。けれども顧客への貸付け・決済に必要な資金や有価証券を金融商品取引業者自身で賄えない場合，他から貸付けを受けて決済することになる。この貸付けについて，取引所金融商品市場または店頭売買有価証券市場の決済機構を利用して貸付業務を行うのが証券金融会社である（156条の23・156条の24第1項）。

　信用取引は，金融商品取引業者が証券金融会社から資金や有価証券を調達する制度信用取引と，証券金融会社以外の機関投資家から調達する一般信用取引に大別される。制度信用取引において金融商品取引業者に貸し付ける有価証券が不足した場合，証券金融会社はさらに機関投資家から不足株数を入札形式で調達する。この入札は品貸入札（しながしにゅうさつ）と呼ばれ，料率の低い申込から優先して採用される。料率が同じなら申込時間の早いものが優先採用となる。このようにして調達必要株数に達した申込に付された料率は品貸料（しながしりょう）と呼ばれる。品貸料および弁済の期限等は，制度信用取引では取引所の規則で定められる（資金貸付けの金利は顧客と金融商品取引業者間の合意による）のに対し，一般信用取引では顧客と金融商品取引業者間の合意で決定される。いずれの信用取引とするかは顧客が決める（東証受託6条3項）が，制度信用取引を行えるのは，内国上場銘柄のうち一定の基準を満たした銘柄に限られる（この銘柄を制度信用銘柄という）。

(ウ) 手　続

　信用取引を始めるには，まず顧客が金融商品取引業者に信用取引口座を開設する。その際に信用取引口座設定約諾書を差し入れる。約諾書には取引所の受託契約準則，定款，業務規程等に従う旨が記されている。信用供与を伴う約束を証明する書面なので，期限の利益喪失（信用取引口座設定約諾書8条）や差引計算（同11条）等に関する条項が設けられ，債権の譲渡・質入れも禁止されている（同16条）。もとより信用取引口座による処理（同1条）や委託保証金の取扱い（同3条）等，信用取引に特徴的な事項も規定されている。後述の貸借取引に関するルールが制度信用取引に適用される旨も定められている（同6条）。

　受託契約準則によれば，委託保証金は売買成立の日から起算して3日目の正午までに差し入れる。その金額は売買代金の30％以上で，かつ30万円以上であ

る（東証受託39条）。代用有価証券による場合は，前日の時価に対し，国債なら95％以下，社債なら85％以下，上場株券なら80％以下等の掛目で算定される（東証受託40条）。委託保証金の現在価値が売買代金の20％未満になった場合，20％分を維持するに必要な額を追証（おいしょう）として差し入れる（東証受託47条・48条）。顧客が差し入れない場合，取引参加者は，任意に，信用取引を決済するために，当該顧客の計算において売付け・買付けを行うことができる（東証受託53条）。

　信用買い（資金の貸付けを受けた買付け）の場合，買付代金に対する金利（日歩ともいう）を支払う。買付代金の返済方法は，買い付けた証券の売却（売り返済）または貸付金の引渡し（現引き）となる。現引きの場合は買い付けた証券が顧客に引き渡される。信用売り（証券の貸付けを受けた売付け）の場合は，信用取引貸株料を支払う。制度信用取引の場合には，品貸料率も払う。品貸料率は逆日歩とも呼ばれ，品貸料に品貸日数を乗じて算出される。貸付証券の返済方法は，売り付けた証券の買い戻し（買い返済）または貸付証券の引渡し（現渡し）となる。現渡しの場合は，売却代金が顧客に引き渡される。

（4）先物取引

　先物取引とは，あらかじめ定められた将来の一定の期日（満期）に，特定の商品（原資産）とその対価を，取引時点での約定価格で授受する売買である。売買契約成立時から目的物と対価を授受する履行期までの期間（サイト）が比較的長期に及ぶ点で，現物取引の反対概念とされる。もっとも先物取引のサイト自体について定義はなく，比較的長期か否かの相違に過ぎない。満期における目的物と対価の授受で決済される点も現物取引と異ならないが，先物取引ではサイトが比較的長期に及ぶため，期間中の決済方法として転売や買戻しが想定されている。また決済自体も，目的物の受渡しを行わずに，売買価格差等に相当する金銭の授受のみによる決済（差金決済）が想定されている。

　こうした仕組みは，先物取引の経済的な機能や性格に反映される。第1に，目的物と対価の授受は満期に行われるので，契約成立時には目的物および対価のいずれも用意されていなくともよい。換言すれば売主・買主双方の信用供与による取引である。

　第2に，差金決済の先物取引においては目的物の授受がない。そのため目的物自体が物理的に存在しなくとも先物取引はあり得る。2条21項2号や同条22項2号等が観念的な数値を目的物とするのは，こうした理解を基礎とする。

第3に，満期時の価格が取引時点で定められているため，価格変動のリスクを回避できるとともに，利益を得ることもできる。例えば，ある商品の価格が下がると予想される場合，下がる前の現在価格で商品を売る約束の先物取引をする。売る約束は先物の売りと呼ばれ，未決済の売り約定にかかる数量のことを売建玉（うりたてぎょく）＊という。売建玉をもち，予想通りに満期に価格が下がった場合，満期に現物市場にて下落した価格で商品を調達したうえで，先物の売建玉により高値で売れば，差額分が利益となる。

　　＊売建玉，買建玉，建玉：信用取引におけるサイトの期間中は，売買自体は成立しているものの，決済が未了の状態となる。後日の決済を前提に売買を約定することを玉を建てると言う。また，決済未了の状態にある売買を建玉と言い，買付けをして決済未了の状態を買建玉，売付けをして決済未了の状態を売建玉と言う。

　第4に，信用取引と同様に仮需給導入の効果を有し，市場全体に厚みを与える。また先物市場の価格は現物市場の方向性を示す。例えば商品先物の石油取引ならば，先物市場における価格急騰は現物市場における漸次の上昇となる。末端小売価格においても急騰が抑制される。その意味では，一般市民の消費生活に不可欠な取引の1つでもある。

　もっとも第5に，先物取引は強い投機性を有する。目的物や対価をもたなくとも売買し得るのみならず，委託証拠金の預託が必要な場合（119条3項参照）でも証拠金の数倍に及ぶ取引が可能である（こうした効果をレバレッジ効果という）。利益も大きいが損失も大きいため，必要性の高さにもかかわらず規制が欠かせない。証拠金の預託は取引の損失を担保する意味をもつが，資金に余裕のない投資者の参加を抑制する意味も有する。

　なお先物取引については，デリバティブ取引に関する記述の頁（⇒2章2節）も参照されたい。

4　株券等のペーパーレス化と振替決済の進行
（1）株券等のペーパーレス化
（ア）背　景
　平成14年に社債と国債で実現された無券面化は，平成16年商法改正で株式についても実現された。平成21年には金融商品取引所で大量に取引される株式に新たな振替制度が適用され，株券電子化と呼ばれる無券面化が行われた。こうした無券面化の背景には取引される証券の大量性があるが，大量性は最近生じ

たものではない。近時における株券等のペーパーレス化は決済法制改革の1つとしても位置づけられ，決済法制改革では決済のリスク減少やコスト削減，サービス向上等が要請されていた。見方を変えれば，ペーパーレス化の背景には，リスク削減やコスト減少，サービス向上等の足枷となる要因が存していたことになる。主要な要因として以下のものが挙げられる。

　背景となる事実の1つは，従前の株券保管振替制度の不首尾である。現行の振替制度は従前の保管振替制度と数多くの類似点を有する。しかしながら株券保管振替制度が機能する出発点は，一般株主による証券会社等への預託にあった。寄託契約の成立には寄託者の意思表示が不可欠なので，預託を望まない者には適用されない。そのため，意思表示次第で制度が機能するか否かが左右される。完全なペーパーレスの実現は困難で，実質株主と株券を預託していない株主間の売買では，株券の交付が必要となる。権利発生段階での無券面化も，株主割当新株発行の場合には保管振替機関への発行分にとどまった。

　のみならず株券保管振替制度に対しては，リスクとコストの観点からも見直しが求められるようになった。貯蓄から投資への流れも加わり，株式市場と債券市場をはじめ，市場相互間の結びつきは一段と強まる。そうなると1つの市場で発生したリスクが拡大する危険も高まる。例えば株式取引における買主Aの決済不履行により売主Bの元本回収が困難になると，これによりBは別の取引相手方Cに対する決済不履行を招き，CからD，DからEへ不履行が連鎖すれば，最終的には金融システム全体の麻痺につながりかねない。

　こうした不履行の連鎖およびリスクの拡大を防ごうとすれば，Aの決済不履行・リスク顕在化にもかかわらず，BのCに対する債務の履行確保・リスクの顕在化回避が不可欠となる。しかしながら，C以下がリスク顕在化回避の利益を享受するにもかかわらず，Bが別の手段で支払資金を調達することに伴うコストはBのみの負担となる。利益と負担の帰属が異なるため，こうした処理方法はBにとって不満が残る。

　以上のようなリスクとコストの問題に加え，市場相互間の結びつきは，従前よりも優れたサービスの提供を求めるようになった。市場相互間の結びつきは必然的に市場相互間での資金の移動となる。ところで実際に資金が移動するためには，契約成立から決済終了に至るまでの時間を要する（図1参照）。この時間が長いとつなぎ資金が必要となり，取引に要するコストの増加となる。時間が短縮化されれば，つなぎ資金の借入れを回避する方策も考えられる。借入

〔図1：取引所における約定成立から決済完了までのプロセス〕

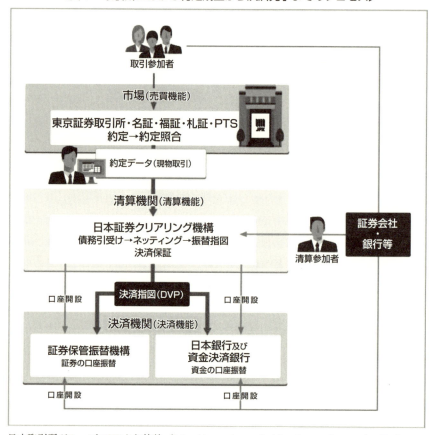

日本取引所グループのHPより抜粋（http://www.jpx.co.jp/clearing-settlement/outline）

れを回避できるなら，借入れに伴う担保権設定のための資産を保有する必要もない。オフバランス*化が可能なら，バランスシート改善効果も期待できる。財務管理の効率化・高度化の要請とも相俟って，決済のサービス向上が要求されるに至った。

　＊オフバランス：貸借対照表（balance sheet）から資産や負債を外す（オフ（off）する）こと。本業とは直接関係のない資産や，そのまま計上するとリスクのある資産や負債を貸借対照表から外すことで，資産利益率（ROA）をはじめとした財務指標が改善され，企業価値が向上する。

　証券の無券面化に向けた改正が近時繰り返されたのは，以上のような決済法

制の改革が背景にある。取引の大量性は近時の改正の理由の1つに過ぎず，また改正内容はたんなる無券面化を意図したものではない。リスク低減，コスト削減，サービス向上をはじめ，利便性向上や業務合理化も視野に収め，将来の発展性も見据えた決済法制改革であり，その一環としての無券面化である。

(イ) 振替制度の多層構造

振替株式の譲渡では，譲渡人の申請により，振替口座簿における減少または増加の記載または記録が行われ，記載または記録により譲渡の効力が生ずる（社債株式振替132条・140条）。譲渡の前提として，記載または記録のための振替口座の開設が不可欠となるが，個人投資家も含めたすべての投資者の振替口座が振替機関に開設されるわけではない。開設されるのは基本的に，社債株式振替法44条1項各号が掲げる証券会社，銀行その他の金融機関に限られる（証券保管振替機構に関して，株式等の振替に関する業務規程18条3項参照）。

ところで，これらの証券会社や金融機関は口座管理機関に該当する（社債株式振替2条4項）。そして口座管理機関は他の者のために，当該他の者の申し出により，社債等の振替を行うための口座を開設することができる（社債株式振替44条1項柱書前段）。振替機関に口座を開設できない個人投資家は，ここでいう「他の者」に該当し，振替機関に振替口座を有する証券会社に口座を開設するのが典型例である。

〔図2：振替制度の多層構造と単層構造〕

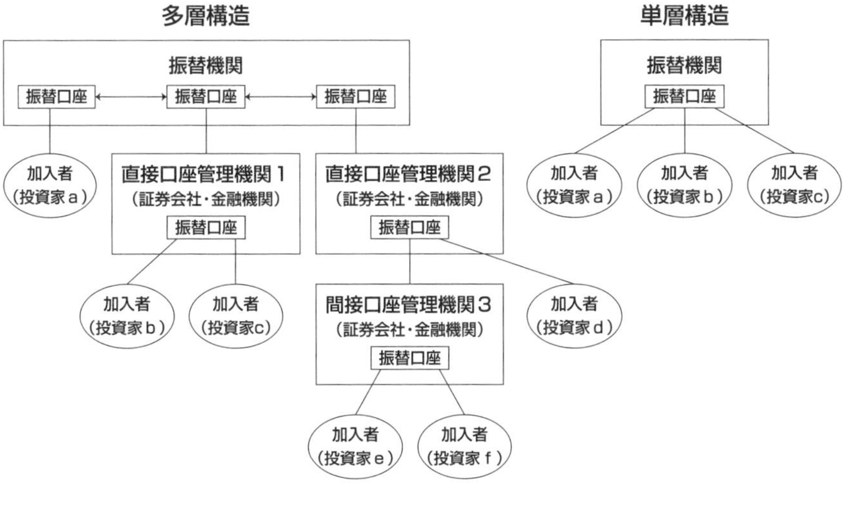

のみならず口座管理機関Aは，他の口座管理機関Bのために振替口座を開設することもできる。Aが直近上位機関，Bが直近下位機関となる（社債株式振替2条6項・8項）。さらにBの直近下位機関にCへと続き，A・B・Cそれぞれが個人投資家の振替口座を開設する仕組みとなる。振替機関を頂点とし，口座管理機関が裾野に広がるような多層構造である（図2参照）。

単層構造と比較した場合，多層構造では振替機関に開設される口座の数が少ない。単層構造ではシステムに過大な負担がかかり得るが，多層構造では過大負担のおそれが少なくなる。また多層構造では，投資家が口座管理機関へと展開するような場合，振替機関に直接的に口座を開設せずとも，下位機関として振替制度に加わることができる。単層構造にはないこうしたメリットは，横断的な投資サービス法としての金融商品取引法の制定に平仄を合わせ，将来の発展性も見据えた構造である。

(2) 金融商品取引清算機関
(ア) 清算機関の位置付けと機能

相対取引の場合とは異なり，有価証券市場における取引は，売付けと買付けが反復・継続し，大量性を有する。大量に及ぶ取引の決済を実際の取引当事者間で処理しようとすれば，決済業務は膨大な量となる。取引所や金融商品取引業者の事務部門は負担の重さ・コストの大きさに苦しめられる。のみならず有価証券市場での取引は匿名性を有する。当事者は自己の取引相手方が誰なのか，どの程度の資力を有するのかについて，何も知らないまま約定する。信用リスクの大きさは否めず，リスクの連鎖にもつながりかねない。

コストとリスクに対処するべく，約定成立から決済完了に至る一連のプロセスは，売買，清算，および決済の3つに分けられる。売買は市場で行われる。売買で発生した債権は，債権譲渡および債務引受けにより清算機関へ移転される。清算機関では，目的物については銘柄ごとに，代金については銘柄横断的に，それぞれ売付数量と買付数量が相殺され，金融商品取引業者等の間で実際に移転の必要な銘柄の数量および金額として差額が算出される。清算機関は算出された差額を金融商品取引業者等に通知し，決済機関には決済を指図する。指図に基づいて決済機関が口座簿に記載・記録を加えることで決済が完了する。

清算機関が担うのは，こうした一連のプロセスの清算に関する部分である。具体的には債務引受けとそれに伴う債権の譲受け，および決済数量を確定させるための売付数量と買付数量の相殺が中心となる。後者はネッティングと呼ば

れ，後者を行うには前者の債務引受けが前提となる。清算機関の業務が金融商品債務引受業として把握されている（2条28項・29項）のは，債務引受けが清算業務の出発点となるからである。

債務引受けにより，どのような効果が得られるか。金融商品取引業者である売り手のAと買い手のBが市場で株式を取引した場合を例としよう。取引によりAはBに対して株式を移転させる債務を，またBはAに対して代金を支払う債務を負担する。このまま決済しようとすれば，弁済の有無は相手方の資力次第なので，互いに信用リスクを負担する状態となる。仮にBが約定成立後に破綻した場合，Aの負担するリスクが顕在化し，その後にリスクが連鎖しかねない。これに対し清算機関が債務引受けを行った場合，AとBの債権債務関係は，Aと清算機関および清算機関とBのそれに代わる。清算機関が破綻しない限りAは代金の支払を受けられるので，リスクの顕在化や連鎖は回避される。

のみならず債務引受けはコスト削減効果も有する。A，Bのほかに同じく金融商品取引業者のCおよびDも，ある銘柄の株式を売買したとする。このまま決済しようとすれば，AはB，C，Dそれぞれとの債権債務関係を処理しなければならない。B，CおよびDも同様である。売買した金融商品取引業者の数

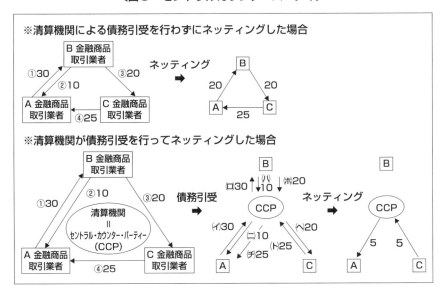

〔図3：セントラルカウンターパーティ〕

が多いほど，金融商品取引業者が処理すべき事務量も増える。これに対し清算機関が債務引受けを行えば，いずれの金融商品取引業者も清算機関との取引を処理すれば足りる。金融商品取引業者の数が多いほど，事務量軽減効果は著しい。その意味で清算機関は，金融商品取引業者で囲まれた図の中心に位置すべき役割を果たす。清算機関がセントラルカウンターパーティ（CCP）と呼ばれる所以である。

債務引受けにネッティングが加わると，金融商品取引業者においては事務量の軽減ならびに有価証券および資金の運用効率化が見込まれるとともに，清算機関においても負担するリスクが軽減される。CCPは最大30の債務引受けをしているにもかかわらず，負担するリスクは5にとどまっている点に注目されたい（図3参照）。

（イ）清算に関する規制

清算機関による債務引受けおよびネッティングは，金融商品取引業者等および清算機関の双方に好都合となる。ただし好都合の前提となるのは清算機関によるリスク負担である。リスク負担に耐えられなければセントラルカウンターパーティとしての役割は果たせない。同様にリスク顕在化が頻発するようでは，清算機関は機能不全に陥ってしまう。清算に関する規制は，清算機関としての機能を担わせるためであり，清算機関および債務引受けの相手方たる金融商品取引業者等（清算参加者という。156条の7第2項3号）の双方に対して加えられる。

金融商品債務引受業は内閣総理大臣の免許制である。免許交付のための審査に際しては，知識や経験，社会的信用等に加え，リスク負担に耐えられる財産的基礎がチェックされる（156条の3第2項・156条の4）。清算機関の業務は業務方法書に基づいて行われなければならない（156条の7）。業務方法書には，債務引受業の対象とする取引および当該取引の対象とする金融商品の種類，清算参加者の要件，債務引受けに関する事項，清算参加者の債務の履行の確保に関する事項等が定められる。債務引受業により生じた損失全部を清算参加者が負担する旨も業務方法書に定められる（156条の10）。

清算参加者の債務の履行の確保に関する事項として中心となるのはDVP（Delivery Versus Payment）決済である。目的物の移転と代金の支払を互いに条件付ける決済方法であり，目的物の移転なくして代金は支払われず，また代金の支払なくして目的物は移転されない。清算機関が取りはぐれを防ぎ，負担

するリスクを減少させるための方策である。
(3) 決済機関
(ア) 決済機関に期待される機能
　売買から清算を経て決済に至る一連のプロセスのうち，決済機関が担うのは決済機能である。図1の基本型に従って売買から決済完了に至るまでに，現在は通常3日を要する（これをT＋3という。TはTradeの頭文字である）。ただし基本型にそぐわない取引形態も存する。例として2つの形態を取り上げよう。
　第1は市場外での取引である。この取引では，市場から約定データが清算機関へ発せられない。清算機関から決済機関が決済指図を受けることもない。もっとも，例えばタンス株券を相対で取引する場合であれば，株券と代金の受渡しや株主名簿の名義書換等は，取引当事者に委ねておけばよい。しかしながら振替株式へ一斉移行すると，市場外での相対取引でも振替口座簿の記載・記録を伴うため，振替機関が取引に不可避的に関与する。そして決済機関が市場での売買においてDVP決済を行うのであれば，市場外の取引についてもDVP決済により口座簿の記載・記録と代金の支払を互いに条件付け，信用リスクを低減させたいとのニーズが生ずることになる。
　第2は機関投資家による取引である。例えば機関投資家が特定金銭信託で取引する場合，個人投資家による基本型の取引とは事情が異なる。個人投資家による取引では，個人投資家が金融商品取引業者に注文を発し，金融商品取引業者が取引所で取引する。売買が成立すればその旨が取引所から金融商品取引業者へ通知され，さらに金融商品取引業者が個人投資家に通知し，最後に金融商品取引業者が個人投資家に取引報告書を交付する。
　これに対し機関投資家が特定金銭信託で取引する場合，機関投資家は，運用資産を信託銀行に信託し，運用については投資顧問業者に委託する。そのうえで，投資顧問業者が金融商品取引業者に注文を発し，金融商品取引業者が取引所で取引し，売買が成立すればその旨が取引所から金融商品取引業者へ，さらに金融商品取引業者から投資顧問業者へと通知される。
　ただし投資顧問業者は複数の機関投資家から運用を受託している。そのため金融商品取引業者からの通知後に，投資顧問業者が売買の成立した分を複数の顧客の勘定に振り分ける作業が必要となる。この作業をアロケーションという。売買が複数で価格の異なる場合，アロケーションは複雑な作業となる。その後，アロケーションの結果に従って金融商品取引業者は売買報告書を作成し信託銀

行に交付するが，信託銀行は機関投資家次第で異なり得るので，報告書を信託銀行ごとに分けて交付しなければならない。さらに交付後には，金融商品取引業者と信託銀行間で，機関投資家ごとの決済内容を確認する作業が残っている。

　機関投資家による売買は，アロケーション以後に複雑で煩瑣な作業を要する。この作業を照合という。照合が電子化されていないと，確認作業でミスが起こりやすい。そのため決済機関に対しては，売買の発注からアロケーションを経て最終的に決済内容が確認されて口座簿に記載されるまでの一連のプロセスを通じた電子的処理のニーズが生ずる。売買，清算，決済の各段階ごとの電子的処理ではなく，各段階を貫く電子的処理である。このような処理をSTP（Straight Through Processing）という。決済機関に対しては証券取引業務のSTP化が求められているのである。

(イ) 一般振替DVPとSTP

　第1の取引形態は，基本型では清算機関が賄っていたリスク低減効果を決済機関で賄うように期待するものである。この期待に対し決済機関は，債務引受けを行ってリスクを低減させるとともに，金銭の受渡しについてはネッティングも行う。目的物の受渡しは個別決済としつつも，金銭についてはネッティングを行うDVP決済をグロス＝ネット型DVPという（両者についてネッティングを行うものをネット＝ネット型DVPという）。第1の取引形態のように，決済機関が行う振替のうち，取引所取引の清算による振替以外のものは一般振替と呼ばれ，その決済をDVPで行うものは一般振替DVPと呼ばれる。

　現在の一般振替DVPでは，決済機関の決済照合システムと口座振替システムが繋がれている。決済の両当事者から決済機関の決済照合システムに入力されたデータが一致した場合に，口座振替システムに自動的にDVP振替請求データが送られる仕組みである。そのうえで売り手から債務引受けを行う機関への目的物の移転と，債務引受けを行う機関から買い手への移転へと続く。目的物の移動に関するこのシステムは，資金の移動に関するそれに繋がっている。こうした一連のシステムにより，取引所の外で行われた取引についても，決済機関への決済照合システムにデータを入力した後はシステム間のデータ授受により決済を完了させることができるようになっている。

　第2の取引形態についてはSTPが不可欠である。アロケーション後の照合作業を非電子的方法で人手で行うのはリスクもコストも大きい。市場での売買データから出発する基本型のSTPを，投資顧問業者および信託銀行にまで拡大す

るならば，リスクとコストの低減が図られる。そして，この取引は取引所で行われるので，ネット＝ネット型DVPで決済が行われることになる。

　以上のようにDVPとSTPは，観念的にはそれぞれ別の機能を担うが，実際には両者が併用されることになる。併用によりリスクとコストを低減するとともに，STPでは処理が電子化されるので，約定成立から決済完了に至るまでの時間短縮も期待できる。現在のT＋3では3日間のつなぎ資金が不可欠だが，決済完了までの時間を短縮できればつなぎ資金調達のコストも少なく済む。その意味で，STPは単なる電子化にとどまるものではなく，また単なる電子化ではSTPとはならない。一連のプロセスを貫く電子化であり，また投資顧問や信託銀行等のように，新たに加わる者も受入れ可能な拡張性を備えたシステムであってこそ，STPの真価が発揮される。

第2節　不公正取引

1　概　要
（1）不公正取引規制と開示規制

　金融商品取引法は投資者保護を主要な目的とし，目的実現の主な手段は開示規制と不公正取引規制に大別される。開示規制では開示事項の法定を所与として開示義務違反を立論の基礎とするが，不公正取引規制では開示義務を前提としない。この点で両者の基本的な区別は可能である。

　ただし半真実（記されている内容は偽りではなく真実だが，肝心な事実について記されていない）のような場合，両者の区別は必ずしも明快でない。また開示の必要な事実が開示義務として法定されていない状況で規制を試みるならば，開示規制でなく不公正取引規制での対処も考えられる。例えば重要な事項についての虚偽の表示や，誤解を生じさせないために必要な重要な事実の表示の有無を問う157条2号での対処である。

　他方で157条から171条の2までの条文は，まとめて不公正取引規制と呼ばれることが少なくないが，第6章の表題が有価証券の取引「等」に関する規制とされるように，必ずしも取引のみに照準を合わせているわけではない。主要な規制手段は行政処分および刑事責任であるが，160条のように民事責任に言及する条文も存在し，民事・刑事・行政の各手段を駆使して規制を加える点でも開示規制と異ならない。

(イ) 不公正取引規制と投資者保護

　以上のことからすれば，不公正取引規制として独自のカテゴリーを想定するのは必ずしも容易でない。換言すれば157条から171条の2までの各条文で規制される対象の集積が不公正取引とよばれるに過ぎず，集積以上に積極的な意味を付与することの困難さである。見方次第では，不公正取引規制の意義や，金融商品取引法の体系の中で不公正取引規制の占める位置に関する問題とも認識される。そして，これらの問題に取り組むべく，各条文の意味内容が検討され，解釈論に反映されることとなる。

　ところで解釈論では体系的整合性のみが考慮されるわけではない。言うまでもなく個別的・具体的な事案における規制の是非・当否が考慮され，その結果，条文の適用対象ひいては不公正取引規制のカテゴリーに拡大・縮小が生ずる。開示規制との区別や不公正取引規制の位置付けが，再び検討されるべきこととなろう。仮にこうした推論が失当でないとすれば，不公正取引規制の位置付けが明瞭でない原因の1つに規制の是非・当否の考慮が指摘される。そして規制の是非・当否が投資者保護を基礎に判断されるのであれば，検討されるべきは投資者保護とは何かという問いかけになる。

　もとより投資者保護の意味内容は多義的で，必要十分な意味内容の明確化は困難が予想される。大上段に振りかぶって法概念としての投資者保護とは何かを論じても，建設的な議論は難しい。その意味で投資者保護という言葉については，いかなる意味内容が与えられるべきかを論ずる前に，具体的にどのようなコンテクストでどのような意味内容が与えられているかを確認することから始められるべきとなろう。

(2) 不正行為の禁止

(ア) 157条の定める「不正の手段」

　有価証券の取引等に関する規制と題される第6章の条文のうち，包括条項的性格を有するのが157条である。適用対象は何人もであり，発行会社や金融商品取引業者等に限られない。取引に着目するので，発行市場か流通市場かを問わずに適用可能で，市場における取引にも限られない。1号から3号までに同条の適用される行為が規定され，1号の定める行為が最も広範囲となることから，1号は抽象的な一般規定であり，2号と3号は同条の適用を容易にするための具体的規定と捉えられている。違反の効果は刑事罰であり，金融商品取引法で最も重い罰則規定（197条1項5号）が適用される。

ただし157条の適用事例は少ない。そもそも同条の意義について判例・学説で見解が分かれている。1号の「不正の手段」という文言について、最高裁は「有価証券の取引に限定して、それに関し、社会通念上不正と認められる一切の手段をいうのであって、文理上その意味は明確であり、それ自体において、犯罪の構成要件を明らかにしていると認められる」と判示する（最判昭和40年5月25日裁判集刑事155号831頁）。これに対し下級審は、「有価証券の売買その他の取引について、詐欺的行為、すなわち人を錯誤に陥れることによって、自ら、または他人の利益を図ろうとすることであると解するを相当とする」と判示する（東京高判昭和38年7月10日下刑集5巻7・8号651頁）。

判例の対立は学説の議論にも反映する。最高裁を支持する立場は、157条の広い適用範囲を評価し、下級審のように解すると詐欺的な行為に限定される点を批判する。これに対し下級審を支持する立場は、体系的な観点を指摘する。157条の2号には重要な事項について虚偽の表示や誤解を生じさせないために必要な重要な事実の表示が欠けている等の文言が、さらに3号には誘引する目的をもって虚偽の相場を利用の文言が並ぶ。いずれも詐害的・欺罔的な意味内容を有することから、1号の「不正の手段」についても詐欺的行為と解すべき旨を説く。

（イ）適用対象

詐欺的行為に限定されるか否かは、157条1号を詐欺的行為と解する場合に、具体的にどのような事実が157条1号を適用する要件となるかの問題である。要件論レベルで詐欺を軸とした検討となろうが、詐欺的行為は詐欺に似て非なるものも含む。検討の出発点を詐欺に求めつつ、どこまで要件を緩和し、どこまで適用範囲を拡大させるかが問われよう。

ただし要件論が効果論と相関関係にある以上、効果論にも留意を要する。金融商品取引法で最も重い罰則が適用される157条違反の事実とは何か。続く158条以下の条文に違反しないが、看過し難いと認識される事実を包括的に規制する条文として157条を捉えるか。158条以下の条文にも違反するが当該条文に基づく罰則では軽きに失し、重い罰則を適用したい場合に使える条文として157条を捉えるか。いずれの見解にも一理あるとすれば、仮に刑事法の解釈が許すなら、両方の捉え方を取り込んだ解釈もあり得よう。その意味では、157条が具体的に適用対象とすべき事実および同条が担うべき役割の明確化が先に求められよう。

なお，歴史的事実を指摘しておくなら，157条は外国法継受の産物である。母法はアメリカ法の連邦法たる1934年証券取引所法10条（ｂ）項およびそれに基づくSEC規則10b-5であり，それらは一般的詐欺禁止規定と解されている。もっともこの事実から，必ずしも157条をアメリカ法と同様に詐欺的行為を禁止する条文と解すべきこととはならない。日本法である以上，体系的整合性をはじめとする日本法の問題として検討されるべきだからである。

ただし継受の事実を直視するなら，157条の適用事例が少ない原因を罪刑法定主義に求めるのは困難となろう。アメリカ法にも日本法と同様に罪刑法定主義が存するのであれば，157条の適用事例が少なく母法の適用事例が多い理由は，罪刑法定主義以外に求められるべきと考えられるからである。

2　風説の流布
（1）相場操縦との相違

158条では有価証券の取引等のため，または相場の変動を図る目的をもって，風説を流布し，偽計を用い，または暴行・脅迫をしてはならない旨を規定する。風説は虚偽でなくてもよいが，行為者が当該風説に合理的根拠のないことを認識している必要がある。違反の効果は刑事罰であり，157条違反と同様に，197条1項5号が適用される。

相場の変動を図る目的が問われるのであれば，158条は，相場操縦規制を定める159条との関係が問われる。条文の文言を眺めると，流布する情報の内容について，159条2項2号では限定されるのに対し，158条では限定されない。また158条では多数説的理解によれば合理的根拠のないことが問われるのに対し，159条2項2号では問われない。さらに159条2項3号については，その適用対象が有価証券の売買，市場デリバティブ取引または店頭デリバティブ取引（159条2項柱書参照）に限定されるが，158条では限定されない。

以上のように理解すると，159条とは異なった158条の独自の存在意義が認められそうである。実際の事例では，転換社債型新株予約権付社債の株式への転換を促すために株価を騰貴させようと考えて，虚偽の情報を記者クラブで公表した行為について，158条が適用された（東京地判平成8年3月22日判時1566号143頁）。流布した情報の内容に着目すれば159条2項2号の文言通りではない。また株式への転換は，159条2項3号の文言が定める適用対象そのままでもない。それゆえ159条を厳格に文言解釈するのであれば，この事件で適用さ

れるべきは159条ではなく158条ということになるのだろう。

別の事例では，公開買付けを行う意思がないのに，公開買付けの記者発表をする旨の虚偽の文書を報道機関へファクスで送信・発表した行為が，158条の風説の流布に該当すると判断された（東京地判平成14年11月8日判時1828号142頁）。この事件についても，流布した情報の内容は公開買付けの記者発表であり，相場が自己または他人の操作により変動するべき旨を流布したのではないと捉えるなら，159条2項2号は適用されない。問題となった行為が売買や取引ではないと捉えるなら，159条2項3号の適用もない。この事件で159条でなく158条が適用されたのは，こうした区別を基礎とする。

（2）158条の存在意義

以上の判例によれば，159条は158条から区別されるべき条文と捉えられ，区別の根拠は条文の文言に求められることとなろう。しかしながら注意すべきは，区別の際に159条の文言を厳格かつ限定的に解釈する点である。159条をこのように解釈した場合，風説の流布や偽計，暴行，脅迫を伴わないために158条の適用対象とはならないような相場操縦行為について，159条は首尾良く機能し得るのだろうか。刑事法の解釈なので罪刑法定主義とりわけ明確性の原則の要請はあろうが，合理的な推論も許さずに自縄自縛に陥るとすれば，159条の解釈に再検討の余地もあろう。

もとより158条の適用されない事例で，厳格かつ限定的な解釈のため159条の適用も困難な場合にこそ，157条が機能するとの理解もあり得よう。157条，158条および159条の違反行為に対する刑事罰がいずれも197条1項5号である点に着目するなら，極論すればどの条文で対処しても結論は変わらないのかも知れない。

しかしながら159条の合理的推論を放棄したツケを157条で賄おうとすれば，今度は157条の存在意義に疑いを招くこととなろう。のみならず159条違反の成否は160条に基づく賠償責任の有無も左右する。この点に鑑みれば，157条と159条の違反はやはり区別して考えられるべきとなる。157条と159条の関係をめぐるこうした問題が158条と159条の関係の問題に起因するのであれば，まず検討されるべきは158条と159条の関係であろう。そして158条は旧取引所法の規定に由来し，159条はアメリカ法を参考に導入されたという，沿革の違いが存するのみだとすれば，2つの条文を統一的・一体的に理解することも検討に値しよう。

3 その他の不公正取引規制

157条から171条の2までの不公正取引規制に関する条文のうち，157条および158条についてはすでに見た。相場操縦に関する条文については**本章第3節**で，また内部者取引に関する条文については**本章第4節**でそれぞれ扱う。ここではこれら以外の条文について概観する。取引以外に着目した規制も見受けられる。

(1) 金融商品取引業者の自己計算等の制限

161条は金融商品取引業者等または取引所取引許可業者の自己計算取引および過当数量取引を制限する。条文が示すように，市場の秩序を害すると認められるものを制限するのが目的である。制限の内容は有価証券の取引等の規制に関する内閣府令9条で規定されている。典型的に言えば9条は，一定の場合に認められる投資一任勘定契約に基づく有価証券の売買についても，当該契約の委任の本旨または当該契約の金額に照らして過当数量の売買を行ってはならない旨を定めている。

(2) 信用取引等における金銭の預託

161条の2で規定されている。**本章第1節の3(3)の信用取引**を参照されたい。

(3) 空売りおよび逆指値注文の禁止

162条は1号で空売り，2号で逆指値注文について，いずれも政令に違反して行われるものを禁止する。1号によれば空売りは，有価証券を有しないでまたは有価証券を借り入れて，その売付けをすることまたは当該売付けの委託・受託等をすることと規定される。有価証券を借り入れて行う売付けは信用取引の一種であるが，空売りは信用供与を伴わず有価証券を有しない売付けも含む。空売りは価格が上昇する局面で，また空売りの買戻しは価格が下落する局面で，それぞれブレーキの役割を果たす。過度の上昇や下落を防ぐ点で有用だが，価格が下落する局面で空売りが行われると一層の下落を招く。こうした弊害を防ぐのが規制の目的である。

空売りについては，金融商品取引法施行令が規制を加える。26条の2で空売りに該当する場合を，26条の3で空売りを行う場合の明示および確認を，そして26条の4で空売りを行う場合の価格を，それぞれ規制する。施行令に基づくこうした規制を踏まえて，有価証券の取引等の規制に関する内閣府令が適用除外を定める。規制の典型例を記すなら，金融商品取引所の会員が空売りをする

場合，当該取引所に対して空売りである旨を明示しないまま，当該取引所の有価証券市場にて，直近の価格以下の価格で売り付けるような場合が規制対象となる。

逆指値注文とは，有価証券の相場が委託当時の相場より騰貴して自己の指値以上となったときにはただちにその買付けをし，または下落して自己の指値以下となったときにはただちにその売付けをすべき旨の注文方法である。騰貴するとさらに買付けが，下落するとさらに売付けが注文されるので，相場の乱高下を招きやすい。そのため政令の定めに反した逆指値注文は禁止されているが，現在まで当該政令が定められておらず，したがって政令の違反もあり得ない状況である。

（4）上場等株券の発行者である会社が行うその売買に関する規制

自己株式の取得および処分の機動性を確保しつつも，当該取得および処分による相場操縦行為を防ぐための規制である。162条の2が規定し，詳細は有価証券の取引等の規制に関する内閣府令の16条から23条までで定められている。

16条は規制対象となる取引を定める。つぎに17条では，取引所金融商品市場における株券等の買付け等の要件が規定される。当該株券がマーケットメイク銘柄なら18条が，当該株券が店頭売買有価証券市場に上場しているなら19条が，それぞれ適用される。当該株券が店頭売買有価証券市場に上場のマーケットメイク銘柄なら20条が適用される。続いて発行者以外の者による買付けの委託等についても同様の規制が及ぶ旨を21条が定め，合意による取得，子会社からの取得および市場取引等による取得の場合には発行会社名義で買付けを行うべき旨を22条が定める。最後に23条は，買付けの要件を定める17条から20条が適用されない場合を規定する。

（5）無免許市場における取引の禁止

80条1項によれば，金融商品市場を開設し得るのは，内閣総理大臣の免許を受けた者または認可金融商品取引業協会に限られる。免許制または認可制を基礎として内閣総理大臣の監督に服する仕組みである。この仕組みに反し，無免許で開設される金融商品市場での有価証券の売買および市場デリバティブ取引を禁止するのが167条の3である。適正な監督の及ばない市場での取引により，価格形成が歪められることを防ぐのが目的である。

（6）虚偽の相場の公示等の禁止

168条1項は有価証券等の相場を偽った公示を禁止する。公示または頒布の

目的で，有価証券等の相場を偽った文書の作成または頒布も同様である。こうした規制は同条2項により，有価証券の発行者の請託を受けて，公示または頒布の目的で，有価証券等の相場を偽った文書が作成または頒布されるような場合にも及ぶ。2項の規制を裏から捉え，請託を禁止するのが3項である。

相場操縦規制に類似するが，公示や文書作成・頒布自体を禁止するので，取引（の申込み）の前段階での規制として位置付けられる。また公示の内容が偽りならば168条の規制対象となり，他人の誤解の有無は問わない。相場の変動を図る目的や取引を誘引する目的，相場を固定させる目的等も問わない。

（7）対価を受けて行う新聞等への意見表示の制限

発行者や公開買付者から対価を受けて，その者について投資判断の資料となるような意見をメディアで提供する場合を典型とする規制である。対価を受けて掲載される新聞記事のような場合，読者には客観的な第三者の意見のように映るが，不正確で客観性を欠くおそれがある。そこで169条は，意見の提供自体を禁止するのではなく，対価を受ける旨も併せて表示すべきことを定める。

（8）有利買付け等の表示の禁止

170条の定める規制である。不特定多数の者に対し，投資額を上回る金額で買い付ける旨を表示して，新たに発行される有価証券の取得の申込みの勧誘を行うような場合が，170条の適用される典型例である。当初から実現困難な内容の表示を禁止する目的で定められた条文であり，不当な宣伝行為を禁止する規制の1つに位置付けられる。

（9）一定の配当等の表示の禁止

170条で禁止される表示の内容は，投下資本の回収およびキャピタル・ゲイン*に関する。これに対し171条では，170条と同様の趣旨で，インカム・ゲイン*に関する表示が禁止される。

> ＊キャピタル・ゲインとインカム・ゲイン：インカム・ゲインとは，保有資産を運用して継続的に受け取る利益を指す。例えば銀行預金の受取利息，不動産投資の家賃収入，株式投資の配当金等である。これに対しキャピタル・ゲインとは，保有資産の価格変動により得られる利益を指す。株式をはじめ土地や貴金属等を，安く購入し高く売却することで生ずる利益である。株式の信用取引で得た利益もキャピタル・ゲインに該当する。

（10）無登録業者による未公開有価証券の売付け等の効果

平成23年改正で設けられた171条の2による規制である。同条では内閣総理大臣の登録を受けずに金融商品取引業を行う業者が未公開の社債や株式，新株

予約権等の売付けを行った場合，売買契約は無効とされる（ただし無登録業者が不当な利益を得る行為でないことを立証した場合には無効とされない）。無効とされる売買の被害者は，裁判において無登録業者が不当な利益を得た旨を主張・立証しなくて済む。

第3節　相場操縦

1　相場操縦規制の意義
(1)　相場操縦規制と開示規制

相場操縦規制は159条を軸とする。同条と157条および158条との関係は本章第2節の2　風説の流布で言及した。ここでは主として159条を扱う。

相場操縦規制についても投資者保護が語られる。のみならず詐欺的あるいは不公正な行為と形容され，価格形成機能の阻害が指摘される。自由な需要と供給に基づいて価格が形成されるべきであるにもかかわらず，人為的に形成された価格に基づいて投資判断がなされ需給関係が構築されるならば，価格形成機能ひいては資源の適正な配分が害されるとの指摘である。

ただし経済的機能を法的にどの程度保護すべきかは別の問題であろう。後述の安定操作のように，一定の場合には相場操縦にお墨付きを与える以上，政策的考慮次第とも言い得る。市場の価格形成や資源の適正配分は，法的価値判断としては他の価値より劣後する場合もあり，決して金科玉条でないことは認識されるべき点の1つであろう。

また，安定操作では後述のように期間や価格を定め，安定操作を行う旨の開示が要求される。そうだとすれば，安定操作の正当性を根拠付ける要素の1つは開示となろう。ここからいくつかの問題が生ずる。すぐに思い浮かぶものとして，例えば公募時価発行以外の場合にも，開示すれば市場価格の人為的操作は正当化されるかという問題がある。この問いに対し，仮に正当化されると解するならば，相場操縦規制とは実は開示規制に他ならず，相場操縦規制としての独自の意義を見出し難いこととなる。

(2)　相場操縦と価格形成

これに対し正当化されないと解するならば，なぜ開示しても正当化されないのかが問われる。この問いに対し，安定操作では目的と期間が決まっているので人為的価格形成も正当化されると考えるなら，正当化されない理由は目的の

正当性と期間の限定性が担保できない点に求められよう。不当な目的のために安定操作を許す必要はない。期間についても，著しく長期に及ぶならば，仮にその旨を開示するとしても安定操作を許さない。こうした考えに立つと，本来なら非人為的が基本であり，人為的な価格形成は短期に限定されるべきであるにもかかわらず，著しく長期に及ぶ点が理由となる。自然な価格形成の機会を減少させる点に，相場操縦規制の根拠を求めることとなろう。

ただしこのように考えると，相場操縦規制は非人為的価格形成の機会の確保こそが目的であり，価格自体については相場操縦規制の直接的な関心事ではないこととなる。そのため今度は，相場操縦規制のもう1つの根拠たる資源の適正配分との関係が問題となる。適正に資源を配分するには適正配分量が決まらなければならず，配分量が市場での価格を基礎とするのであれば，相場操縦規制では価格自体も問われなければなるまい。相場操縦規制で保護したいのは価格形成の機会なのか，形成される価格自体なのか。相場操縦規制の意義については自明ではなさそうである。

2　規制の態様

159条による相場操縦規制の態様を概観しておく。159条が禁止する行為は5つの類型に分けられる。仮装取引，馴合取引，現実の取引，見せ玉による相場操縦および表示による相場操縦の5つである。これらのうち仮装取引と馴合取引については，159条1項柱書が示すように，行為者が他人に誤解を生じさせる目的をもっていることが要件となる。また他の3つについては，159条2項柱書が定めるように，行為者が取引を誘引する目的をもっていることが要件となる。いずれも主観的要件を伴う点は，**第4節**に記す内部者取引規制との相違点でもある。

（1）仮装取引（159条1項1号〜3号・9号）

仮装取引とは権利の移転，金銭の授受またはオプションの付与・取得を目的としない取引である。行為者甲がなるべく取引量の少ない市場で，A証券会社からある銘柄の買注文を，B証券会社から買注文と同じ銘柄，金額，および量の売注文を発するような場合が仮装取引に該当する。甲のみで行われる点で馴合取引と区別される。

（2）馴合取引（159条1項4号〜9号）

馴合取引とは複数の行為者による通謀を伴う行為である。通謀に基づいて売

買を成立させるべく，自己のする売付け（または買付け）と同時期に同価格で買付け（または売付け）をするとの合意が存する。馴合取引ではこの合意が要件となる。もっとも通謀当事者間における取引成立の蓋然性や確実性は要件とならない。また当事者間の価格に関する合意は必ずしも同じである必要はなく，売注文と買注文を付け合わせて売買成立の可能性があれば足りる。

（3）**現実の取引**（159条2項1号）

仮装取引と馴合取引が売買当事者間の権利移転を目的としないのに対し，現実の取引では権利が移転する。権利移転を伴う点では通常の売買と変わらず，通常の売買でも大量の売付け・買付けが行われれば価格は変動する。こうした通常の売買と区別するべく，現実の取引では，①取引を誘引する目的の要件に加え，②有価証券売買等が繁盛であると誤解させるか，または相場を変動させるべき一連の売買を行ったことが要件とされる。

2つの要件充足が求められるので，規制の適否・要否と各要件の立証の難易について，バランスが問題となる。①を緩和して②を厳格に解する判例（東京高判昭和63年7月26日判時1305号52頁）もあれば，反対に①を厳格に解し②を緩和する判例（東京地判平成5年5月19日判夕817号221頁）もある。

①は後述の表示による相場操縦でも要件となる。現実の取引が争われた事例で①を厳格に解すると，表示による相場操縦でも同様に解すべきこととなる。それゆえ表示による相場操縦を規制する際の制約とならないようにすべきと考えるなら，②を厳格に解しつつ，①を緩和する解釈となる。そのように解する判例では，一方で②を，相場を支配する意図をもってする取引で，相場が変動する可能性のある取引と捉える。支配の意図を要求するので，②の要件はかなり厳格化されている。他方で①については，売買をなすように第三者を誘い込むことを意識していれば足りるとする。誘い込もうとする積極的な目的の存在を要求しない点は寛大であるといえよう。

最高裁は①を，「人為的な操作を加えて相場を変動させるにもかかわらず，投資者にその相場が自然の需給関係により形成されるものであると誤認させて有価証券市場における有価証券の売買取引に誘い込む目的」と解する（最決平成6年7月20日判時1507号51頁）。誤認させて誘い込む目的まで要求するので，①をそれほど緩和して考えてはいないこととなろう。

（4）**見せ玉による相場操縦**（159条2項1号）

平成18年改正で見せ玉による相場操縦も159条2項1号に盛り込まれた。見

せ玉とは，売買が盛んなように見せかけるため，架空の注文を出し，約定が成立しそうになると取り消す行為である。売買等が繁盛であると誤解させる点で159条2項1号に該当しそうだが，改正前は売買等の申込みは規制対象とされておらず，証券会社自身が取引所市場で売買を申し込んで行う見せ玉については規制が及ばなかった。改正により申込みが159条2項1号に追加され，証券会社自身による見せ玉も相場操縦規制の対象とされた。

（5）表示による相場操縦（159条2項2号・3号）

表示による相場操縦では，前記①の要件に加え，③相場が自己または他人の操作により変動すべき旨を流布するか，または売買を行うにつき重要な事項について虚偽もしくは誤解を生じさせるべき表示を故意に行ったことが要件となる。③のみに着目すれば風説の流布や開示規制との関連性も認められる。ただし③に①が加わると表示による相場操縦となる。この点で風説の流布や開示規制との区別は可能である。

3　相場操縦に関する責任

159条に違反した行為については民事・刑事の責任が問われる。刑事責任については197条1項5号が適用される。さらに157条および158条違反についても同様だが，財産上の利益を得る目的で159条違反の罪を犯せば，197条2項が適用される。197条1項5号と比べ，197条2項が適用されると罰金の上限が引き上げられる。

民事責任については160条がある。同条1項は，159条に違反した者が，違反行為により形成された価格で売買をし，または委託をした者が当該取引により受けた損害の賠償責任を負う旨を定める。また同条2項は1項の賠償請求権の短期消滅時効を定める。違反行為があったことを知ったときから1年，違反行為があったときから3年で時効となる。

ただし160条の実効性については疑問が少なくない。159条違反の事実や，159条違反の事実と損害との因果関係等について，立証の困難さは容易に想像がつく。損害や損害額についても検討を要する。159条に違反して形成された価格にせよ，原告は自己の投資判断に基づいて売買の意思表示をしている点に着目するなら，原告に損害は発生したのか，発生したとすれば損害額はいくらかという問題を避けては通れまい。

4 安定操作

159条3項では，政令で定めるところに違反してなされる3項所定の売買を禁止する。政令の規定に則してなされ，159条違反の成立しない売買が安定操作である。金融商品取引法施行令20条から26条が安定操作について規定する。施行令を概観すると，まず20条によれば，安定操作取引をなし得るのは有価証券の募集または売出しを容易にする場合に限定される。安定操作をなし得る者は金融商品取引業者に限られ，安定操作の委託をなし得る者は発行者の役員および売出しの場合の所有者等に限られる。

続く21条以下では，安定操作における開示について規定されている。21条では安定操作を行う旨および行われる市場・取引所等について，22条では安定操作期間について，それぞれ開示が要求される。また安定操作が開始された日には，安定操作を行った金融商品取引業者の商号，銘柄，成立価格等について記した安定操作届出書の提出を定める。安定操作の価格は24条で制限が加えられ，最初の安定操作について，安定操作期間初日の前日の最終価格または安定操作開始日の前日の安定操作基準価格のいずれか低い方が，安定操作取引価格の最高限度とされる。こうして行われる安定操作の一連の取引は，安定操作報告書で事後的にも開示される。

第4節 内部者取引

1 内部者取引規制の意義

(1) 多数説的理解

例えば新薬に重篤な副作用のあることが判明し，副作用とその被害に関する情報の公表前に当該情報を製薬会社から伝え聞いた医師が，当該情報に基づいて自己の保有する当該製薬会社株式を売り抜け，公表後の株価下落による不利益を自分だけ免れたとする。他の投資家が株価下落による不利益に苦しむ中で，この医師だけが不利益を回避するのは素朴に考えれば不公正に見える。反対に，株価にプラスの未公開情報に基づいて，特定の投資家のみが利益を享受し，他の投資家が利益を享受できないのも素朴に考えれば不公正に見える。こうした取引は内部者取引と呼ばれ，金融商品取引法の規制対象とされている。

現行の内部者取引規制は昭和63年証券取引法改正で整備された。改正の際には，こうした取引が放置されれば，証券市場の公正性と健全性が損なわれ，ひ

いては一般投資家の証券市場に対する信頼が失われるものと考えられた。それゆえ多数説的理解によれば，内部者取引規制の必要性は，証券市場の公正性と健全性を維持し，一般投資家の証券市場に対する信頼を確保する点にあると解されている。

（2）市場の公正性・健全性と価格形成機能

多数説的理解に従えば，他の条件が同じ場合，内部者取引の行われていない市場は公正・健全で，一般投資家の信頼に値する市場であり，内部者取引の行われた市場は不公正・不健全で，一般投資家の信頼を喪失した市場となろう。しかしながら内部者取引が行われたか否かにかかわらず，市場で形成された価格については一定の法的評価が与えられる。例えば会社法33条10項2号によれば，現物出資に伴う検査役の調査が免除される場合として，市場価格のある有価証券が定められている。検査役が調査しなくとも会社財産充実の要請に応え得るものとして，市場価格が評価されていることとなろう。その意味で内部者取引の行われた市場で形成された価格であっても信頼に値する価格となる。

しかしながら会社法33条10項2号をこのように理解した場合，先に記した内部者取引規制の根拠に関する理解との整合性が問われざるを得ない。信頼に値しない市場から信頼に値する価格が形成されると解すべきことに帰着するからである。2つの理解に矛盾や飛躍がないとするには，信頼に値しない市場からどのようにして信頼に値する価格が形成されるかが必要十分に明らかにされなければなるまい。そして，この点を明らかにしようとすれば，一般投資家の証券市場に対する信頼という言葉が，具体的・現実的にどのような意味を有するのかについても一層の検討が求められることとなろう。

（3）規制の枠組み

以上に記した疑問と課題は内部者取引の規制根拠に関するものである。他にも内部者取引規制については議論が少なくない。一例を挙げれば，内部者取引の被害は何か，被害者は誰かという問題がある。すぐに思い浮かぶ解答は内部者取引の相手方となろう。先に記した内部者取引の例によれば，医師による売付けの相手方である。重篤な副作用という情報を医師が開示していれば取引しなかったはずであるにもかかわらず，開示されなかったために取引し，その後の株価急落により損害を被った。素朴に考えれば，相手方は医師による内部者取引により損害を被った被害者のように見える。

ところで内部者取引規制の枠組みは開示または断念である。後述のように現

行法における内部者取引の主要な規制法源たる166条は，一定の場合に取引を禁止するが，重要事実が公表されれば取引は禁止されない。したがって166条は，重要事実を公表するか，公表ができなければ取引を禁止するとの規制枠組みを採用していることとなる。先の例で言えば，医師は開示または取引断念の選択的義務を負担しているにもかかわらず，開示しないまま取引した点が義務違反となる。

(4) 内部者取引と損害の因果関係

行為者の義務が選択的だとすれば，相手方の主張には疑問が生ずる。相手方は行為者の不開示により損害を被った旨を主張するが，行為者が開示ではなく取引断念を選択した場合はどうか。行為者が取引を控えたところで，相手方は自己の意思に基づいて取引したと推論されるならば，行為者の義務違反と相手方の損害間には因果関係を認め難い。のみならず因果関係の認定困難は，市場での取引なら一般的ですらある。価格優先・時間優先の原則に基づいて売買が成立し，行為者との取引が偶然の結果に他ならないからである。市場における取引に伴うこうした問題点に加え，規制の枠組み自体からも因果関係の問題が残る。未解決の課題山積が，内部者取引に関する議論の現状である。

それでは現行法の内部者取引規制は具体的にどのような内容か。現行法は3本立ての規制構造となっている。短期売買差益の提供に関する163条および164条，個別的・具体的に違反となる内部者取引を定める166条および167条，ならびに一般的・包括的に不正行為を禁止する157条である。157条については**本章第2節の1(2) 不正行為の禁止**で記した。以下では，まず166条および167条を，つぎに163条および164条をそれぞれ概観する。

2 166条による規制
(1) 罰　　則

166条は規制対象となる内部者取引を個別的・具体的に定める。1項の会社関係者等から6項の適用除外に至るまで，個別的・具体的な規定が続く。違反した場合には罰則規定が適用される。個人の場合は5年以下の懲役もしくは500万円以下の罰金またはその併科，法人の場合は5億円以下の罰金である（197条の2第13号・207条1項2号）。

(2) 会社関係者等

166条1項は，会社関係者として取引が禁止される者を規定する。1号ない

し2号の2では会社内部者，そして3号および4号では準内部者が，それぞれ取引禁止の規制を受ける。会社内部者とは，1号所定の発行会社の役員，代理人，使用人その他の従業者および2号所定の株主を基本とする（2号の2が定める投資主は2号と同様である）。2号所定の株主とは，会社法433条1項が定めるように，総株主の議決権の100分の3以上を有する株主である。加えて2号所定の株主が法人の場合には，株主としての権利行使に関し重要事実を知った者以外の当該法人の役員，代理人，使用人，その他の従業者であっても，その者の職務に関し重要事実を知ったならば規制対象となる旨を5号が規定する。

準内部者とは3号所定の法令に基づく権限を有する者と，4号所定の契約に基づく者の2つを基本とする。前者は会社の業務について許認可の権限を有する公務員が，後者は会社の顧問弁護士や取引銀行が，それぞれ具体例である。4号所定の者が法人の場合には5号が適用される。

取引の禁止される者は，他に3項にも定められている。1項の規定を踏まえ，会社内部者および準内部者から重要事実の伝達を受けた者も規制対象となる旨を3項は規定する。この者を情報受領者という。したがって取引禁止の規制を受ける者は，会社内部者，準内部者，および情報受領者の3つのカテゴリーに分類されることとなる。

（3）重要事実

規制を受けるのは規制対象となる者が重要事実を知った場合である。重要事実については166条2項が規定する。1号で決定事実，2号で発生事実，3号で決算情報を定め，4号に包括条項を置く。また5号ないし8号では子会社に，9号ないし14号では上場投資法人等に関する重要事実について規定する。

（ア）決定事実

上場会社等の業務執行を決定する機関が，以下の事項を行うことについての決定をしたことまたは公表済みの当該決定に係る事項を行わないことを決定したことが決定事実とされる。すなわち，①募集株式等の発行または募集新株予約権の発行，②資本金の額の減少，③資本準備金または利益準備金の額の減少，④自己株式取得，⑤株式無償割当てまたは新株予約権無償割当て，⑥株式分割，⑦剰余金の配当，⑧株式交換，⑨株式移転，⑩合併，⑪会社分割，⑫事業の全部または一部の譲渡または譲受け，⑬解散，⑭新製品または新技術の企業化，および⑮業務上の提携その他政令で定める事項，の15項目である。

以上の事実について，投資者の投資判断に及ぼす影響が重要でないものを除

外するために軽微基準が設けられている。例えば①の募集株式等の発行については払込金額の総額が1億円未満であると見込まれるなら軽微とされる。上記⑤の株式無償割当てについても，1株に対し0.1未満の割当てであれば軽微となる。

決定事実については最高裁が判例で解釈を示している。最判平成11年6月10日判時1679号11頁である。株式の発行の決定が争われた事案で最高裁は，166条2項1号にいう「業務執行を決定する機関」は，会社法所定の決定権限のある機関には限られず，実質的に会社の意思決定と同視されるような意思決定を行うことのできる機関であれば足りる旨を述べる。そのうえで，社長は会社法所定の決定権限のある取締役会を構成する各取締役から実質的な決定を行う権限を付与されていたものと認められるから，「業務執行を決定する機関」に該当するものということができる旨を判示した。

また「株式の発行」を行うことについての「決定」をしたとは何かについても争われた。この点について最高裁は，業務を決定する機関に該当する社長において，株式の発行の実現を意図して，株式の発行それ自体や株式の発行に向けた作業等を会社の業務として行う旨を決定したことを要するが，当該株式の発行が確実に実行されるとの予測が成り立つことは要しないと判示した。

（イ）発生事実

上場会社等に以下の事実が発生したことが重要事実とされる。①災害に起因する損害または業務遂行の過程で生じた損害，②主要株主の異動，③特定有価証券（社債券，優先出資証券，株券，新株予約権証券および投資証券等のことである。163条1項参照。）またはそのオプションの上場廃止または登録取消しの原因となる事実，および④その他政令で定める事実の4項目である。

（ウ）決算情報

基本的な考え方は，上場会社等の決算に関する直近の予想値と新たに算出した予想値において，重要基準に該当する差異が生じたことを重要事実とするものである。直近の予想値がない場合は，公表された前事業年度の決算値を比較の対象とする。新たに算出した予想値については，当該事業年度の決算も比較の対象である。こうした考え方を具体化するべく，3号は比較の対象となる予想値について具体的に定める。すなわち当該上場会社等の単体の売上高，経常利益，純利益および剰余金配当ならびに当該上場会社等の属する企業集団の売上高，経常利益および純利益の7つが比較の対象となる。

重要か否かを左右する重要基準については内閣府令が定める。増減額が，売上高については10％以上，経常利益および純利益は30％以上，剰余金配当は20％以上の場合に，重要事実とされる。

（エ）包括条項

　上場会社等の運営，業務または財産に関する重要な事実であって，投資者の投資判断に著しい影響を及ぼすものが4号では包括的に重要事実とされる。重要性に関する4号のこうした考え方は1号ないし3号の軽微基準や重要基準でも採用されており，両者で重要性の解釈に違いはない。

　それゆえ4号冒頭の「前三号に掲げる事実を除き」とは，まさに適用対象たる事実に関する両者の区別と把握されよう。素朴に考えれば「前三号に掲げる事実を除き」との文言は，事実に関する両者の相互排他性を示唆するに見えるが，最高裁はそのように捉えない。最判平成11年2月16日刑集53巻2号1頁によれば，1つの事実には1号ないし3号に該当する事実として包摂・評価される面と，それとは別の側面があると解されている。そのうえで，1号ないし3号に該当する事実であっても，そのために4号に該当する余地がなくなるものではないと判示する。

　この理解によれば，ある事実が軽微基準に照らして1号ないし3号に該当するか否かの詮索は必ずしも要求されない。1個の事実に1号ないし3号とは別の側面があり，別の側面から眺めると当該事実は4号の重要事実に該当する旨を判示すれば足りる。それはすなわち，上場会社等の運営，業務または財産に関する重要な事実で，投資者の投資判断に著しい影響を及ぼす旨の判示に他ならない。のみならず当該判示で問われる4号の重要性が1号ないし3号のそれと異ならないのであれば，2項において1号ないし3号に対し4号の占めるウエイトが大きくなる可能性も考えられよう。

　さらに，決定事実に関する前記最高裁判決を併せて眺めると，166条2項に関する2つの最高裁判決は，いずれも2項の文言通りではなく，まさに解釈を加えて結論を導いていることが窺われる。166条で個別的・具体的に規定し，政令も使って詳細を定めるにもかかわらず，なお解釈が必要となると，どこまで詳細化を進めれば足りるのかという疑問とともに，ここまで詳細化する必要が本当にあったのかという疑問も浮かんでこよう。

（オ）子会社の業務等にかかる重要事実

　166条2項の5号ないし8号が定める。上場会社の子会社に関する一定の事

実が5号ないし7号で決定事実，発生事実，決算情報とされる。基本的な内容は1号ないし3号と変わらない。8号では4号と同様に包括条項も設けられている。

（カ）上場投資法人等に係る重要事実

166条2項の9号ないし14号が定める。上場会社等および子会社についてと同様に，決定事実，発生事実，決算情報および包括条項を規定する。

（4）重要事実等の公表

166条4項は重要事実等の公表について定める。公表の有無について4項は，政令で定める措置がとられたこと，または上場会社もしくはその子会社の開示書類が公衆縦覧に供されたことと定める。政令で定める措置として，金商法施行令30条は2つの措置を規定する。1つは，重要事実等を2以上の報道機関に公開して12時間が経過したことである。新聞社，通信社，NHK，一般放送事業者等が報道機関に該当する。もう1つは，金融商品取引所や認可金融商品取引業協会の規則により，重要事実等を当該金融商品取引所等に通知し，そこから電磁的方法により公衆の縦覧に供されたことである。東証のTDnetが公衆縦覧に供される電磁的方法に該当する。

166条4項の定める開示書類は25条1項に規定する書類である。有価証券届出書，発行登録書，発行登録追補書類，有価証券報告書，内部統制報告書，四半期報告書，半期報告書，臨時報告書，および親会社等状況報告書が基本となる。これらの添付書類や訂正書類，さらには確認書も4項の定める開示書類に該当する。

（5）親 会 社

166条5項では1項の親会社について規定する。5項所定の親会社について，金商法施行令29条の3によれば，有価証券届出書や有価証券報告書等の開示書類で，公衆の縦覧に供された直近のものに記載された親会社が5項の親会社とされる。そして開示書類における親会社および子会社とは，企業内容等の開示に関する内閣府令1条26号・27号により，財務諸表等の用語，様式及び作成方法に関する規則8条3項・4項に従うので，親子関係の有無はいわゆる実質基準で判断される。

実質基準によれば，他の会社等の議決権の過半数を自己の計算で所有している場合に加え，以下の場合に親子関係が認定される。

① 他の会社等の議決権の40％以上で50％以下を自己の計算で所有し，かつ次

のいずれかに該当する場合。
(イ) 自己の計算で所有する議決権と，緊密関係者（自己と出資，人事，資金，技術，取引等において緊密な関係がある者のこと）で自己と同一内容の議決権を行使すると認められる者および議決権行使の合意をしている者の議決権を合計して，他の会社等の議決権の過半数を所有する場合。
(ロ) 役員，業務執行社員もしくは使用人または元役員，元業務執行社員もしくは元使用人で，他の会社等の財務および事業の方針の決定に関して影響を与え得る者が，当該他の会社等の取締役会その他これに準ずる機関の構成員の過半数を占めている場合。
(ハ) 他の会社等の重要な財務および事業の方針の決定を支配する契約等が存在する場合。
(ニ) 緊密関係者によるものも含め，他の会社等の総資金調達額の過半について融資等を行っている場合。
(ホ) その他，他の会社等の意思決定機関を支配していることが推測される事実が存する場合。
② 他の会社等の議決権の40％未満しか自己の計算では所有しないが，上記（イ）に該当する会社で，かつ上記（ロ）ないし（ホ）のいずれかに該当する場合。

(6) 適用除外

166条6項は，1項および3項による取引禁止の適用除外を規定する。適用除外となるのは以下の9つである。すなわち，①株式の割当てを受ける権利および新株予約権の行使による株券の取得，②オプションの行使による特定有価証券等の売買等，③株式買取請求等に基づく売買等，④公開買付け等に対する防戦買い，⑤公表された総会決議等に基づく自己株式取得，⑥安定操作取引，⑦普通社債券の売買等，⑧会社関係者等同士の相対取引および⑨重要事実を知る前に締結された契約の履行または決定された計画の実行による売買等で内閣府令で定めるものである。

⑨の内閣府令とは有価証券の取引等の規制に関する内閣府令である。従業員持株会や役員持株会をはじめ，関係会社持株会による買付けや累積投資契約（いわゆる「るいとう」）による買付け等も59条で規定されている。

3 167条による規制
(1) 167条の位置付け

166条による内部者取引規制は，発行会社の関係者等および発行会社を出所とする情報が要素となっている。これに対し公開買付けにおける内部者取引では，行為者は発行会社とは必ずしも関係のない公開買付者であり，情報の出所も公開買付者である。発行会社を軸とした規制から区別されるべきとの考えを基礎に，166条とは別に167条が公開買付けにおける内部者取引規制について定める。後述のように両者は規制の仕組みや内容が相当類似するものの，形式面に着目するなら別個の法源である。

166条とは別に167条が設けられている事実は，以下の3点を示唆する。第1に，内部者取引規制が発行会社を軸とするものに限定されないことである。公開買付けは発行会社とは無関係に行われる内部者取引の典型の1つであろう。その他，例えば金利の上昇は一般に株式市場から金融市場への資金のシフトをもたらし，平均株価を引き下げる方向へはたらくと考えられていることからすれば，金利の動向も発行会社とは無関係な内部者取引の例に数えられよう。具体的には金利の引上げという未公開情報を利用して，日経平均を構成する225銘柄を信用売りするような取引である。

しかしながら第2に，発行会社とは無関係な内部者取引として現行法が規制の対象とするのは，167条の公開買付けにおける内部者取引に限られる。金利引上げのような例は，現行法では規制の対象外である。仮に株価に影響を与える事実や，投資者の投資判断に及ぼす事実の情報であれば広く規制の対象とすべしと考えるなら，現行法の規制範囲は，発行会社に拘泥しない点で評価し得るものの，なお不十分と認識されよう。

けれども何が株価に影響を与える情報かについては，経済学の実証研究でもよくわかっていない。そうだとすれば，規制範囲の拡大を指向し，167条に限定されることなく，発行会社とは無関係な内部者取引も規制の対象とするように立法的な手当てを重ねるとしても，その成否は立法を試みる以前に疑問符が付く。不十分さを認識しつつも，十分な手当てを講じきれない悩ましさである。

第3に，一方でこうした不十分さや悩ましさの原因が発行会社との紐帯を途絶した点に求められ，他方で規制範囲の拡大を指向して紐帯を途絶すべきと考えるのであれば，翻って内部者取引とは何かが問われるべきこととなる。発行会社との関係の有無を問わず，何が株価に影響を与える情報かが必ずしも十分

に判明していない状況で、法的な規制として一体どのような取引を内部者取引として規制しようとするのか。この問いかけは、見方を変えれば、内部者取引とは何かが問われているに他ならない。

(2) 167条による規制の概要

規制の形式に着目した場合、167条は166条とほとんど異ならない。1項で公開買付者等関係者による取引の禁止を定め、2項は公開買付け等事実を規定する。情報受領者を3項で、公開買付け等事実の公表を4項でそれぞれ規定し、5項では適用除外を定める。親会社に関する規定が167条には存しない点を除けば、両者の形式はほぼ同一である。

167条の内容を概観しておこう。1項は取引が禁止される者の範囲を定めるべく、まず公開買付者等関係者について規定する。公開買付者等関係者とは、①公開買付者等の役職員、②会計帳簿閲覧請求権等を有する株主、③法令に基づく権限を有する者および④契約締結者・契約締結交渉中の者である。②および④については、当該法人の他の役職員も含む。また、公開買付者等関係者でなくなってから6カ月以内の者を元公開買付者等関係者として、同じ規制の範囲に含める。その他、3項所定の情報受領者を加えて、取引が禁止される者の範囲となる。

公開買付け等事実とは、公開買付け等の実施または中止に関する事実である。ただし軽微基準が設けられており、1年に買い集める株券等が総株主等の議決権の2.5％未満の買集め行為は除外されている（有価証券の取引等の規制に関する内閣府令62条）。

公表について167条4項は、公開買付開始公告・公開買付撤回の公告・公表がなされたことおよび公開買付届出書・公開買付撤回届出書が公衆縦覧に供されたことと定める。2以上の報道機関に対して公開し12時間が経過したことや、金融商品取引所や認可金融商品取引業協会の規則により、重要事実等を当該金融商品取引所等に通知し、そこから電磁的方法により公衆の縦覧に供されたことをもって公表とするのは、166条4項と同旨である。167条5項の適用除外も166条6項のそれと同様である。

4 164条による規制

(1) 規制の概要

164条は短期売買差益の提供を定める。基本的な内容は同条1項が規定する。

上場会社等の役員または総株主等の議決権の10％以上の議決権を保有している主要株主が、当該上場会社等の有価証券の売買後6カ月以内に反対売買して利益を得た場合には、当該上場会社へ当該利益を提供すべきというものである。

　この法的ルールを骨子として肉付けが行われる。会社が提供請求を懈怠する可能性もあるとして、164条2項は株主代表訴訟類似の制度を定め、発行会社の株主が発行会社に代位して請求し得る旨を規定する。また、提供請求権の存否は売買の状況で決まるため、売買状況を知るべく163条は、役員および主要株主に対し、内閣総理大臣への売買報告書提出義務を定める。さらに提出された売買報告書に基づいて提供請求するべく、差益の存する場合、内閣総理大臣は報告書のうち差益に関する部分の写しを役員および主要株主に送付し、異議申立ての機会を与えた後に、異議がなければ当該写しを会社へ送付する。そして送付後30日を経過した日から写しは公衆の縦覧に供される。

　主要株主については、組合形態のファンドが10％以上を保有する場合も含まれる（165条の2）。したがって組合財産から短期売買差益が提供されることとなる。仮にファンドが民法上の組合であり、当該組合が債務超過のような場合には、無限責任を負担する組合員の出捐による提供が命ぜられる可能性もある。

　罰則も用意されている。163条の規定に違反して売買報告書を提出せず、または虚偽の報告書を提出した者は、6月以下の懲役もしくは50万円以下の罰金に処せられ、またはこれを併科される（205条19号）。法人への両罰規定も適用される（207条1項6号）。164条5項の異議申立てにおいて、虚偽の申立てをした者も同様である。

（2）164条の目的と手段

　骨子となる164条1項は冒頭に、「上場会社等の役員又は主要株主がその職務又は地位により取得した秘密を不当に利用することを防止するため」と規定する。この規定については、秘密の不当利用を提供請求に際しての要件事実とすべきか否かについて議論がある。多数説は立証の困難さに鑑み、要件事実とすべきではないとする。また、被告が秘密を不当利用しなかった旨を立証しても、同条の適用は免れないと解されている。1項冒頭の文言は、短期売買差益提供制度を設ける理由を明らかにするために定められているに過ぎないとの理由である（最判平成14年2月13日金判1141号3頁、東京高判平成4年5月27日判時1428号141頁）。

このように多数説は，164条1項冒頭の文言を同条を定めた目的に関する記述と理解するとともに，同条が内部者取引の規制法源たることについては疑わない。しかしながら実際に同条を適用した事例を眺めると，内部者取引規制という目的以外に用いられたと推論されるものが少なくない。多くの判例では短期売買差益提供請求権と剰余金配当請求権を相殺して，被告に対してのみ剰余金を配当しない会社側の対応が正当化されている（東京地判平成4年10月1日金判910号24頁，東京高判前掲，神戸地明石支判平成2年7月27日金判857号24頁）。また最高裁判決を含め，164条が適用されて短期売買差益の提供請求が言い渡された事案は，いずれも原告は会社で被告は主要株主である。代表訴訟類似の制度が164条2項で用意されているにもかかわらず，2項が使われた事例は見当たらない。

こうした事情から推論されるのは，164条がグリーンメーラー*への対抗手段として使われていることである。すなわち，グリーンメーラーが市場で株式の買集めを進めていくと，株価は高値を推移し，買集めの費用がかさむ。また一般投資家は一層の高値を期待するため売りを控えるようになり，新たな売りが出てこないため買集めは思うように進まなくなる。そこでグリーンメーラーは買集めを進めるべく，意図的に少量の株式を市場で売却する。需給関係が逼迫しているので，少量の売りでも価格の下落は小さくない。株価が下落すれば，一般投資家から売りが出てくるので買集めが進展し，買集めに要する費用も節約できる。

　*グリーンメーラー：市場で特定の会社の株式を敵対的に買い集め，買い集めた株式を当該会社や関係者に買い集め資金を上回る高値で買い取らせる投資手法をグリーンメールと呼ぶ。グリーンメーラーとはグリーンメールを行う投資家のことである。

新たな売りを誘い出すための売付けとその後の買付けを繰り返しながら買集めを進めると，短期売買差益の提供請求権が発生する。買い集められた会社はこの請求権を行使することになるが，その際に剰余金配当請求権との相殺を主張する。相殺後の残額を裁判では請求するが，会社側の主たる意図は相殺にある。相殺により，他の株主には配当するものの，買集めを進める者にだけは配当しない。買集めを進める者の資金力を脆弱化させる法的手段として，短期売買差益提供請求制度が使われたとの推論である。

以上は推論の域を出ない。請求権を行使して相殺を主張した会社の真意は明らかでない。しかしながら以上の推論が一応の説得力を備えていることも事実

であろう。仮に推論がそれほど的外れでないとすれば，内部者取引の規制を目的とする条文との理解にもかかわらず，現実にはグリーンメーラーへの対抗手段として活用されていることとなる。目的と手段の不整合ゆえに，本来の目的以外のために手段が活用される状況なのである。見方を変えれば，164条はいったい何をどのように規律したいのかが不分明とも言えよう。

5　情報伝達・取引推奨行為の規制
(1) 概　　要

平成25年改正で設けられた規制である。改正の背景には公募増資インサイダー取引と呼ばれる複数の事件があった。未公表の公募増資情報が，公募増資の主幹事証券会社等である引受け部門から，チャイニーズ・ウォール*を越えて営業部門へ伝達され，さらに営業担当者が運用会社のファンドマネージャー等に当該情報を漏洩する。そして当該情報を知った当該ファンドマネージャー等が，売却や空売りにより内部者取引を行った事件である。こうした事件では，情報伝達や取引推奨が内部者取引の鍵を握る。この点に着目し，内部者取引を未然に防止する観点から平成25年改正で設けられたのが167条の2である。

> *チャイニーズ・ウォール：内部者取引を未然に防止するために設けられる情報の隔壁。証券会社において，会社の未公開情報を知り得る引受け部門と，投資家に銘柄選定のアドバイスをする営業部門の間に設けられるのが典型例である。

同条は1項で会社関係者，2項で公開買付者等関係者による情報伝達・取引推奨行為を規制する。166条・167条に対応する条文構成である。適用に際しては，情報伝達・取引推奨の名宛人に売買等をさせることにより，当該他人に利益を得させ，または損失の発生を回避させる目的が要件に加わる。情報伝達行為一般に規制を加えて業務を萎縮させてしまうような事態を防ぐための要件である。

情報伝達・取引推奨の名宛人が取引すると，会社関係者または公開買付等関係者に罰則が適用される。166条・167条違反と同様に，5年以下の懲役もしくは500万円以下の罰金またはその併科である（197条の2第14号・15号）。取引がなければ罰則は適用されないが，167条の2違反が成立しているので，内閣総理大臣による法令違反行為者の氏名公表はあり得る（192条の2）。

(2) 内部者取引規制としての167条の2の位置づけ

167条の2により，情報伝達・取引推奨行為それ自体が，罰則は適用されな

いものの，氏名公表の可能性を伴う法令違反行為とされる。内部者取引規制の違反と認識されそうだが，法令違反行為を行った者は，内部者取引規制の枠組みである開示または取引断念の原則に違反したわけではない。それゆえ167条の2については，内部者取引規制に占める位置づけが問われることとなろう。問われるべき主な論点を以下に2つ記す。

1つは内部統制との関係である。証券会社の引受け部門から営業部門，さらに運用会社のファンドマネージャー等への情報伝達・漏洩は，構築していたチャイニーズ・ウォールを越えてなされた点から窺われるように，内部統制に違反したものである。そうだとすれば，情報伝達・取引推奨行為それ自体の法令違反行為者に対して問われるべきは内部統制の違反であろう。そして内部統制の違反にとどまらず氏名公表まで進むとすれば，相当悪質な情報伝達・取引推奨行為となりそうである。ただし取引が行われれば情報伝達・取引推奨行為にも罰則が適用される。したがって，取引が行われないので罰則は適用されないが，内部統制の違反を問うだけでは足りず，氏名公表まで行って然るべきと考えられるほどに悪質な情報伝達・取引推奨行為とは，どのような行為なのだろうかが問われる。

もう1つは幇助・教唆との関係である。166条・167条違反について，教唆・幇助（刑法61条・62条）が成立し得ることは，平成25年改正以前から想定されていた。内部者取引規制の枠組みを所与とし，開示されないまま取引を行った事実に着目して，情報伝達・取引推奨行為を幇助・教唆とするアプローチである。こうしたアプローチが現在も立論可能なのは言うまでもない。そうだとすれば，幇助・教唆に該当しないが，197条の2第14号・15号により罰せられるまでの情報伝達・取引推奨行為とはどのような行為なのかが問われることとなろう。

6　役員等の空売り禁止
（1）165条の目的と手段

165条では上場会社の役員または主要株主の禁止行為として，保有する自社株等のリスクヘッジの限度を超える空売りを禁止する。禁止されるべき理由は，空売りは株価下落の内部情報を知った者が不当に利得するために行われるおそれがあることから，これを禁止することにより間接的に内部者取引の防止を図ったものと解されている。

もっとも165条の規定する空売り禁止という手段と，内部者取引の防止という目的の整合性については，検討の余地もあろう。空売りを禁止しても，役員や主要株主が他に内部者取引を行う方途は数多い。のみならずリスクヘッジの分を許容し，それを超える空売りを禁止する点に着目すれば，例えば役員の場合，典型的には内部者取引の防止というよりも，むしろ会社の経営不首尾にもかかわらず利益を得る点に存するやましさや後ろめたさが，165条の背景の1つに数えられそうでもある。

　ただし，やましさや後ろめたさは法的にどのように扱われるか。自己が利益を得る点に着目すれば役員等の忠実義務が推論されそうだが，主要株主の会社に対する忠実義務を想定するのは，少なくとも日本法では容易でない。また役員が利益を得ても会社に損失が生ずるわけではない以上，会社との間に金銭的な利益相反を認定するのも日本法では難しかろう。目的と手段の不整合のゆえに条文の基本的性格が見えづらいのは，164条と同様である。

（2）規制の概要

　165条が禁止するのは，具体的には以下の空売りである。

① 当該上場会社等の特定有価証券等の特定取引で，当該特定取引にかかる特定有価証券の額が，その者が有する当該上場会社等の同種の特定有価証券の額を超えるもの（165条1号）。

　特定有価証券等とは163条の定める社債券，優先出資証券，株券および新株予約権証券等ならびにそれらのオプション等である。特定取引については，令27条の7が定める。（イ）特定有価証券の売付け，（ロ）関連有価証券（特定有価証券のみに投資して運用することを定めた投資信託受益証券や投資証券等の有価証券。令27条の4が定める。）の売付け，（ハ）特定有価証券の売買に係るオプションを表示する関連有価証券の買付けであって当該オプションの行使により当該行使をした者が当該売買において売主としての地位を取得するものおよび（ニ）上記（イ）ないし（ハ）に準ずるものである。（ニ）は有価証券の取引等の規制に関する内閣府令35条で規定されている。

② 当該上場会社等の特定有価証券にかかる売付け等で，当該売付け等において授受される金銭の額を算出する基礎となる特定有価証券の数量が，その者が有する当該上場会社等の特定有価証券の数量を超えるもの（165条2号）。

　以上の①および②は，いずれも特定有価証券の額や数量を超えるものを禁止する。リスクヘッジを超える分の禁止の意味であり，具体的には有価証券の取

引等の規制に関する内閣府令36条ないし39条が定める。

索　引

欧　文

ADR ································ 27
BCBS ······························ 87
CCP ·······························176
DVP決済 ··························176
EDINET ··············· 92, 98, 114
ETF ························· 32, 83
FX取引 ···························· 39
G-SIBs ···························· 90
IFRS ························ 21, 100
IOSCO ···························· 87
IPO ································ 96
ISDA ······························ 41
JASDAQ ·························· 13
JOBS法 ·························101
J-REIT ···························· 33
MBO ······················ 115, 163
NISA ······························· 6
OECDコーポレートガバナンス原則 ······103
PTS ································ 16
REIT ······························· 33
ROA ······························172
ROE ······························· 20
ROI ································ 20
SEC規則 ·························102
STP ·······························178
TDnet ······················ 93, 101
TOKYO PRO Market ············ 18
TOPIX ···························· 33
ToSTNeT ························· 12

あ　行

アームズ・レングス・ルール ····· 88, 160
相対取引 ··························· 11
アルゴリズム取引 ················· 15
アロケーション ··················177
安定操作 ·························191
安定操作届出書 ··················191
意見表明報告書 ··················116
イスラーム金融 ···················· 86
委託金融商品取引業者 ··········143
委託者指図型投資信託 ····· 32, 48
委託者非指図型投資信託 ········ 32
委託証拠金 ······················170
委託保証金 ················ 167, 169
一般信用取引 ····················168
一般投資家 ·················· 17, 61
一般報告 ·························124
委任状合戦 ······················130
委任状勧誘規制 ··················130
インカム・ゲイン ················186
インサイダー取引 ······ 114, 144, 145
インベストメント・チェーン ········ 6
受入れ表明 ······················· 19
売り気配 ·························167
売建玉 ···························170
売出し ···················· 9, 45, 67, 94
売出しの取扱い ··················· 67
運用報告書 ······················153
営業保証金 ······················· 53
エクイティ・リンク債 ············· 31
エンゲージメント ················· 19
追証 ·······························169
応募株券等 ······················118
応募株主等 ······················118
大口信用規制 ····················· 87
オプション取引 ············· 37, 39
オフバランス ····················172

か　行

会員等 ······················ 13, 164
買い気配 ·························167
外国為替証拠金取引 ·············· 39
外国金融商品市場 ················· 67
外国金融商品取引所 ·············· 36
外国市場デリバティブ取引 ··· 35, 36
会社型投資信託 ··················· 33
会社関係者 ······················193
買建玉 ···························170

索引

買取引受け……………………………… 45
買付期間………………………………117
買付け等………………………………110
外務員…………………………………… 67
価格優先原則………………………17, 166
架空の注文……………………………190
格付機関………………………………… 31
家計金融資産…………………………… 3
貸付信託………………………………… 34
仮装取引………………………………188
課徴金……………………25, 97, 121, 129
過当数量取引…………………………184
株券関連有価証券……………………123
株券等……………………………109, 123
株券等所有割合……………………111, 123
株券等保有割合………………………122
株券保有状況通知書…………………125
株式会社金融商品取引所……………… 13
株主コミュニティ銘柄………………… 22
空売り……………………………184, 204
為替取引………………………………… 82
監査証明………………………………104
間接金融………………………………… 3
元本欠損………………………………140
元本を上回る損失……………………140
勧誘受諾意思確認義務………………135
ガン・ジャンピング…………………… 95
機関投資家…………………………1, 20
議決権の代理行使……………………130
逆指値注文……………………………184
逆日歩…………………………………169
キャピタル・ゲイン…………………186
行政規制………………………………… 8
競争売買方式…………………………166
共同保有者……………………………124
業務改善命令…………………………… 24
業務規程………………………………… 14
虚偽記載等………………………104, 106
虚偽告知の禁止………………………134
虚偽の相場の公示……………………185
銀行グループ……………………… 80, 85
銀行子会社形態………………………… 79
銀行持株会社…………………………… 85
銀証分離………………………44, 73, 74

金融コングロマリット………………… 80
金融コングロマリット監督指針……… 87
金融システム改革法…………………… 85
金融指標………………………………… 37
金融・資本市場………………………… 4
金融商品………………………………… 36
金融商品先物取引……………………… 39
金融商品市場……………………… 12, 162
金融商品熟知義務……………………136
金融商品取引業………………………… 43
金融商品取引業者……………………… 43
金融商品取引業者等…… 7, 55, 60, 61, 66, 157
金融商品取引業者登録簿…………49, 53
金融商品取引契約の解除……………139
金融商品取引所…………………… 12, 162
金融商品取引所持株会社……………… 13
金融商品取引清算機関………16, 42, 174
金融商品仲介業………………………… 78
金融商品仲介業者……………………… 68
金融商品販売業者等………135, 140, 141
金融商品販売法………………………… 10
金融庁長官告示………………………… 10
金融仲介………………………………… 82
金融持株会社グループ………………… 87
金利スワップ…………………………… 38
クラウドファンディング…………21, 49
グラス・スティーガル法……………… 74
グラム・リーチ・ブライリー法……… 75
グリーンメーラー……………………202
クレジット・デリバティブ取引……… 40
ゲートキーパー………………………… 97
継続開示………………………………… 98
軽微基準…………………………195, 200
契約型投資信託………………………… 33
契約締結後の書面交付義務…………… 66
契約締結前交付書面…………………… 57
契約締結前の書面交付義務………66, 137
決済リスク……………………………… 36
決算短信………………………………102
気配値…………………………………167
検査マニュアル………………………… 10
減額の抗弁……………………………107
現引き…………………………………169
ゴーイング・プライベート…………163

コーポレートガバナンス	100
コーポレートガバナンス・コード	19, 103
コール・オプション	38
公開買付け	109, 183, 199
公開買付開始公告	114
公開買付者等関係者	200
公開買付説明書	116
公開買付届出書	115
公開買付報告書	117
交換買付け	115
高速取引	15, 72
高速取引行為者	72
口座管理機関	173
公募増資インサイダー取引	203
公務所	129
顧客熟知義務	137
個別比較法	108
固有業務	74, 80
国際スワップ・デリバティブ協会	41
国際会計基準	21, 100
コロケーション・サービス	15
コングロマリット	86
コンプライ・オア・エクスプレイン	19, 102

さ 行

サーベンス・オクスリー法	100
再勧誘の禁止	66, 136
最低資本金	50
財務諸表	20, 94, 98
債務引受け	174
最良執行義務	141
最良執行方針等	17, 66
差金決済	15, 169
先物取引	37, 169
先渡取引	41
指値注文	166
作為的相場形成の禁止	147
参照方式	96
残額引受け	45
私売出し	95
時間優先原則	17, 166
仕組債	31
自己株式の取得	185
自己計算取引	184
自己資本規制比率	51
自己資本比率規制	87
自己執行義務	153
自己責任原則	5, 144
自己売買業務	142
自己募集	44, 46, 57
資産運用会社	47
資産金融型証券	96
資産流動化法	77
自主規制	23
自主規制業務	13
市場デリバティブ取引	35, 38
市場リスク	36
私設取引システム	16, 52
事前需給調査	145
指定紛争解決機関	27
品貸入札	168
四半期報告書	93, 98
指標先物取引	39
私募	21, 45, 58, 95
私募の取扱い	67
資本市場	4
資本証券	4
集団投資スキーム	34, 56
集団投資スキーム持分	34, 45, 58
重要提案行為等	127
受益証券	32
受託契約準則	14, 165
受託売買業務	142
取得勧誘類似行為	94
取得時差額	107
取得条項付株式	110
取得請求権付株式	110
少額募集等	96
証券あっせん・相談センター	23
証券監督者国際機構	87
証券金融会社	168
証券事故	149
証券専門会社	88
証券投資信託	32
証券取引等監視委員会	8, 25, 120
証拠金	42
上場株券等	113
上場基準	163

上場規程	18
上場契約	163
上場投資信託	83
上場廃止基準	19, 164
承認業務	54
消費者契約	10, 134
消費者契約法	10
商品先物取引法	11
商品スワップ	40
商品デリバティブ	86
少額投資非課税制度	6
情報受領者	194
情報伝達・取引推奨行為	203
書面取次ぎ業務	76
準内部者	194
新株予約権	93
新株予約権証券	110
信託銀行	33, 80, 177
信託契約	34, 75, 85
信託兼営金融機関	80
信用売り	169
信用創造	81
信用取引	143, 152, 167
信用取引貸株料	169
信用リスク	36
スチュワードシップ責任	19
スワップ	38, 39
誠実義務	132, 141, 151
制度信用取引	168
制度信用銘柄	168
セグメント情報	99
説明義務	5, 31, 137
善管注意義務	151, 153, 155
全銀システム	82
セントラルカウンターパーティ	176
総額比較法	108
総合的な取引所	14
想定元本	38
相場操縦	118, 144, 182, 187
損失負担	134
損失保証	147
損失補てん	147

た 行

第1項有価証券	29
第一種金融商品取引業	16, 45
第一種金融商品取引業者	16, 52, 54
第一種少額電子募集取扱業者	21
第一種少額電子募集取扱業務	49
待機期間	105
第三者割当増資	100, 102
対質問回答報告書	117
対象有価証券	123
対象有価証券関連取引	155
第2項有価証券	29, 138
第二種金融商品取引業	21, 45, 54, 57
第二種少額電子募集取扱業	49
タイムリー・ディスクロージャー	93, 101
代用有価証券	167
代理	16, 45, 67
大量保有者	123, 124
大量保有報告書	111, 122, 124
立会外取引	112
立会市場	12
立入検査	24
建玉	170
短期売買差益の提供	200
断定的判断の提供	134
チャイニーズ・ウォール	203
忠実義務	151, 153
帳簿書類等検査権限	119
貯蓄から投資へ	3
直接金融	3
通貨関連デリバティブ取引	39
通貨スワップ	38
ディーリング業務	142
ディスクロージャー	29, 92
適格機関投資家	58, 64
適格機関投資家等	58
適格機関投資家等特例業務	58
適格投資家	51
適格投資家向け投資運用業	51
適合性原則	5, 66, 135, 136
適合性原則違反	31
適時開示	93, 101
デリバティブ取引	29, 34

転換社債型新株予約権付社債…………182	届出業務……………………………… 54
天候デリバティブ取引………………… 40	取引参加者……………………… 13, 164
でんさい……………………………… 81	取引所金融商品市場………… 12, 67, 162
でんさいネット……………………… 81	取引所金融商品市場外取引………… 17
電子記録債権………………………… 81	取引所取引…………………………… 11
店頭市場…………………………… 1, 12	取引所取引許可業者………………… 72
店頭デリバティブ…………………… 78	取引態様の事前明示義務……………141
店頭デリバティブ取引……… 35, 41, 67, 135	取次ぎ………………………… 16, 45, 67
店頭売買金融商品市場……………… 12	問屋…………………………………164
店頭売買有価証券市場…………… 12, 24	**な 行**
店頭有価証券………………………… 21	
投資一任契約………… 46, 47, 48, 64, 125	内部者………………………………194
投資運用業…………… 47, 54, 57, 152	内部者取引…………………………191
投資勧誘……………………………133	内部統制報告書………………… 93, 100
投資口………………………………… 33	馴合取引……………………………188
投資顧問契約………………… 46, 64, 150	成行注文……………………………166
投資者保護基金…………………… 27, 62	日経平均株価指数…………………… 33
投資証券……………………………… 33	日本証券業協会……………………… 22
投資助言・代理業…………………… 46	日本証券クリアリング機構………… 16
投資助言業務………………………150	日本版スチュワードシップ・コード…… 19
投資信託…………………………… 32, 48	日本版ビッグバン……………………2
投資信託委託会社…………………… 32	認可協会……………………………… 22
投資法人…………………………… 33, 47	認定協会……………………………… 22
東証株価指数………………………… 33	認定投資者保護団体………………… 26
登録金融機関………………… 7, 73, 157	ネッティング………………… 174, 178
登録投資法人………………………… 47	ノーアクションレター制度………… 25
特定買付け等………………………110	**は 行**
特定金銭信託………………………177	
特定顧客……………………………140	バーゼル銀行監督委員会…………… 87
特定資産……………………………… 32	媒介………………………… 16, 45, 67
特定社債券…………………………… 77	排出権取引…………………………… 86
特定対象契約………………………… 64	計らい注文…………………………166
特定電子記録債権…………………… 29	バスケット取引……………………… 12
特定投資家…………… 5, 17, 51, 61, 141	バックファイナンス………………… 88
特定取引所金融商品市場…………… 18	発行開示……………………………… 92
特定売買等…………………………112	発行登録………………………… 96, 104
特定目的信託………………………… 77	半期報告書………………………… 93, 98
特定有価証券………… 96, 146, 195, 205	引受け………………………………… 45
匿名組合契約………………… 34, 56, 65	標準物………………………………… 36
独立社外取締役……………………… 20	ファイアー・ウォール……………… 84
独立取締役…………………………102	ファインダー業務…………………… 88
独立役員……………………………103	ファンド………………………………1
特例報告……………………………126	フィデューシャリー・デューティー… 6, 83
ドッド・フランク法………………… 75	フィンテック………………………… 82

風説の流布……………………………182
不公正取引規制………………………179
不実記載………………………………104
不招請勧誘の禁止………………… 66, 135
付随業務………………………… 54, 74, 82
不正行為の禁止………………………180
不正の手段……………………………181
普通社債………………………………31
プット・オプション…………………38
不動産投資信託………………………33
部分的公開買付け……………………119
振替機関………………………………173
振替口座簿……………………………173
振替制度………………………… 30, 171, 173
プリンシプルベース…………………6
プレ・ヒアリング……………………145
ブローカー業務………………………142
プロ私募………………………………95
プロ向け市場…………………………17
フロント・ランニングの禁止………142
分別管理義務……………………… 153, 155
ヘッジファンド………………………17
別途買付け………………………… 117, 120
法人関係情報……………………… 145, 146
保護預かり……………………………83
募集………………………………… 9, 45, 67, 94
募集の取扱い…………………………21

ま 行

マーケット・メイク方式……………166
マーケットメイク銘柄………………185
マザーズ………………………… 13, 164
見せ玉…………………………………189
みなし有価証券………………… 29, 30, 67, 138
民事責任…………………………… 9, 97, 103
無断売買………………………………144
無免許市場……………………………185
目論見書…………………………… 9, 92, 105
元引受け…………………………… 50, 79

や 行

優先出資債券…………………………77
優先出資証券…………………………89
有価証券………………………………4, 29

有価証券管理業務……………………75
有価証券関連オプション……………46
有価証券関連業……………… 27, 76, 84, 155
有価証券関連業務……………………73
有価証券関連デリバティブ取引 76, 79, 155
有価証券先物取引……………………37
有価証券指数等先物取引……………37
有価証券上場規程………………… 18, 19
有価証券等管理業務……………… 45, 154
有価証券投資事業権利等……………56
有価証券等清算取次ぎ…………… 16, 78
有価証券等取引………………………142
有価証券届出書…………………… 9, 92, 96, 104
有価証券の貸付け………………… 152, 154
有価証券の引受け……………………67
有価証券表示権利……………………29
有価証券報告書…………………… 9, 92, 98
ユニバーサルバンク…………………86
与信業務………………………………83

ら 行

ライツプラン…………………………102
リーマン・ショック…………………41
利益相反…………………… 84, 90, 142, 160, 163
利益追加………………………………147
利益保証…………………………… 134, 147
リクイディティ・プロバイダー方式……167
リスクヘッジ……………………… 35, 204
流動性リスク…………………………36
臨時報告書………………………… 93, 98
累積投資契約……………………… 139, 198
るいとう………………………………198
レバレッジ……………………………170
レバレッジ効果………………………35
連結財務諸表……………………… 20, 98
連結情報………………………………99

わ 行

ワンストップサービス………………84

〔執筆者・執筆分担〕

川村　正幸
一橋大学名誉教授
担当：第1章，第2章

品谷　篤哉
立命館大学法学部教授
担当：第7章

山田　剛志
成城大学法学部教授
担当：第4章，第5章第1節・第2節

芳賀　良
横浜国立大学大学院国際社会科学研究院教授
担当：第3章，第5章第3節〜第6節，第6章

金融商品取引法の基礎

2018年3月30日　第1版第1刷発行

著　者	川　村　正　幸
	品　谷　篤　哉
	山　田　剛　志
	芳　賀　　　良
発行者	山　本　　　継
発行所	㈱中央経済社
発売元	㈱中央経済グループ パブリッシング

〒101-0051　東京都千代田区神田神保町1-31-2
電話　03(3293)3371(編集代表)
　　　03(3293)3381(営業代表)
http://www.chuokeizai.co.jp/
印刷／㈱大藤社
製本／㈲井上製本所

© 2018
Printed in Japan

＊頁の「欠落」や「順序違い」などがありましたらお取り替えいたしますので発売元までご送付ください。(送料小社負担)
ISBN978-4-502-25341-6　C3032

JCOPY〈出版者著作権管理機構委託出版物〉本書を無断で複写複製（コピー）することは，著作権法上の例外を除き，禁じられています。本書をコピーされる場合は事前に出版者著作権管理機構（JCOPY）の許諾を受けてください。
JCOPY〈http://www.jcopy.or.jp　eメール：info@jcopy.or.jp　電話：03-3513-6969〉

会社法・法務省令大改正を収録！

「会社法」法令集 第十一版

中央経済社 編　A5判・688頁　定価3,024円（税込）

- ◆新規収録改正の概要
- ◆重要条文ミニ解説
- ◆改正中間試案ミニ解説

付き

会社法制定以来初めての大改正となった、26年改正会社法と27年改正法務省令を織り込んだ待望の最新版。変更箇所が一目でわかるよう表示。

本書の特徴

◆会社法関連法規を完全収録
☞ 本書は、平成17年7月に公布された「会社法」から同18年2月に公布された3本の法務省令等、会社法に関連するすべての重要な法令を完全収録したものです。

◆好評の「ミニ解説」さらに充実！
☞ 重要条文のポイントを簡潔にまとめたミニ解説。平成26年改正会社法と平成27年改正法務省令を踏まえ大幅な加筆と見直しを行い、ますます充実！

◆引用条文の見出しを表示
☞ 会社法条文中、引用されている条文番号の下に、その条文の見出し（ない場合は適宜工夫）を色刷りで明記。条文の相互関係がすぐにわかり、理解を助けます。

◆政省令探しは簡単！条文中に番号を明記
☞ 法律条文の該当箇所に、政省令（略称＝目次参照）の条文番号を色刷りで表記。意外に手間取る政省令探しもこれでラクラク。

◆改正箇所が一目瞭然！
☞ 平成26年改正会社法、平成27年改正法務省令による条文の変更箇所に色付けをし、どの条文がどう変わったのか、追加や削除された条文は何かなどが一目でわかる！

中央経済社